ऐसे बसी पिपरिया

नरेन्द्र मौर्य
कुमार उन्नयन
सुरोजीत सरकार

वाणी प्रकाशन

Ambedkar University, Delhi

INTACH Indian National Trust for Art and Cultural Heritage

Humanities Across Borders

वाणी प्रकाशन

4695, 21-ए, दरियागंज, नयी दिल्ली 110 002

फ़ोन : +91 11 23273167 फ़ैक्स : +91 11 23275710

शाखाएँ

अशोक राजपथ, पटना 800 004, बिहार

कॉफ़ी हाउस कैम्पस, महात्मा गाँधी मार्ग, इलाहाबाद 211 001, उत्तर प्रदेश

महात्मा गाँधी अन्तरराष्ट्रीय हिन्दी विश्वविद्यालय, वर्धा 442 001, महाराष्ट्र

सुल्तानिया रोड, मोतिया पार्क, भोपाल 462 001, मध्य प्रदेश

www.vaniprakashan.com
marketing@vaniprakashan.in
sales@vaniprakashan.in

Aise Basi Pipriya
by Narendra Maurya, Kumar Unnayan, Surajit Sarkar

ISBN : 978-93-5518-036-0
Social Science/Ethnography

पेपरबैक प्रथम संस्करण 2022

मूल्य : ₹ 299

आर. टेक ऑफ़सेट प्रिंटर्स, दिल्ली-110032 में मुद्रित

वाणी प्रकाशन का लोगो मक़बूल फ़िदा हुसेन की कूची से

ऐसे बसी पिपरिया 1870 के दशक में रेलवे के बिछाये जाने के बाद मध्य भारत में वन्य भूमि के शहरीकरण की प्रक्रिया को दर्शाती है। अगले डेढ़ सौ साल में उत्तर और पश्चिमी दिशाओं से आर्थिक तंगी और अकाल जैसी प्राकृतिक आपदाओं से बचकर आये लोगों ने रेल पटरी के किनारे पिपरिया को बसाया। खेती के लिए जंगल की कटाई और निरन्तर आप्रवासन ने पिपरिया को एक ऐसा रूप दिया जिसे स्थानीय लोग 'मिनी–इंडिया' भी कहकर पुकारते हैं।

किताब में दर्ज की गयी स्मृतियाँ व मौखिक कहानियाँ शहर बनने से जुड़े स्थानीय लोगों के अनुभवों, जानकारी और समझ को समेटते हुए नयी जीवन पद्धतियों की विकास प्रक्रिया का वर्णन करती हैं। यह कहानियाँ पाठकों के लिए विभिन्न जनजाति, भाषाओं, जातियों और वर्गों के बीच एक नयी गतिशीलता को रेखांकित करती हैं। इन विभिन्नताओं के कारण ही पिपरिया स्वतन्त्रता मिलने व उसके कुछ वर्षों बाद तक समाजवादी विचारों का एक अहम केन्द्र बना रहा।

अब तक है मेरे साथ मेरा यार पिपरिया,
क्या हाल हैं तेरे बता पोसार पिपरिया।
हर बार ही भर लेता है यूँ बाँह में अपनी,
जैसे मैं तेरा बिछुड़ा हुआ प्यार पिपरिया।
तूने ही सिखाया कभी जुल्मी से न डरना,
तूने ही दिया हौसला हर बार पिपरिया।
मेहनतक़शों के गीत रचे, गाये गाँव–गाँव,
करते रहे सबको सदा हुशियार पिपरिया।
रातों को जाग–जाग के नारे लिखे हैं ख़ूब,
ख़ाली न रही कोई भी दीवार पिपरिया।
नाटक भी यहाँ ख़ूब किया करते थे मिलकर,
हम भी तो निभाया किये किरदार पिपरिया।
जब भी घिरे गुनाह की परछाइयों से हम,
तूने ही किया हमको ख़बरदार पिपरिया।
बिकता रहा नशे का ज़हर पावडर यहाँ,
हो जाये न इक दिन कहीं बीमार पिपरिया।
दुनिया के समन्दर में भला डूबते कैसे,
हम जैसे खिवैया थे ओ पतवार पिपरिया।
कितने ही किरदार यहाँ, कितने ही क़िस्से,
ख़ुद अम्माँ ही कहती रही सु प्यार पिपरिया।

–नरेन्द्र मौर्य

आभार

हमारी स्थानीय टीम के अलावा, हम पिपरिया के लोगों को धन्यवाद देना चाहते हैं, जो शहर के मौखिक आख्यानों को इकट्ठा करने और पूरे शोध में हमारा मार्गदर्शन करने में सहायक रहे हैं। हमें उनके साक्षात्कारों के प्रतिलेख का उपयोग करने की अनुमति देकर स्थानीय निवासियों ने भी इस लेखन में महत्त्वपूर्ण योगदान दिया है।

हमारे शोध का समर्थन करने और इस प्रकाशन को सम्भव बनाने के लिए हम इनटेनजिबल कल्चरल हेरिटेज डिवीज़न, इंडियन नेशनल ट्रस्ट फॉर आर्ट्स एंड कल्चरल हेरिटेज, नयी दिल्ली (ICH Division, INTACH, New Delhi) और ह्यूमैनिटीज़ अक्रॉस बॉर्डर्स प्रोजेक्ट, इंटरनेशनल इंस्टीट्यूट ऑफ़ एशियन स्टडीज़, लायडन (Humanities Across Borders Project, IIAS, Leiden) को आभार व्यक्त करना चाहते हैं।

यह प्रोजेक्ट और प्रकाशन अम्बेडकर विश्वविद्यालय, दिल्ली द्वारा दिये गये पूर्ण और निरन्तर समर्थन के बिना सम्भव नहीं होता।

अनुक्रम

होशंगाबाद, मध्य प्रदेश

मध्य प्रदेश के होशंगाबाद ज़िले में नर्मदा घाटी के निकट स्थित जगहों को रेखांकित करता नक़्शा। पिपरिया सोहागपुर और बनखेड़ी के बीचोबीच स्थित है।

'गूगल थ्रीडी मैप्स' पर चित्रित पिपरिया का नक़्शा। इस नक़्शे में शहर की उन 25 जगहों को चिन्हित किया गया है जिनका स्थानीय बाशिन्दों द्वारा बातचीत के दौरान सबसे अधिक बार ज़िक्र किया गया।

अयोध्या बस्ती	इतवारा बाज़ार	पुरानी जिंनिंग फैक्ट्री	सरकारी अस्पताल
पुरानी बस्ती	श्याम टॉकीज़ (पुरानी)	पुरानी गल्ला मण्डी	नयी गल्ला मण्डी
कंजरकोट	साँडिया रोड	सीमेंट रोड	सरकारी पीजी कॉलेज
रेलवे फाटक	हैदर की पुलिया	लोहिया वार्ड	आर एन ए विद्यालय
मेहतर मोहल्ला	मंगलवारा चौक	सिन्धी कॉलोनी	मछवासा
पचमढ़ी रोड	नगरपालिका	जय हिन्द विद्यालय	सिलारी फार्म

प्रस्तावना

भारत में शहरीकरण की प्रक्रिया और उससे जुड़े अनुभवों का एक अहम हिस्सा ग्रामीण इलाक़ों से सम्बन्धित है। रोज़मर्रा के जन–जीवन में इन अनुभवों को समझने के लिए ग्रामीण इलाक़ों में तेज़ी से उभर रहे उपनगरों की कहानियों को जानना ज़रूरी है। 2011 की जनगणना के आँकड़ों के मुताबिक़ देश में 'सेंसस टाउन' (नगर पंचायत/ नगरपालिका) की संख्या तक़रीबन 4000 के आसपास है। ग्रामीण और शहरी के बीच अक्सर होने वाली तुलनाओं में शहरीकरण की प्रक्रिया से जुड़े कई विशिष्ट एवं अहम पहलुओं को अनदेखा कर दिया जाता है। फलस्वरूप, हम नये शहरीकरण की उन स्मृतियों को पहचानने से चूक जाते हैं जिससे अन्दाज़ लगता है कि उभरती मान्यताएँ नयी जानकारी, अनुभव, अभ्यास और हुनर की ओर ग्रहणशील हैं।

मध्य प्रदेश में सतपुड़ा की पहाड़ियों और नर्मदा नदी के बीच घाटी से निकलने वाली पूर्वी–पश्चिमी रेलवे लाइन से सटा एक क़स्बा है–पिपरिया। पचमढ़ी के पठारों की तलहटी में स्थित इस जगह की स्मृतियाँ यहाँ की आबादी जितनी ही विविध हैं। अमीर और ग़रीब, युवा और वृद्ध और भिन्न–भिन्न समाजों से आने वाले यहाँ के बाशिन्दे याद करते हैं कि कैसे तीन–चार पीढ़ी पहले उनके पूर्वज यहाँ आकर बसे। अधिकतर क़िस्से दूरदराज़ के क्षेत्रों से उनके पिपरिया आने के सफ़र को रेखांकित करते हैं। जहाँ गाँव के लोगों के पास लम्बी यात्राओं की कहानियाँ कम मिलती हैं, वहीं अक्सर क़स्बों और छोटे

नगरों के रहवासी ऐसी यात्राओं को अपने पारिवारिक इतिहास का अहम हिस्सा मानते हैं। कहते हैं कि रेलवे लाइन से सटे होने के कारण पिपरिया आर्थिक और सामाजिक समृद्धि की सम्भावनाओं से भरी एक छोटी–सी बस्ती थी। इन्हीं सम्भावनाओं के चलते इस बस्ती ने वर्षों पहले आसपास के गाँवों और दूरदराज़ के इलाक़ों के कई लोगों को अपनी ओर आकर्षित किया। इस क्रम में पिपरिया ने बस्ती से शहर बनने में एक सदी का लम्बा सफ़र तय किया है। इस सफ़र की कहानियाँ और उन्हें एक–दूसरे से बाँटने का उत्साह पिपरिया को ख़ास बनाता है।

किसी जनमानस के जीवनयापन से जुड़ी जानकारियों और स्मृतियों को आधार बनाकर उनके इतिहास को दर्ज करने की कवायद नयी नहीं है। स्वयं पिपरिया में ही कई सामाजिक स्मरणोत्सव आयोजित किये जाते हैं। साथ ही जातिगत और व्यापारिक संगठनों, स्थानीय संस्थानों और यहाँ तक कि सड़क चिह्नों के इतिहास भी प्रकाशित किये जाते रहे हैं। ऐसे में इस पुस्तक में दर्ज स्मृतियाँ उन कहानियों के सफ़र और अवलोकन के बीच की वार्ताएँ हैं, जो अतीत से निकल नये वर्तमान का निर्माण करने में मदद करती हैं। इन सभी कहानियों के क़िस्सा–गो यहाँ के स्थानीय निवासी ही हैं। शहर के बाशिन्दों की स्मृतियों से निकले इस संग्रह का उद्देश्य नगर के बदलते स्वरूप को समझना है। मौखिक विधि से प्राप्त वैकल्पिक दृष्टिकोण से जुड़ी व्यक्तिगत कहानियाँ अक्सर सामाजिक ताने–बाने और जाँचे–परखे ढाँचों को चुनौती देती हैं।

इन कथानकों को इकट्ठा करने में कई स्थानीय लोगों ने अहम भूमिका निभाई है। इस जगह और उसके रोज़मर्रा के अनुभवों को बयान करने के लिए हमने उसी के बाशिन्दों की मदद ली। नरेन्द्र मौर्य, जो पिपरिया के ही मूल निवासी हैं, पूरे कार्य में संचालक और साक्षात्कर्ता के रूप में सक्रिय रहे। सहायक के रूप में अम्बेडकर विश्वविद्यालय दिल्ली के सेंटर फॉर कम्युनिटी नॉलेज में कार्यरत शोधकर्ता कुमार उन्नयन ने उनका साथ दिया।

पिपरिया से जुड़े लोक ज्ञान को संकलित करने के लिए कई वर्षों पहले बनाये गये 'जतन ट्रस्ट' द्वारा 2007 से 2013 में रिकॉर्ड की गयी बातचीत और साक्षात्कार को भी इस संग्रह में जोड़ा गया है। इस तरह पिपरिया के निवासियों द्वारा ही साधारण व असाधारण क़िस्सों को संकलित किया गया।

मौखिक कथानकों का यह संग्रह एक जगह से जुड़ी जानकारी को इकट्ठा करने की एक पहल है। ऐसी जानकारी जो स्थानीय संस्कृति का हिस्सा है और लोगों के निजी अनुभवों पर आधारित है। हम आशा करते हैं कि स्थानों, सामग्रियों, घटनाओं और अनुभवों के यह स्थानीय विवरण पाठकों के लिए पिपरिया की कल्पना का एक हिस्सा बनें। मौखिक स्रोतों के आलावा लेखकों ने ज़रूरत के अनुसार कई स्थानीय और ग़ैर–स्थानीय लिखित स्रोतों से भी पिपरिया की इस कहानी का सन्दर्भ बनाने की कोशिश की है।

इस संग्रह में हमने उन मौखिक कथानकों को जगह दी है जो वर्तमान स्थिति की व्याख्या करने के साथ–साथ अनुभवों की अभिव्यक्ति भी करते हैं। ये कथानक वर्तमान और अतीत के बीच एक कड़ी बनाते हैं। सार्वजनिक जीवन की प्रथाओं और विचारों को एक व्यापक समाज और उसकी गतिशीलता की पृष्ठभूमि के साथ रखकर ही बेहतर तौर पर समझा जा सकता है। इसके ज़रिये हम यह भी समझ पाते कि किस तरह एक जगह समय के साथ ख़ुद को बदलती रहती है। लोकप्रिय स्मृतियाँ और जीवित इतिहास की अभिव्यक्तियाँ यह स्पष्ट करती हैं कि 'हमारी विरासत' कभी भी जड़ नहीं होती। रोज़मर्रा की ज़िन्दगी के अन्तःसम्बन्धों की खोज के साथ लोक इतिहास और जन स्मृति अधिकृत मुख्यधारा की विरासत और उसकी अपरिवर्तनीय अवस्था की काट है।

मध्य भारत के डेढ़ शताब्दी पुराने और निरन्तर बढ़ते एक छोटे से शहर के उदाहरण हमें बताते हैं कि लोक इतिहास में दर्ज जीवनयापन के तौर तरीक़े आधुनिक जानकारी और अनुभवों से जुड़े हुए हैं।

हमारी कोशिश इस संग्रह को विस्तृत और विविध बनाने की रही है। अतीत की एक सिलसिलेवार छवि बनाने की बजाय हमारा प्रयास है कि निजी स्मृति और सामूहिक स्मृति के ज़रिये पिपरिया को बहुरूपी दृष्टिकोण से समझा जाये। शहर की बसाहट की कहानियों में अभी कई और अनुभवों को जोड़ा जाना बाक़ी है। 'ऐसे बसी पिपरिया' इसी का एक प्रयास है।

–सुरोजीत सरकार

सन्दर्भ

- लिविंग इन ए कैटेगरी–ए हिस्ट्री ऑफ़ इंडियाज़ सेंसस टाउन प्रॉब्लम फ्रॉम कोलोनियल पंजाब–विलियम ज़े ग्लोवर, इकोनोमिक एंड पोलिटिकल वीकली, जनवरी 13, 2018–वॉल्यूम एल, नम्बर 2
- ओरल ट्रेडिशन एज़ हिस्ट्री–जाँ एम वांसिना, यूनिवर्सिटी ऑफ़ विस्कॉन्सिन प्रेस, मैडिसन, प्रकाशन वर्ष : 1985

भूमिका

पिपरिया : इतिहास से एक संवाद

हिन्दुस्तान की शेरो–शायरी और कविता की दुनिया में शहरों की बहुत सारी यादें अपने–अपने तरीक़े से दर्ज हुई हैं। शायद ही कोई बड़ा शायर या कवि होगा जिसने अपने शहर को कभी शिकायत, कभी रोमांटिक ढंग से तो कभी इज़्ज़त से न याद किया होगा। भावुकता में शायरों ने अपने दिल और शहर की हालत को एक तार में ही बाँध दिया है। डॉ. मलिकज़ादा मंज़ूर अहमद नामक शायर ने कहा है–

चेहरे पर सारे शहर के गर्द–ए–मलाल है
जो दिल का हाल है वही दिल्ली का हाल है

शहरी ज़िन्दगी की भावपूर्ण वास्तविकताएँ बहुत सारे तरल, नरम और ऊष्मा से भरे भावों में ढलकर इस उपमहाद्वीप के शायरों–अदीबों की क़लम में उतरी हैं। लखनऊ, कलकत्ता, दिल्ली, बनारस, भोपाल आदि शहर वहाँ बहुरंगी छवियों में दर्ज हैं।

इसके दूसरे छोर पर समाजशास्त्रियों, इतिहासकारों व नृतत्वशास्त्रियों (एंथ्रोपलॉजिस्ट) की अध्ययन पद्धतियाँ हैं जिन्होंने शहरों के भौतिक–सांस्कृतिक जीवन को खँगाला है ताकि वे भारतीय समाज की बनावट का वस्तुगत ढंग से अध्ययन कर सकें। उन्होंने शहरवासियों की स्मृतियों का कच्चे माल की तरह प्रयोग किया है ताकि वे शहरी समाज के बारे में सिद्धान्त–अवधारणाओं को निर्मित कर सकें। उनके लिए स्मृति स्वयं में लक्ष्य नहीं बल्कि वे किसी

'थ्योरी' के लिए इस्तेमाल होने वाली सामग्री भर होती हैं। पर शहर कहीं बीच में होता है। कहीं और उसकी जड़ें होती हैं। कहीं और भी उसका अतीत व वर्तमान होता है। शाइरों–कवियों की छलकती जज़्बाती निजी दुनिया या समाज वैज्ञानिकों की ठण्डी–निस्पन्द अवधारणाओं के दो ध्रुवों के बीच शहर का बड़ा हिस्सा अनदेखा रह जाता है। उसका अनदेखापन इसलिए है क्योंकि शहर के आम निवासी, बुज़ुर्ग, कामगार, शहरी महिलाएँ व नौजवान जिनके मन में उस शहर की स्मृतियों का विराट कोष छिपा होता है, वे शहर के बारे में तैयार होने वाले ग्रन्थों की परिधि में हमेशा नहीं क़ैद हो पाते हैं। शोधकर्ताओं का शहर को देखने, समझने व उसकी आलोचना करने का ढंग भागीदारी मूलक प्रेक्षण (participant observation) की पद्धति में केवल तयशुदा निष्कर्षों तक ही पाठक को पहुँचा पाता है। जो शहर किसी पानी की सतह पर, चमकदार धूप में तैर रहा होता है, वह डूब जाता है। केवल पानी और शहर का एकांगी प्रतिबिम्ब हर तरफ़ फैला दिखता है। शहरवासियों के अपने कथा–क़िस्सों, फन्तासियों, अतीत, उधेड़बुनों, कुण्ठाओं–आशाओं, बेचैनियों–उल्लास सभी को किसी अमूर्त अकादमिक सैद्धान्तिकी की क़ैद में डाल दिया जाता है और उस क़ैदखाने की चाबी गुमा दी जाती है। अब शहर की खोज में, उसकी आत्मा को ढूँढ़ने तथा उसकी नब्ज़ को छूने की जद्दोजहद कर रहा व्यक्ति एक अधिक खुले, लोकतान्त्रिक दृष्टिकोण से अपने को सुसज्जित कर बाहर निकलता है। वह घरों–मुहल्लों, चौराहों, कचहरियों, स्कूलों, गल्ला–मंडी, परचून की दुकानों में फैली भीड़ के बीच जाता है और लोगों से बात कर उस शहर को तलाशता है। वहाँ उसे व्यवस्था, बिखराव, केन्द्र और हाशिया सब दिखता है जो लोगों के वाक्यों, शब्द–भण्डारों, गालियों, मुहावरों में भी झलकता है। वह निजी वार्ताओं और निजी स्मृतियों का सहारा लेकर शहर की परिधियों और शहर के केन्द्र को पकड़ने की कोशिश करता है। होशंगाबाद का आधा सोता आधा जागता पिपरिया भी ऐसा ही क़स्बाई इलाक़ा है जो अपनी विविध अस्तव्यस्तताओं के बीच एक

व्यवस्था (System) का और विभिन्न क़िस्म की व्यवस्थाओं के बीच एक अनचाहे बिखराव (fragmentation) का निर्माण करता है। यह शहर आधा अपने अतीत में डूबा है, आधा वर्तमान में जीता है। किसी शहर की तरह इसकी बहुत सारी गलियाँ हैं, अक्सर हर गली किसी इतिहास को जीती हुई नज़र आती है। उसमें स्मृतियाँ त्रिआयामी हैं जिनका एक सिरा सार्वजनिक अतीत, दूसरा सिरा सार्वजनिक वर्तमान तक फैला है। तीसरा सिरा बहुत निजी–घरेलू ज़िन्दगियों से जुड़ा हुआ है। वे घरेलू–निजी ज़िन्दगियाँ किसी शहर के बनने–बसने की दास्तान को सुनाती हैं। वे सामने दिखते, सार्वजनिकता की परिधि से बाहर की दुनिया में पल रही शहर की छवियों को भी सामने लाने का काम करती हैं। पर समय की अनगिनत धक्कामुक्की के बीच वर्तमान ही वह चुम्बकीय शक्ति होती है जिससे अतीत और भविष्य का पूरा बोध चिपका होता है। वर्तमान ही वह केन्द्र होता है जिसके चारों ओर अतीत व भविष्य किसी उपग्रह की भाँति चक्कर काट रहे होते हैं। इसलिए सारी स्मृतियाँ अन्ततः वर्तमान की स्थितियों, दबावों तथा आकांक्षाओं से अपना रूपाकार ग्रहण करती हैं।

भारतीय शहरों–क़स्बों के नागरिक विभिन्न क़िस्म की प्रत्यक्ष स्मृतियों (explicit memory) की सहायता से अपने सामाजिक जीवन को सुचारु रूप से संचालित करते हैं। इसमें अवधारणात्मक (semantic) और खण्डबद्ध (episodic) स्मृतियाँ समाई होती हैं। एक ओर वे शहर के सामान्य इतिहास और सामान्य ज्ञान को व्यक्त कर रहे होते हैं, तो दूसरी ओर अपने बेहद निजी अनुभवों व निजी आवश्यकताओं के आधार पर स्मृतियों को निर्मित करते हैं। पिपरिया एक 'रेल हेड' क़स्बा रहा है जिसका जन्म माल व सेना को ढोने वाली रेलगाड़ी के आवागमन से जुड़ा हुआ है। कई लोगों के ज़ेहन में इसीलिए आज तक गाड़ी के इंजन, सीटी और पटरियों पर दौड़ते पहियों की आवाज़ें बसी हुई हैं। उनकी स्मृतियों में कोयले से पटरियों पर दौड़ने वाली रेलगाड़ी है जिसमें पिपरिया के लोग कई प्रकार के काम करते थे। वे लाल–सुर्ख दहकते कोयले हैं जिनकी गर्मी को

पीकर ट्रेनें दौड़ती थीं और जिस टोकनी में कोयला भरकर डाला जाता था, जिसे स्थानीय भाषा में 'झउआ' कहते हैं, वह टोकनी भी ज़िन्दा है। कई दूसरे शहरों का इतिहास खेती–बाड़ी व व्यापार से जुड़ा होता है पर पिपरिया की ऐतिहासिक स्मृति में मज़दूर व मज़दूरी का बोध मौजूद है। इलाक़े में श्रम की संस्कृति को यह स्मृतियाँ समृद्ध करने का काम करती प्रतीत होती हैं। बहुत सारे काम–धन्धे, मेहनत के तरीक़े तथा सीखे गये हुनर आज भी इसी ऐतिहासिक समय से निकले हुए हैं। क़स्बे के निवासियों से संवाद करने पर वह सब किसी प्रक्रियात्मक स्मृति (procedural memory) की तरह प्रकट होने लगता है।

पिपरिया के चारों ओर आदिवासी इलाक़ा होने के कारण बहुत सारी आदिवासी नायकों, राजाओं तथा परम्पराओं की स्मृतियाँ भी बसी हुई हैं। इसी प्रकार स्वाधीनता आन्दोलन, समाजवादी आन्दोलन तथा जल–जंगल–ज़मीन के आन्दोलनों की छायाएँ आज भी लोगों के दिल–दिमाग़ में मँडराती हैं। उन्हें अतीत को इतिहास में बदलना नहीं आता है। इतिहास को लिखना और इतिहास–बोध तैयार करना एक जटिल काम है जिसमें निष्पक्षता व वस्तुगत नज़रिया अपनाना पड़ता है। पिपरिया के लोगों के पास अतीत को सामूहिक स्मृति (Collective memory) की तरह ग्रहण करने का अधिक अभ्यास रहा है जिसमें विभिन्न क़िस्म की अतिशयोक्तियाँ, पूर्वग्रह, मूल्य–निर्णय, कल्पनाएँ अपनी बड़ी भूमिका निभाती हैं। उनकी स्मृतियाँ बहुत दिशाओं में फैली हुई हैं और वे गौरवानुभूति, अध्यात्म, नायक पूजा, जीवन के अन्धकारपूर्ण पक्षों व विफलता–बोध तक जाती हैं। किसी भी शहर के जीवन में अपार विविधता होने के बावजूद उसका अपना कुछ केन्द्रीय गौरव–बोध होता है। वह कुछ चीज़ों में अपने गर्व को तलाशता है जैसे कि कई शहरों में शिक्षा, तो किसी में ऐतिहासिक स्मारक तो किसी में धर्म–परम्परा के प्रति विशिष्ट क़िस्म का गौरव उपस्थित होता है। पिपरिया की स्मृतियों में कोई बहुत महान गौरव बोध नहीं है क्योंकि वह बहुत ऐतिहासिक शहर नहीं है।

उसका केन्द्रीय गौरव उसके चारों ओर के जंगल हैं या फिर दाल के व्यापार में अव्वल होना। इस प्रकार उन्हें शहर के भौतिक साधनों–संसाधनों की विकास प्रक्रिया को याद करना अपने शहर को प्यार व स्नेह से याद करने का एक तरीक़ा लगता है। आम लोगों से वार्तालाप में ये चीज़ें आसानी से बाहर आती हैं कि वे अपने जंगलों तथा दाल–व्यापार में अपने को आगे मानते हैं। जंगल और घने पेड़ों की यादें और उनसे जुड़े क़िस्से तो बहुत लोगों की ज़बान पर रहते हैं। बाघ, शिकार, तेंदुए, बन्दूक़, मोर, नीलकण्ठ, जंगली तोतों आदि के क़िस्से सुनाने में लोगों को रस मिलता है। जंगल की घटनाओं और अनुभवों ने लोककथाओं का रूप ले लिया है जिसमें किसी अंग्रेज़ साहब की कहानी आती है तो किसी हिन्दुस्तानी जवांमर्द की जो अपनी बहादुरी से शेरों से लोगों को बचा लेता था। इस प्रकार बहादुरी की कथाओं में जंगलों का सन्नाटा, चीख़ें, प्रकृति का उत्सव और घना हरापन आज भी कौंधता रहता है। बहादुरी से भरे क़िस्सों के साथ मन में बैठे भय की भी अनगिनत कहानियाँ। बाघ का तो ऐसा डर था कि लोग बाघ के पैरों के निशान की पूजा तक करते थे। इसी प्रकार बड़े सेठों के ढोर यानी जानवर चराने के लिए जंगलों में जाने की बातें भी लोगों को याद हैं। इसी के समानान्तर आदिवासियों के जंगल से उजड़ने, जंगलों के विनाश और बाहरी लोगों द्वारा जंगलों पर क़ब्ज़े की दर्दनाक ऐतिहासिक दास्तानें भी मौजूद हैं। एक क़स्बा जो कभी शान से सिर उठाकर जीता है तो कभी अपनी चिन्ताओं के कारण सिर नीचा कर गहरी सोच में डूब जाता है।

आम शहरवासी की स्मृतियों में धर्म–अध्यात्म की भी केन्द्रीय भूमिका होती है और इसे हटाकर उस शहर की सामूहिक स्मृति को नहीं टटोला या प्रकट किया जा सकता है। वह जब थक जाता है तो उस तरफ़ देखने लगता है जिधर कोई अलौकिक ध्वनियाँ, छवियाँ और आस्थाएँ किसी बादल के टुकड़े की तरह आसमान पर टँगी होती हैं। पिपरिया के लोगों की केन्द्रीय आध्यात्मिकता प्रायः मड़ई मेले, दुर्गा–पूजा व जंगलों में नागपंचमी के उत्सव के रूप में प्रकट होती है।

एक ओर रोटी–रोज़गार की दिशा में आगे बढ़ने के लिए शहर बाहर की ओर फैलता है तो शहर की धर्म–संस्कृति की चेतना भी विकसित होना चाहती है। छोटे क़स्बों–शहरों में यह आध्यात्मिक चेतना बहुत उग्र नहीं होती है और न किसी सांगठनिक तरीक़े से काम करती है। वह किसी बड़े प्रतिष्ठान के बोझ तले दबी हुई नहीं होती है। किसी अनिवार्य आवश्यकता के रूप में वह कुछ स्थानीय विश्वासों, मूर्तियों, परम्पराओं में अपना विस्तार करती रहती है। इसलिए पुरखों–परम्पराओं की कथाओं, मिथकों, लोक–विश्वासों, विविध किंवदन्तियों के बीच से ऊपर उठकर सहज ही कोई विश्वास केन्द्र में स्थापित हो जाता है और शहर के मुख्य अध्यात्म की रचना करता है। आज भी मन्नतें और माँगें पूरी करने वाला कोई रहस्यमय तथा चमत्कारिक पेड़ किसी आसपास के जंगल में खोज लिया जाता है और लाखों लोग उसके दर्शन के लिए उमड़ने लगते हैं। यह आध्यात्मिक जगत अपने खण्डित और बार–बार निर्मित होते रूपों के साथ शहर की चेतना में भटकता रहता है।

पिपरियावासियों के सामूहिक मन में कुछ शिकायतें कुलबुलाती हुई दिखती हैं। उनकी शिकायत या कहें कि केन्द्रीय कुण्ठाएँ व अफ़सोस यही है कि उनके शहर को मुख्यालय का दर्जा नहीं प्राप्त हुआ। होशंगाबाद के सामने उसकी क़स्बाई हैसियत उसे परेशान करती है और यहाँ के निवासी पिपरिया को किसी सम्पूर्ण सुविधाओं व सम्पूर्ण पहचान वाले शहर में तब्दील होते देखने की महत्त्वाकांक्षा को मन में लम्बे समय से पाल रहे हैं। आसपास के ख़ूबसूरत पर्यटन स्थलों के बीच वह एक छोटे रेलवे स्टेशन या छोटे क़स्बे की तरह लम्बे समय से देखा जाता है। वह लोगों को पचमढ़ी जैसे प्रसिद्ध स्थल तक पहुँचाने का माध्यम भर है। इस शिकायत ने बरसों–बरस तक क़स्बे के सामूहिक मन को जकड़ रखा है और वह लगातार किसी बड़ी शहरी अस्मिता का अंग होने की अनकही प्रतीक्षा से गुज़रता हुआ लगता है।

हर छोटे–बड़े शहर के कुछ अँधेरे कोने होते हैं जो शहर में होते हैं पर लोग उनके बारे में बात करना पसन्द नहीं करते।

भारत के बहुत सारे शहरों में आपराधिक अड्डे, अल्पसंख्यकों वाले इलाक़े, वेश्यालय, झुग्गी–बस्ती वाले मोहल्ले आदि कुछ अपमानित दायरे होते हैं जो शहर में हमेशा एक अनदेखी उपस्थिति की तरह मौजूद होते हैं। वे शहर के अवचेतन का अंग होते हैं और उसके अवचेतन में बने रहने के लिए भी उन्हें संघर्ष करना पड़ता है। शहर की स्मृतियों में ये इलाक़े हमेशा रहते हैं पर उनके बारे में लोग चर्चा करना पसन्द नहीं करते। वे अनचाही, बुरी या पीड़ादायक स्मृतियों का निर्माण नहीं करते हैं। पर वे शहर के आत्मिक गौरव की कसौटी पर खरा न उतरने के कारण उपेक्षित बने रहते हैं। पिपरिया में अवैध शराब के कारोबार की भट्ठियाँ हमेशा सुलगती रहती हैं। इसमें गोंड आदिवासी लोग बड़े पैमाने पर रोज़गार कमाते हैं। पुलिस के छापे पड़ते हैं तो घर की औरतें पुलिस का सामना करती हैं। उन्हें वैध और अवैध का विभाजन आज भी समझ में नहीं आता है। उनके पास क़ानून की भाषा बोलती पुलिस के सामने बेहद रुआँसी क़िस्म की लाचारी होती है। उन्हें समझ नहीं आता कि सरकार उन्हें इस अवैध काम को बन्द करने की एवज़ में इज़्ज़त की कोई सरकारी नौकरी क्यों नहीं दे सकती! उन्हें केवल पुश्तैनी धन्धा करना आता है और घर में शराब तैयार कर उसे बेचना उनका पुश्तैनी रोज़गार रहा है। इस प्रकार पिपरिया में लोग बहुत सारी घटनाओं, काम–धन्धों, रोज़गार, मुसीबतों और माँगों की बात तो करते हैं पर इलाक़े में फलते–फूलते इस कारोबार के बारे में उनका रवैया बहुत उपेक्षापूर्ण रहता है।

पिपरिया एक ऐसी सुस्त क़स्बाई दुनिया है जहाँ पर ग्लैमर, फ़ैशन, चमकीली जीवनशैलियों आदि का दूर–दूर तक कोई निशान नहीं है। टीवी और फ़िल्मों के आगमन से पहले के समय में लोग स्थानीय लोगों में ही अपने नायक को आसानी से खोज लेते थे। उनका नायक कहीं दूर बैठा कोई फिल्मी हीरो या दिल्ली में बैठा नेता कम ही होता था। वे ऐसे नायक की तलाश में रहते थे जिससे जुड़ी कथाओं में वे अपने परिवेश को साँस लेता हुआ महसूस कर सकें।

नायक का काम केवल अपने व्यक्तित्व से प्रभावित करना नहीं बल्कि परिवेश व संस्कृति के बोध को अधिक पैना और अर्थपूर्ण बनाना रहा है। राष्ट्रीयता बनाम स्थानीयता का द्वन्द्व कई बार नायक–चयन की प्रक्रिया में भी आसानी से परिलक्षित होता है। स्थानीय जनजीवन के ही किसी व्यक्ति को इसीलिए लोग सबसे अधिक सम्मान प्रदान करते रहे हैं क्योंकि वह स्थानीय जीवन को अधिक प्रदीप्त व गौरवान्वित बनाता है। पिपरिया के लोगों की स्मृति में भी जब स्थानीय नायक का कोई चेहरा उभरता है तो वे ऐसे लोग होते हैं जो वहाँ के समाजवादी आन्दोलन तथा दूसरे जनान्दोलनों का नेतृत्व सँभाल रहे होते हैं। नायक यहाँ पुरुष भी थे और स्त्रियाँ भी जिन्होंने सार्वजनिक जीवन को नवीन परिस्थितियों के अनुसार पुनर्रचित करने में अपनी भूमिकाएँ निभाईं। उदाहरण के लिए पिपरिया की स्मृति में विगत सदी के पचास व साठ के दशक वाले जग्गू उस्ताद निरन्तर जीवन्त बने हुए हैं जिन्होंने समाजवादी आन्दोलन के गढ़ के रूप में पिपरिया के राजनीतिक जीवन को विकसित किया। उनके बारे में भी बहुत सारी सूचनाओं को अब किंवदन्तियों की तरह साझा किया जाता है। किसी का नायक होना आज भी इसी से निर्धारित होता है कि वह ग़रीबों के साथ कितने साहस और दृढ़ता के साथ खड़ा होता था। आम लोगों की स्मृति में असाधारण व्यक्ति वह था जो स्वतन्त्रता के संघर्षों के बहुत सारे मूल्यों जैसे ग़रीब की मदद करना या दमदार भाषणों से विरोध व्यक्त करने के गुणों को प्रकट कर सकता था। करुणानिधान, न्यायप्रिय, संघर्षशील और त्यागमय चरित्र के जिन गुणों के सहारे किसी नायक की पहचान होती है, पिपरिया में लोग उन गुणों की खोज स्थानीय जुझारू नेता में ढूँढ़ लेते थे। जग्गू उस्ताद की तरह ही यहाँ की मंजा बाई नामक चार बार की विधायक को भी पुरानी पीढ़ी के लोग विशेष आदर से याद करते हैं। इस प्रकार पिपरिया की राजनीतिक स्मृतियाँ या तो समाजवादी आन्दोलनों से बनी हैं या फिर विभिन्न क़िस्म के छोटे–बड़े आन्दोलनों व उनसे उपजे नायकों से।

लोगों की चेतना में इन नायकों के लिए सकारात्मक स्मृतियों का कारण यह भी था कि वे कभी अपने पद–प्रतिष्ठा को लेकर किसी अहंकार या दम्भ का प्रदर्शन नहीं करते थे।

इस प्रकार पिपरिया एक छोटी क़स्बाई दुनिया है, पर उसके सामाजिक जीवन की सतह के भीतर अनगिनत स्मृतियों का अदृश्य जल छिपा हुआ है। उसके सामाजिक–सांस्कृतिक जीवन में प्रवेश करने के लिए इन स्मृतियों का उपयोग वही कर सकता है जो पिपरियावासियों को दूर से नहीं समझना चाहता, बल्कि उनके साथ बहुत सारी आत्मीय वार्ताओं, मित्रताओं, ख़ुशनुमा बैठकों और गहन संवादों का सम्बन्ध स्थापित कर सकता है। पिपरिया भारत के नक़्शे पर टँगा एक क़स्बा भर नहीं है। वह किसी अनोखेपन के अभाव के बावजूद बहुत सारी दिलचस्प सच्चाइयों को अपने सीने में दबाये हुए है। पिपरिया के जनजीवन व अतीत को देखना आदिवासी इलाक़े और घने जंगलों से घिरे मानव समाज के विकास की कथा को समझना है। पिपरिया पर केन्द्रित यह पुस्तक क़स्बों के मानव जीवन, उनके सुख–दुःख, उल्लास–निराशा, स्वप्न और मोहभंग को जानने का अवसर देगी, इसमें कोई सन्देह नहीं है।

–वैभव सिंह

विधि : स्मृतियों के ख़ज़ाने की खोज

पिपरिया की कहानी आपके सामने है। 160 साल पुराना क़स्बा जैसे अपनी कहानी ख़ुद कह रहा है और यह सच भी है। लोगों ने अपने क़स्बे की कहानी ख़ुद ही कही है। यह वो लोग हैं जिनसे गाँव, गाँव और क़स्बा, क़स्बा बनता है। इनकी स्मृतियों में घर–मोहल्ले और क़स्बे को लेकर ढेरों कहानियाँ हैं। कुछ कहानियाँ इनके बाप–दादाओं ने इन्हें सुनाई हैं और कुछ कहानियाँ यह अपने बच्चों को सुनाते हैं। और बच्चे, वे भी अपनी कहानियाँ रचना शुरू कर चुके होते हैं। हर क़दम पर हमारा गाँव हमारी स्मृतियों में दर्ज होता रहता है। हम जब तब उसे अपने जानने वालों से साझा भी करते हैं। नौजवान कहते भी हैं कि बड़े बुज़ुर्गों के पास बैठो तो वे अपने ज़माने का राग अलापने लगते हैं। दरअसल पुराने ज़माने का यह राग ही स्मृतियों का ख़ज़ाना है।

जब पिपरिया के इतिहास को इकट्ठा करने का काम हाथ में लिया तो इस ख़ज़ाने की याद ही आयी। क़स्बे के वे तमाम बुज़ुर्ग याद आये जिनकी स्मृतियों को हम गाहे बगाहे कुरेदते रहते थे। इसमें सबसे बड़ा फ़ायदा हमारे स्थानीय होने का था। हमारी तीन पीढ़ियों की कितनी ही स्मृतियाँ यहाँ की मिट्टी में दफ़्न हैं। चौथी पीढ़ी हमारे बच्चों की है जो इस क़स्बे के बाहर अपने रास्ते तलाश रहे हैं।

दूसरी बात जो हमारे हक़ में रही वह थी राजनीतिक–सामाजिक सक्रियता के कारण बनी समझ की। जब आप किसी गाँव–क़स्बे के

विकास को समझना चाहते हैं तो समझ या नज़रिया ज़रूरी हो जाता है। यह समझ एक दिन में नहीं बनती। इसके लिए लगातार अध्ययन और लोगों से जुड़ाव ज़रूरी है। हम ख़ुशक़िस्मत थे कि जवानी की शुरुआत में ही समाजवादी आन्दोलन से जुड़ गये। उसने हमें अध्ययनशील बनाया और समाज से जुड़ने का रास्ता भी दिखाया।

जब पिपरिया को जानना शुरू किया तो यह अनुभव बहुत काम आया। किसी भी गाँव–क़स्बे के विकास में हर धर्म, हर जाति और हर तबके का योगदान होता है इसीलिए ऐसे लोगों को चुनना और उनसे बात करना ज़रूरी था। सो हमने अपने दोस्तों से मदद ली। उन्होंने अपने इलाक़े के बुज़ुर्गों की जानकारी दी। हमने हर तरह के रोज़गार से जुड़े लोगों से बात की। इनमें व्यापारी थे, मज़दूर थे। किसान थे। छोटे–बड़े दुकानदार थे। नौकरीपेशा लोग थे। यहाँ तक कि मेहतर, भंगी, बसोड़ जैसे निचली जातियों के लोग भी शामिल थे। और हां, इनमें गोंड आदिवासी भी थे। आख़िर 10–20 गोंड परिवारों को बसा कर ही गाँव की शुरुआत हुई थी। कुल मिलाकर हर जाति–धर्म के लोगों तक हम पहुँचे।

सबसे मुश्किल काम यही है, बुज़ुर्गों को पहचानना और उन तक पहुँचना। आप उन तक पहुँच भी जायें तो ज़रूरी नहीं है कि बात हो पाये। बात पुरानी बस्ती की है। यह सचमुच बहुत पुरानी है। यहीं पर शोभापुर के राजा ने गोंड परिवारों को बसाया था। इसे अब गोड़ मोहल्ला कहते हैं। यहाँ एक बुज़ुर्ग औरत कच्ची शराब बेचती है। वह बात करने को राज़ी भी हो गयीं लेकिन उसे कुछ पड़ोस की औरतों ने बहका दिया। फिर उसने बात नहीं की। हमने बहुत कोशिश की पर उसे बात करने को तैयार नहीं कर पाये। हालाँकि उसी मोहल्ले के चम्पू लाला गोंड और झक्की मामा से लम्बी बातचीत हुई। इसी तरह सबीरगुल चाची से भी ख़ास बातचीत नहीं हो पायी। हमें उनके छोटे बेटे वाहिद ने उनसे मिलवाया था। 82 साल की बुज़ुर्ग महिला मुस्कुराती रही और बहुत कम बातचीत की।

ऐसे कई उदाहरण हैं जब हम सम्बन्धित व्यक्ति से बात नहीं कर पाये। अगर थोड़ी बहुत बातचीत हुई भी तो हम उनकी स्मृतियों को नहीं कुरेद पाये जिससे कुछ जानकारी मिलती। जैसे डोकरीखेड़ा के अब्दुल्ला शिकारी का बड़ा नाम है। हमें पता चला तो हम उनके 70 वर्षीय बेटे से बात करने पहुँचे। उनके पिता इस इलाक़े के बड़े शिकारी रहे हैं। उनके बारे में दूसरों से कुछ कहानियाँ सुनी हैं। लेकिन उनके बेटे ने बात करने से साफ़ मना कर दिया। असल में देश में मुसलमानों के ख़िलाफ़ चल रहे माहौल के कारण वे डरे हुए थे इसीलिए बात करने को राज़ी नहीं हुए। उस दिन हम बहुत हताश होकर उनके घर से लौटे थे। बाद में उनके दो बेटों से अपने दादा के बारे में कुछ फुटकर जानकारी मिली। कई दफ़ा ऐसा भी हुआ कि बातचीत तो ख़ूब हुई लेकिन कोई ख़ास जानकारी हासिल नहीं हो पायी। ऐसी असफलताएँ थोड़ी देर के लिए परेशान ज़रूर करती थीं लेकिन जल्द ही हम अगली बातचीत के लिए फिर तैयार हो जाते थे।

चूँकि यह अम्बेडकर विश्वविद्यालय जैसे बड़े संस्थान का कार्यक्रम था इसीलिए हर बातचीत को रिकॉर्ड करना ज़रूरी था। इससे पढ़े–लिखे सवर्ण तबके के साथ बात करने में ख़ास दिक़्क़त नहीं हुई लेकिन दलित, पिछड़े और आदिवासियों को तैयार करने में ज़्यादा मेहनत लगी। शुरुआत में वे चौंक जाते थे। उनका विश्वास जीतना होता था, ताकि वे खुल कर अपनी यादें बाँट सकें। ऐसे समय हमारे बीच पुल का काम कर रहे दोस्त मददगार साबित होते थे। यहाँ मेरा स्थानीय होना भी काम आता था। हम उन्हीं की बोली भाषा में बात करते थे यानी इस इलाक़े में बोली जाने वाली बुन्देली में। इस इलाक़े को लेकर हमारी स्मृतियाँ भी 50 साल लम्बी हैं इसलिए हमें सवाल करने में भी मदद मिलती थी।

बातचीत की पूरी ज़िम्मेदारी मेरी थी। सीसीके का एक युवा साथी रिकार्डिंग का ध्यान रखता था। लोगों से बात करते हुए मुझे कितनी ही बार अपने पिता और दादा का ख़याल आया। कई बार तो साक्षात्कार देने वाले बुज़ुर्ग ही सवाल दाग देते कि आप कौन?

जैसे ही मैं अपने पिता बाबूलाल मौर्य का नाम लेता वे मेरे कन्धे पर हाथ रखकर कहते 'अरे मामाजी को कौन नहीं जानता। फिर वे बड़े इत्मीनान से मुझसे बात करते। मेरे पिता को पूरा क़स्बा मामाजी कहता था। उसका कारण यह था कि उन्होंने अपने भांजे नारायणदास मौर्य को समाजवादी नेता के रूप में उभारने में कोई कसर नहीं छोड़ी थी। उधर, मैं हैरत में डूब जाता कि मेरे पिता को गुज़रे 42 साल हो चुके हैं, लेकिन बुज़ुर्ग उन्हें भूले नहीं हैं। कभी कोई उनके कामों का ज़िक्र कर देता। कोई उनकी ख़ूबियाँ गिनाने लगता। जैसे एक नाम लेते ही उनकी स्मृति का एक सिरा वर्तमान से जुड़ जाता।

ऐसी ही एक शख़्सियत का ज़िक्र कई बुज़ुर्गों ने बार–बार किया। हैरत यह कि उस शख़्सियत की मौत क़रीब 60 साल पहले ही हो गयी थी, लेकिन पिपरिया के बुज़ुर्गों की स्मृतियों में वे आज भी ज़िन्दा हैं। वह शख़्स हैं, जगन्नाथ प्रसाद मौर्य उर्फ़ जग्गू उस्ताद। वे दो बार नगरपालिका, पिपरिया के अध्यक्ष रहे। उन्होंने इस क़स्बे के लिए इतना काम किया है कि आज तक कोई अन्य जनप्रतिनिधि उनके आसपास भी नहीं पहुँच सका। उन्होंने नौजवान की सेहत के लिए व्यायाम शाला शुरू की और उनके मानसिक विकास के लिए जनता वाचनालय शुरू करवाया जहाँ उत्कृष्ट साहित्य रखा गया। उन्होंने सरकारी अस्पताल बनवाया और कांग्रेस नेताओं के विरोध के बावजूद तत्कालीन राष्ट्रपति राजेन्द्र प्रसाद से उसका उद्‌घाटन करवाया। बरसों तक उनके और उनकी टीम के नाम का एक शिलालेख अस्पताल में लगा रहा, लेकिन इस काम के दौरान वह हमें नहीं मिला। उसे हटा दिया गया है। उन्होंने स्कूल खोले और शहर में बिजली लाने की पहल भी की। वे ग़रीबों के मददगार थे और किसी से दबते नहीं थे। वे इस क़स्बे के पहले स्थानीय नायक हैं। उनके बारे में इतने क़िस्से बुज़ुर्गों ने सुनाये हैं कि उन पर अलग से लिखना पड़ेगा।

अपने क़स्बे के गली–कूचों में घूमते हुए कितने ही ख़याल दिल में आते हैं। सिर्फ़ गोंड आदिवासी ही यहाँ के मूल निवासी हैं।

बाक़ी सारे लोग बाहर से आये हैं। अपने बारे में कहूँ तो हमारे दादा रायबरेली के हँसुआ गाँव से रेल आने के बाद पिपरिया आये। इसी तरह देश के अलग–अलग हिस्सों से लोग पिपरिया आये और यहाँ एक लघु भारत आबाद हो गया। राजस्थान के मारवाड़ी रेल आने के पहले ही यहाँ आ गये थे। तब वे खापरखेड़ा में बसे। उनमें दैनिक अख़बार देशबन्धु के संस्थापक सम्पादक मायाराम सुरजन के पूर्वज भी शामिल थे। मायारामजी का जन्म खापरखेड़ा में ही हुआ था। उत्तर प्रदेश के कई इलाक़ों से लोग यहाँ आये। गुजरात, पंजाब, बिहार, महाराष्ट्र, पश्चिम बंगाल और दक्षिण भारत के कुछ हिस्सों से भी लोग आये। हैरत होती है कि 1900 के आसपास अफ़ग़ानिस्तान से कुछ ख़ान परिवार भी पिपरिया पहुँच गये। आज़ादी के बाद सिन्ध, पाकिस्तान से सिन्धी आये। बहुत बाद में सम्भवतः 1965–70 के आसपास ईरानी आये। उनके पहनावे के कारण पहले उन्हें बिलोची कहा जाता था। उनकी औरतें घेरदार लम्बा लहँगा और लम्बी चुस्त कुर्ती पहनती थीं। मज़े की बात यह है कि अलग–अलग इलाक़ों और अलग–अलग भाषा संस्कृति से आये लोगों ने यहाँ की बुन्देली संस्कृति को अपना लिया। मारवाड़ी, गुजराती, पंजाबी और बंगाली आदि सभी अपनी भाषा भूल गये और हिन्दी व बुन्देली को अपना लिया। वे यहाँ के तीज त्यौहार और उत्सवों में रम गये। तमाम लोगों में सिर्फ़ सिन्धियों ने ही अपनी भाषा को बचाये रखा है। ईरानियों ने भी मौखिक रूप से फ़ारसी को बचा रखा है। लिखने–पढ़ने में हिन्दी और उर्दू का उपयोग करते हैं।

हमने इन तमाम लोगों से बातचीत करने की कोशिश की। ज़्यादातर हम कामयाब हुए। आमतौर पर हम बातचीत की शुरुआत जीवनयापन सम्बन्धी स्मृतियों से करते थे। हर किसी को अपने संघर्ष के दिन याद रहते हैं। यहाँ तक कि अपने बाप–दादों के संघर्ष की कहानियाँ सुनते हुए ही वे बड़े होते हैं। सो ऐसी कहानियाँ बुज़ुर्ग बड़ी रुचि से सुनाते हैं। ये कहानियाँ आप आगे के पन्नों पर पढ़ेंगे,

लेकिन यहाँ मैं कुछ ऐसे क़िस्से बयान करना चाहता हूँ जिन्होंने हमें लोगों से बातचीत करने के लिए प्रोत्साहित किया।

याद आती हैं बुज़ुर्ग सिन्धी महिला परमेश्वरी देवी। वे पाकिस्तान से पाँचवीं पास करने के बाद हिन्दुस्तान आयीं। शहडोल, कटनी होते हुए जब पिपरिया आयीं तो 17 साल की हो चुकी थीं। वे सिन्ध, पाकिस्तान के दादू ज़िले के राधन गाँव में पैदा हुई हैं। उनके पिता की अनाज की दुकान थी। उन्हें यह सुनकर बहुत मज़ा आया कि कोई उनके गुज़रे दिनों के बारे में जानने आया है और उनके बचपन को लेकर भी बचकाने सवाल कर रहा है। वे बहुत जल्दी खुल गयीं। उन्होंने कोई जवाबी सवाल नहीं किये। उन्होंने हमें अपने घर के बैठकखाने में बिठाकर आराम से बातचीत की। उन्होंने बहुत शिद्दत से पाकिस्तान को याद किया। कहने लगीं 'ओह, कोई मुझे पाकिस्तान ले चले। एक बार फिर अपने गाँव को देख लूँ। अपने मोहल्ले लालमाड़ी को देख लूँ। उन्होंने अपनी टीचर को याद किया जो सिन्धी महिला थीं। उन्होंने एक मुसलमान से शादी की थी। उन्होंने गाँव, स्कूल, खेलकूद और हिन्दुस्तान आने तक की कहानी सुनाई। उन्होंने उस लकी गाँव को भी याद किया जहाँ पहाड़ों पर तीन नदियाँ बहती हैं। एक सफ़ेद पानी की खीर नदी, एक कुनकुने पानी की और एक ठण्डे पानी की। उस पहाड़ी गाँव की ख़ूबसूरती के बारे में उनका कहना है कि उसके आगे पचमढ़ी कहीं नहीं लगती।

इसी तरह मंगो बाई को भी भूलना मुश्किल है। उनके पिता सीजन के हिसाब से फलों के बग़ीचे ख़रीदते थे। मंगो बाई ने सब्ज़ी बेचने का काम किया है। मंगो बाई का बचपन शैतानियों से भरा हुआ है। वे कहती हैं जितनी मैं ऊधमी थी, मेरी बड़ी बहन उतनी ही सीधी थी। उनकी बड़ी बहन मानकुँवर 105 साल की हैं। दरअसल हम उन्हीं से बात करने आये थे, लेकिन वे बहुत कम बोलती हैं। इस कमी को पूरा किया उनकी छोटी बहन 80 साल की मंगो बाई ने। उन्हें अपने बचपन के कितने क़िस्से याद हैं। बचपन में वे जानवरों को चराने ले जाती थीं। उस समय बनर्जी बाबू की लड़कियाँ स्कूल

के लिए निकलती थीं। वे अपने जानवरों को उनकी तरफ़ हाँक देतीं। लड़कियाँ परेशान होकर इधर–उधर भागतीं और मंगो पर नाराज़ होतीं कि उसकी शिकायत करेंगी। मंगो हँसते हुए कहती हैं, 'मैंने उन्हें ख़ूब परेशान किया, मगर कभी बनर्जी बाबू के हाथ नहीं आयी। बरसों बाद उनमें से एक लड़की सविता बनर्जी पिपरिया की विधायक बनीं।' क़िस्से सुनाते हुए मंगो बाई की आँखों की चमक कौन भूल सकता है।

एक लड़की और याद आती है दुर्गा घुरेले। हम उसकी ताईजी सेवरती बाई बंसकार से मिलने गये थे। तब उसके पिता का ज़िक्र आया। वे मिट्टी की मूर्ति बनाते थे। फिर उन्होंने अपनी कलाकार बेटी दुर्गा के बारे में बताया। मोहल्ले के दूसरी तरफ़ उसका घर था। वे हमें वहाँ ले गयीं। रेलवे लाइन पार करते समय जनशताब्दी ट्रेन से दुर्गा का बायाँ हाथ कट गया था। तब पिता के दिये हुनर ने उसे उबारा। वह मूर्तियाँ बनाने लगी। स्कूली दिनों से ही मूर्ति के नाक नक़्श बनाने में उसकी रुचि थी। ख़ासकर चेहरे को तराशने में वह माहिर हो गयी थी। आख़िरी काम होता था मूर्ति की पोशाक के साथ पूरी फ़िनिशिंग करना। वह काम दुर्गा ही करती थी। दुर्गा अपनी कलाकारी से ऐसी पोशाक गढ़ देती है कि वह असली ही लगती है। दुर्गा बाँस और धान के रेशों से भी कलाकृतियाँ बनाती है। वह सिलाई, बुनाई भी कर लेती है और घर के सारे काम भी करती है। दुर्गा दसवीं तक पढ़ी है। हादसे के बाद उसका स्कूल छूट गया। 18 साल की इस बच्ची की हिम्मत और हौसले ने हमें भीतर तक भिगो दिया था। हम देर तक उसके घर में उसकी कलाकृतियाँ देखते रहे और उसकी कहानी सुनते रहे। यहाँ भी मैं उसकी हिम्मत को सलाम करना चाहता हूँ।

पिपरिया कितनी बड़ी धार्मिक नगरी है यह मन्दिरों या कर्मकाण्डों से तय नहीं होता। इसे साबित करते हैं भिखारी, जो यहाँ के लोगों के दान पुण्य के चलते कभी भूखे नहीं सोते बल्कि वे इतना कमा लेते हैं कि किसी वेतनभोगी की तरह घर पैसा भेज सकें। यह जानकारी हमें मिली जब हम शिब्बू भैया से मिले। उनकी अनाज की दुकान है। वे भिखारियों से आटा ख़रीदते हैं। उन पर भिखारी इतना भरोसा करते

हैं कि भीख में मिला नक़द पैसा भी उन्हीं के पास जमा कर देते हैं। पिपरिया में भीख के रूप में आटा देने की परम्परा बहुत पहले से है। शिब्बू भैया बड़ी मात्रा में भिखारियों से आटा ख़रीदते हैं। फिर छानकर साफ़ करवाते हैं। इसके बाद नयी पैकिंग के साथ बाज़ार में उतार देते हैं। किसी दूसरे ने बताया कि यह आटा पचमढ़ी की होटलों में खपाया जाता है। हम कुछ भिखारियों से भी मिले। ज़्यादातर आसपास के गाँवों से हैं और निचली जातियों से हैं। इनमें भी बसोड़ ज़्यादा हैं। लगभग सभी ने नर्मदा परिक्रमा की है और फिर भीख माँगने लगे।

इस किताब में एक अन्य किताब की जानकारी का भी इस्तेमाल किया गया है जिसकी ज़्यादा चर्चा नहीं हो पायी। पिपरिया के समाजवादी नेता और 'समानता' साप्ताहिक के सम्पादक नारायणदास मौर्य ने एक महत्त्वपूर्ण किताब लिखी है 'पिपरिया, इतिहास 2000'। इसमें विभिन्न समुदायों के उन परिवारों का इतिहास दिया गया है जिन्हें पिपरिया में रहते सौ साल हो गये हैं। नारायण भाई ज़मीनी नेता रहे इसलिए वे पूरे क़स्बे को व्यक्तिगत रूप से जानते थे। सम्पादक होने के नाते वे जानकारियों को इकट्ठा करना और सहेजना भी जानते थे। यह किताब दिलचस्प ढंग से अपने इलाक़े से परिचित कराती है। किताब की कमज़ोरी यह है कि इसका सम्पादन बहुत ख़राब है और प्रिंटिंग की ख़ामियाँ भी ज़्यादा हैं। यहाँ तक कि किताब के नाम में भी स्पष्टता की कमी है। इसके बावजूद इस किताब से बहुत मदद मिली। शायद पूरी हिन्दी पट्टी में ऐसा काम किसी और ने नहीं किया। पिपरिया में यूँ तो कई साप्ताहिक अख़बार निकले और अब भी निकल रहे हैं लेकिन 'समानता' ने इस इलाक़े पर जो असर डाला वो दूसरे साप्ताहिक नहीं कर पाये। हमने कोशिश की थी कि उसके कुछ पुराने अंक हमें मिल जायें लेकिन यह सम्भव नहीं हो पाया। कभी सम्भवतः 1970 के आसपास ललित अग्रवाल इसमें 'बस्ती की गश्ती' नाम से कॉलम लिखते थे जो उस समय बहुत लोकप्रिय हुआ था। मैंने भी 1980 में कुछ समय तक 'देर सबेर' नाम से कॉलम लिखा था।

पिपरिया के उन सभी लोगों को सलाम करना चाहता हूँ जिन्होंने अपना क़ीमती वक़्त मुझे दिया। कई ने तो अपने काम के बीच हमारे लिए समय निकाला। अगर वे अपनी स्मृतियाँ मुझसे नहीं बाँटते तो इस किताब का आना मुमकिन ही नहीं था। फिर उन दोस्तों का भी शुक्रिया अदा करना चाहता हूँ जो बुज़ुर्गों से मेरी मुलाक़ात करवाते रहे। उनमें लखन राजपूत, श्रीगोपाल गांगूड़ा, रेखा व्यौहार, गोपाल राठी और मेरे तीन भाई राजेन्द्र मौर्य, राकेश मौर्य और रूपेश मौर्य शामिल हैं।

हमने अक्टूबर 2016 से काम शुरू किया था लेकिन कुछ व्यक्तिगत परेशानियों के चलते 2017 में ही ज़्यादातर काम पूरा किया। जो साक्षात्कार रिकॉर्ड किये थे, उन्हें कागज़ पर उतारा गया। फिर अम्बेडकर विश्वविद्यालय में सीसीके के ऑफ़िस में बैठकर इस किताब का पहला ड्राफ्ट तैयार किया गया। यह काम मार्च 2018 तक पूरा हो गया था लेकिन किताब के छपने में देरी हो गयी। इस बीच साक्षात्कार देने वाले कुछ लोगों का स्वर्गवास हो गया। दिवंगत श्री श्याम राय, श्री किशन गोपाल अग्रवाल, श्री चम्पूलाल गोंड, श्रीकृष्ण सुरजन, श्री कैलाश मौर्य, श्रीमती मानकुँवर बाई, किशोर शाह, रामदयाल गुप्ता, हरिशंकर खटीक और श्री मधु मास्साब को हम श्रद्धांजलि अर्पित करते हैं।

इस किताब को पढ़ने के बाद आप भी अपने घर के बुज़ुर्गों से उनके गुज़रे दिनों की चर्चा करना, आपके सामने एक नयी दुनिया खुल जायेगी। मेरे साथ यही हुआ। बातचीत में अलग–अलग समाजों के लोग जब शामिल हुए और हम उनकी स्मृतियों को कुरेदने में कामयाब हो गये तो सचमुच एक नयी दुनिया हमारे सामने थी। तब पता चला कि हम अपने इलाक़े के बारे में कितना कम जानते हैं।

–नरेन्द्र मौर्य

हमारी पिपरिया : कल, आज और कल

'हमारी माँ और जसवन्त की माँ आदि बताया करती थीं कि शुरू–शुरू में यहाँ रेल की आवाज़ बहुत डराती थी। शुरुआत में रेल में एक गाड़ी ट्रायल के तौर पर चलाई गयी थी। जब ट्रायल होता था तो दूरदराज़ के इलाक़ों से लोगों की काफ़ी भीड़ जुटती थी। यह 1920 के आसपास की बात होगी। सुनते हैं कि गाड़ी के आने पर जंगल से आदिवासी पटरी पर आकर नारियल फोड़ा करते थे।'

–वीरेन्द्र दुबे, पिपरिया

'एक दिन हमने सुना कि पिपरिया में किसी सेठ के यहाँ पांवगाड़ी आयी है। यानी कि पाँव से चलने वाली गाड़ी। उस समय सिलारी में रहने वाले बच्चे पाँवगाड़ी देखने की उत्सुकता दबा नहीं पाये और एक दिन सिलारी से पैदल चलकर पिपरिया आ गये। तब उन्हें बताया गया कि इसे साइकिल कहते हैं। यह 1930–35 के आसपास की बात होगी। बाद के बरसों में साइकिल लोगों के बहुत काम आयी। यहाँ तक कि कई दुकानें किराये पर साइकिल देने वालों की हो गयी थीं। जब बाइक नहीं थी तो साइकिलों से ही लोग गाँव–गाँव घूमते थे।'

–हज़ारी लाल वर्मा, सिलारी

1950 के ज़माने में यहाँ घरों में मिट्टी के चूल्हे बनते थे। दो चूल्हे बना लिए। किसी का बड़ा परिवार है तो चार चूल्हे बना लिए।

लकड़ी से उसी पर खाना बनता था। रस्सी का टीका बनाते थे और कुंदे पर लटका देते थे। उसमें खाने का सामान रखा जाता था। अलमारी में दूसरे सामान रखते थे। धुआँ आँखों में लगता तो था लेकिन खपड़ा के घर होते थे तो उनमें से धुआँ बाहर निकल जाता था और रसोई बन्द नहीं रहती थी। खाना खाने के लिए घरों में पटे होते थे। उनमें बैठकर खाना खाया जाता था। पटे पर थाली रखकर भी खाते थे। चौका अलग रहता था। वहाँ खाना बनता और परोसा जाता था। उस समय तिल्ली और मूँगफली का तेल बहुत चलता था। लोग रोटी में तेल लगाकर भी खा लेते थे। साल भर के लिए दाल, चावल, धना, मिर्ची वग़ैरह पहले ही लेकर रख लेते थे। तब मसाले की चक्की नहीं होती थी। घरों में ही छोटी हाथचक्की होती थी जिसमें धना–मिर्ची वग़ैरह पीसते थे। पहले घरों में बहुत काम होता था। हम पूरा–पूरा दिन काम करते रहते थे।

–कमला ब्यौहार, पिपरिया

देवगाँव पिपरिया में बिजली नहीं थी। खम्बों पर गैस लैम्प जलाये जाते थे। एक खम्बा नारायण मौर्य के घर के सामने गोलाई पर लगा था। दो खम्बे इतवारा बाज़ार में, एक टाकीज़ के सामने और एक फाटक के पहले गोलाई पर। स्टेशन के उस तरफ़ चौराहे तक कुल चार खम्बों पर लैम्प जलते थे। यह 1950–55 के आसपास की बात होगी। नज़ीर का बाप और बद्री, दोनों तेल की कुप्पी से दोपहर में उनमें तेल भरा करते थे। बाद में यहाँ बिजली आयी।

–जसवन्त सिंह अहिरवार, पिपरिया

पहले ज़माने में बैलों के बिना काम नहीं चलता था। बखर, गाड़ी, दाउन सब में बैल लगते थे। बस्ती में कई बैलगाड़ियाँ थीं। गोंडों की अलग बैलगाड़ियाँ थीं। बैलों के लिए भूसा चारा आराम से मिल जाता था। हम ख़ुद लाते थे। कटिया, ऊंटकटारो, दड़े को खुरच कर जानवरों को डाल देते थे। कभी जंगल गये तो पत्ता तोड़ लाये।

नर्मदा जाने के लिए भी बैलगाड़ी ही लेते थे और रिश्तेदारी में भी बैलगाड़ियों से ही आना–जाना होता था। मायके जाते थे तो गाँव भर जा रहा है तो सब बैलगाड़ी से जाते थे।

–कमला बाई गूजर, गूजरपुरा, पुरानी बस्ती, पिपरिया

मंगलवारा चौक की होटलें हमेशा से शहर का एक ख़ास हिस्सा रही हैं। कभी यहाँ श्याम जायसवाल और एक सिन्धी की भारत होटल होती थी। सारी बातचीत और गॉसिप वहीं होती थी। कहते हैं कि 1947 में पूरी रात झण्डा फहराने के लिए ही झण्डा चौक का निर्माण किया गया था। मंगलवारा चौक को पहले झण्डा चौक ही कहते थे। फिर राधेश्याम गुप्ता के प्रयास से यह सुभाष चौक बन गया। चौक पर पहले पटवों की दुकानें लगती थीं। जनरल स्टोर के नाम पर उन्हीं की दुकानें होती थीं। अब तो उन्होंने अल्लापाले मार्केट में अपनी स्थायी दुकानें बना ली हैं।

–श्रीगोपाल गांगुड़ा, पिपरिया

यहाँ दो सिनेमा टाकीज़ थीं। एक सीमेंट रोड पर और दूसरी इतवारा बाज़ार में। सीमेंट रोड वाली टाकीज़ कम चली। चार–पाँच आने टिकट होती थी। एक रुपये में दो–तीन लोग फ़िल्म देख लेते थे। यहाँ सरकस, नाटक और रामलीलाएँ भी ख़ूब होती थीं। यहाँ के दो–चार लोग नाटक खेला भी करते थे। एक कलार का लड़का था, एक ठाकुर का। कई लोगों की मण्डलियाँ भी थीं। 1960–70 के आसपास अमर सिंह राठौर और सुल्ताना डाकू जैसे नाटकों को देखने के लिए बहुत भीड़ जुटती थी।

–कमला बाई राजपूत, पिपरिया

बागरा तवा रेलवे पुल का निर्माण, 1869 और पिपरिया तक रेल का पहुँचना
स्रोत : विकिमीडिया कॉमन्स

साइकिल के साथ पिता और पुत्र, वर्ष : 1966
स्रोत : विकिमीडिया कॉमन्स

चूल्हे का उपयोग, पिपरिया, वर्ष : 2012
स्रोत : जतन ट्रस्ट

गुना (मध्य प्रदेश) में बैलगाड़ी, वर्ष : 1978
स्रोत : एन एस रामास्वामी, सी एल नरसिम्हन–इंडियाज़ एनिमल ड्रॉन व्हीकल्स

गोंड राजाओं का राज : गोंडवाना

कम–से–कम 12वीं से 18वीं शताब्दी तक गोंड साम्राज्य ने समूचे मध्य भारत के क्षेत्र पर शासन किया। गोंडों के राज में खेती, पशुपालन और बग़ीचों पर ज़्यादा ध्यान दिया जाता था। गोंड शासकों ने अपने साम्राज्यों में शानदार महलों और क़िलों का निर्माण करने के साथ–साथ कई शहरों की स्थापना भी की।

गोंड राजा संग्राम सिंह ने गढ़ा मण्डला में 1500–1541 तक राज किया। उनके समय गोंड राज्य का विस्तार हुआ। उन्होंने 1518 में 52 गढ़ों की जो सूची बनायी थी उसमें फतेहपुर, रायसेन और हरदा से 25 मील दक्षिण में मकराई शामिल है। भँवरगढ़ (गाडरवाड़ा) और नमुआगढ़ (नरसिंहपुर) का नाम भी उसमें है। उधर अबुल फ़ज़ल ने गढ़ा मण्डला के 57 गढ़ों की सूची बनायी थी। उसमें भटगाँव शामिल है और इसी भटगाँव में सोहागपुर परगना आता है जो उत्तर में नर्मदा नदी और दक्षिण में सतपुड़ा की पहाड़ियाँ, उधर पूर्व में दुधी नदी और पश्चिम में तवा नदी के बीच वाला क्षेत्र है।[1]

18वीं सदी के मध्य में नागपुर के मराठा राजा राघोजी भोंसले ने गवलगढ़ से लेकर महादेव तक की पहाड़ियों को अपने अधीन कर लिया था। इसी समय के दौरान मध्य भारत के गोंडों और अन्य आबादी ने नयी ताक़तों से बचने और संघर्ष करने के लिए जंगलों

---

1. अग्रवाल, रामभरोसे, 'गढ़ा मण्डला के गोंड राजा', गोंडी पब्लिक ट्रस्ट प्रकाशन, मण्डला, म.प्र., प्रकाशन वर्ष : 1961

और पहाड़ों का रुख़ किया। माना जाता है कि पहाड़ियों में फैले गोंड और कोरकू राजाओं की ख़ुद को संगठित रखने की परम्परा के चलते अधिकतर शासक इस क्षेत्र में हस्तक्षेप करने से बचते थे। हालाँकि ऐसा नहीं है कि आदिवासियों और ग़ैर–आदिवासियों के बीच संघर्ष नहीं होता था। पचमढ़ी के द्रौपदी द्वीप के शैलचित्र (रॉक पेंटिंग) ऐसे ही संघर्षों के दस्तावेज़ हैं। इन चित्रों में घुड़सवार लड़ाकों से लोहा लेते पैदल आदिवासियों का चित्रण किया गया है।

1867 के 'मध्य प्रान्तों का गज़ेटियर' में ए.सी.ल्याल लिखते हैं : "बाहर से बसने आये अधिक कुशल लोगों के कारण मूल जनजातियों का सिमटना शुरू हो गया था। गोंड राजा बख़्त बुलन्द शाह के समय निश्चित तौर पर अधिकतर आबादी गोंड थी। पर अब हर 18 हिन्दुओं के अनुपात में एक गोंड ही मौजूद है।" 19वीं सदी के उत्तरार्ध में औपनिवेशिक शासन अपने चरम पर था। मध्य भारत के राजपाट को पूरी तरह गँवा चुके गोंडों को अब उनके जंगलों से भी बेदखल किया जा रहा था। 20वीं शताब्दी के शुरुआती चरण में रसेल और हीरा लाल 'केन्द्रीय प्रान्तों में जातियाँ और जनजातियाँ' की अपनी रिपोर्ट में लिखते हैं : "गोंड मुख्य रूप से खेती किसानी करते हैं। उनमें से कई खेतिहर मज़दूर भी हैं। हालाँकि पहाड़ी इलाकों में गोंडों की मालिकाना भागीदारी की एक छोटी संख्या बनी हुई है, पर अधिकांश लोगों को हिन्दू साहूकारों और शराब विक्रेताओं ने बाहर कर दिया है।"[2]

गोंड राजपाट की स्थानीय स्मृतियाँ

फतेहपुर में राजा का राजमहल होता था। उसकी बनावट बहुत अच्छी थी। कुल तीन मंज़िलें थीं जो हर तरफ़ से घिरी रहती थीं तो अन्दर कोई घुस नहीं सकता था। अब तो बे सारे टूट–फूट गये हैं।

---

2. एज़रा राश्को के लेख 'डिस्पोसेसिंग मेमोरी : आदिवासी ओरल हिस्ट्रीज फ्रॉम द मार्जिन्स ऑफ़ पचमढ़ी बायोस्फियर रिज़र्व, सेंट्रल इंडिया' (पुस्तक : मेमोरी, आइडेंटिटी एंड द कोलोनियल एनकाउंटर इन इंडिया : एडिटेड बाय एज़रा राश्को, संजुक्ता घोष एंड उपल चक्रबर्ती, 2018) से अनुवादित।

राजा तो नीचे ही रहते थे सारी पब्लिक के बीच में और रानी ऊपर रहती थी। ऊपर जाने की किसी को इजाज़त नहीं थी। उसके साथ में एक बड़ का झाड़ था जो राशन के कमरे से लगा हुआ था। हिसाब–किताब का एक अलग कमरा था। उसमें जंगल और ज़मींन

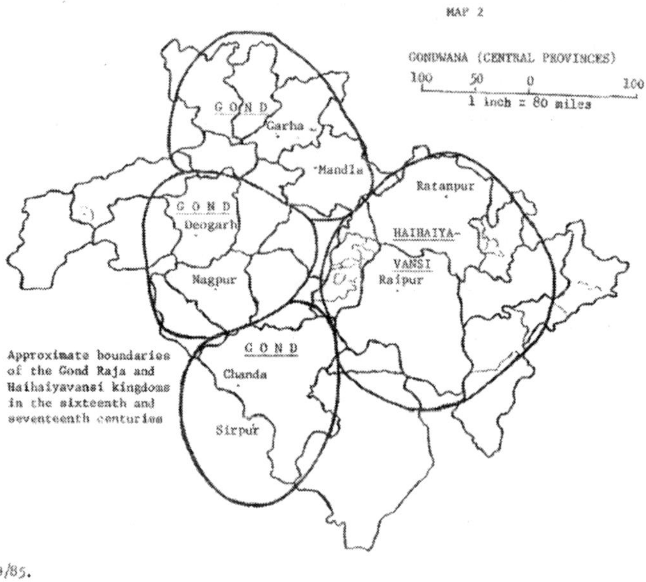

16वीं–17वीं शताब्दी में गोंड राज्यों का नक़्शा
स्रोत : इंटरनेट आर्काइव्ज

का लेखा–जोखा होता था। बाक़ी नाकेदार, दवेदार, रेंजर वग़ैरह की लिखा–पढ़ी भी होती थी। जंगल से जित्ता पैसा आया वहीं जमा, खेती से जित्ता आया वहीं जमा। मुख्त्यार जो गाँव–गाँव से तोजी लाते थे वो भी जमा होती थी। राजा के पास सौ से ऊपर कर्मचारी होते थे। नाकेदार, रेंजर, शिकारी, सिपाही, मुख्त्यार, रसोइये, चपरासी के अलावा लकड़ी फाड़ने वाले, पानी लाने वाले, मसाला पीसने वाले, खेत जोतने वाले, घास ढोने वाले, घोड़ों की दाल दरने वाले और उनकी लीद झाड़ने वाले भी रहते थे। एक हाथी पे दो आदमी अलग रहते थे।

एक घण्टा ठोकने वाला रहता था। जैसे बारह बज गया तो एक घण्टा बजाया जम के। उसकी आवाज़ महुआखेड़े तक सुनाई देती थी। राजाओं की जंगल से बहुत घनिष्ठ आमदनी थी। सागौन बेचना, कोयला बनाना, सागौन के कूप निकालना जो बड़े–बड़े ठेकेदार लेते थे। पहले कोयला चलता था लकड़ी का। बड़े–बड़े बेलों से जाता था। जैसे जंगल से आपने कोई कूप ले लिया और कोयला बनवाकर रेलवे स्टेशन पे ढुलवा दिया। लकड़ी को एक तो ठेकेदार ले जाते थे। और आसपास के जो गाँव के लोग हैं उन्हें ज़रूरत के हिसाब से लकड़ी मिल जाया करती थी। जैसे घर में परछी उतारने के लिए गेड़ा चाहिए होता था। या मकान की लकड़ी टूट गयी। हम कागज़ पर लिख कर दे देते कि राजा साहब हमको इतनी लकड़ी की ज़रूरत है। वहाँ से नाकेदार को ऑर्डर हो जाता कि कूप से इनको इतनी लकड़ी दे दें। इसमें न तो हमसे कोई पैसा माँगा जाता था न कुछ और। सागौन के अलावा यहाँ तेंदू, कलय, आंजन, अचार और महुआ होता था। महुआ और गुली जैसी वनोपज ग़रीबों के लिए होती थी। जितना खाओ उस पर कोई रोक नहीं थी। अब तो कुछ नहीं बचा है। सागौन के जंगल के जंगल साफ़ कर दिये चोरों ने।[3]

आदिवासी राजाओं के लिए आमदनी का बड़ा स्रोत मेला हुआ करता था। हमारे यहाँ मेले की चढ़ोत्तरी से आमदनी रहती थी। इसके अलावा तौजी, लगान, ठेका और वनोपज भी होती थी। महुआ का अचार, गोंद, शहद, थोड़ी बहुत लकड़ी और कोयले को बेचने के लिए इन्दौर और जबलपुर भेजा जाता था। पिपरिया तो उस समय बहुत छोटी होती थी। किसी जंगली गाँव सी जहाँ पुरानी बस्ती में 10 से 20 टपरा घर होते थे।[4]

राजा की आमदनी जंगल से थी। जंगल में नाका बना दिया जाता था। वहाँ से लकड़ी ले जाने के लिए लाइसेंस लगता था। इसी से आय होती थी। एक और आमदनी शंकरजी के मन्दिर से थी।

3. लाल ख़ाँ, 75 वर्ष, किसान, बीचपुरा, फतेहपुर, साक्षात्कार : मई, 2008
4. रेवा बाई, 68 वर्ष, कोरकू रानी, डापका, साक्षात्कार : 4 मार्च, 2008

वहाँ शिवरात्रि पर मेला लगता था। जिनके सुपुर्द मेला रहता था, उनसे चाँदी–सोना और धेला मिलता था। नादिया और बकरा–बकरी मिलते थे। दो–दस बोरा नारियल भी आता था। ये आज़ादी से पहले की बात है। राजा के समय आदमी सुखी था। उनमें दया भी थी। वे ग़रीब की मदद करते थे। राजा के ज़मीन भी थी। 14–15 बखर चलते थे। हमने राजा के यहाँ कुछ साल नौकरी भी की है। उनके ढोर बछेरू चराते थे। राजा के पास 20–25 तो भैंसें थीं और 60–70 बकरियाँ थीं। हथवाँस के लाल साहब और शोभापुर के राजा जब शिकार खेलने आते थे तब वे अनहोनी में रुकते थे।[5]

एक राजा टेकरीपुरा में हथो, एक राजा नदीपुरा में हथो और एक राजा बीचपुरा में हथो। उनकी मोड़ियाँ हथी ते एक उमरधा ब्याही थी, एक शोभापुर ब्याही थी। इते टेकरीपुरा में नवमीं होत थी, सावन नदीपुरा में होत था और बीचपुरा में दशहरा होत थो। ऊ के यहाँ मुतके आदमी काम करत थे। एक दो से काम थोरु चलत थो। सबेरे आदमी बाहर से आके काम करत थे। कोई ढोर–बछेरू बाँध रहो है, कोई घोड़े को अलग कर रहो, कोई ढोरों को देख रहो, पानी को महुआखेड़ा से भरवे आत थे। हम बाईचारे रोज डेली तीन बजे रात उठ के अनाज पीसवे बैठत थे और आठ बजे तक पीस के राजमहल भेज देत थे। ज्वार और पिस्सी पीसत थे। पिस्सी बिल्कुल झिरी पतरी वाली होत थी। बाक़ी धान, कुटकिया और कुदई भी दरत थे।[6]

शोभापुर के राजा को हमने देखा है। वे सोहागपुर आया करते थे। आज़ादी के बाद एक बार उन्होंने यहाँ झण्डा फहराया था और मिठाई बाँटी थी। वे शान्तिप्रिय व अच्छे आदमी थे। उन दिनों की एक घटना मुझे याद है। एक चोर था। वह राजा के घर से एक बोरे में कुछ अनाज भरकर ले जा रहा था। राजा ने देख लिया। वे उसके पास पहुँचे और पूछा कि इस बोरे में क्या है? चोर ने घबराते हुए बताया गेहूँ–चावल। इस पर राजा उससे बोले कि जल्दी से यहाँ से निकल जा।

5. सीताराम मेहरा, 64 वर्ष, किसान, डापका, साक्षात्कार : 6 मई, 2008
6. जिज्जा बाई, 60 वर्ष, किसान, टेकरीपुरा, फतेहपुर, साक्षात्कार : मार्च, 2008

कहीं मुख्त्यार ने देख लिया तो मार–मार कर तेरी हड्डी–पसली तोड़ देगा। और इस तरह उन्होंने चोर को भगा दिया। बाद में मुख्त्यार ने राजा से कहा कि आप ऐसा क्यों करते हैं? राजा साहब बोले, 'अरे भूखा आदमी चोरी नहीं करेगा तो क्या करेगा? तुमने कभी सोचा कि वह भूखा–प्यासा है? उससे ख़ूब काम लेते रहो लेकिन उसे खाने को ज़रूर दो।'[7]

जयप्रकाश शाला की जगह से लेकर थाने और रामजानकी मन्दिर तक शोभापुर के राजा की ज़मीन थी। सीमेंट रोड के उधर हथवाँस के कलारों की ज़मीन थी। हम 1912 से टैक्स चुकाते आये हैं। एक समय साल भर में सात सौ रुपये का राजस्व भरते थे। उस समय 25 रुपये में चार एकड़ ज़मीन आ जाती थी। आज़ादी के बाद नन्हेलाल विश्वकर्मा ने बड़ी मोहाली में 11 रुपये में 16 एकड़ ज़मीन शोभापुर की रानी से ख़रीदी थी। पहले राजा से पूछे बिना मकान नहीं लिए जा सकते थे। पिपरिया शोभापुर के राजा की थी तो जब ये मकान ख़रीदा। तो नोटिस आया फिर नज़राना देना पड़ा।[8]

पिपरिया से लगे हथवाँस में शोभापुर के गोंड राजा का दीवान रहता था। तरौन गाँव में भी राजा के अधिकारी रहते थे।[9]

कभी यहाँ का सारा राजपाट सँभालने वाले गोंडों के बारे में कहा जाता है कि वे सागौन के पत्ते में नांदिया साँड़ को मारकर खा गये थे। इस चलते उन्हें श्राप लगा और उनका राजपाट ख़त्म हो गया। माना जाता है कि सागौन के पत्ते से निकलने वाला लाल रंग नांदिया के ख़ून का ही प्रतीक है।[10]

---

7. महादेव प्रसाद तिवारी (मधु मास्साब), 86 वर्ष, सेवानिवृत्त शिक्षक, सोहागपुर, साक्षात्कार : अगस्त, 2007
8. स्व. श्रीकृष्ण सुरजन, 68 वर्ष, व्यवसायी, मंगलवारा बाज़ार, पिपरिया, साक्षात्कार : फ़रवरी, 2017
9. मौर्य, नारायणदास, 'पिपरिया 2000', समानता प्रकाशन, पिपरिया, म.प्र., प्रकाशन वर्ष : 2000
10. बुद्धू सिंह उइके, 75 वर्ष, ट्रक ड्राइवर, गोंडीपुरा पुरानी बस्ती, पिपरिया, साक्षात्कार : अप्रैल, 2017

18वीं सदी के अन्तिम दशक में होशंगाबाद और सिवनी की धरती मराठा भोंसले और भोपाल के शासक वज़ीर मोहम्मद के बीच रणभूमि में तब्दील हो गयी थी। वज़ीर मोहम्मद ने अपनी सेना की मदद के लिए पिंडारी (बख्तरबन्द घुड़सवार) लड़ाकों को किराये पर बुलाया। कहा जाता है यही पिंडारी लड़ाके आने वाले कई वर्षों तक पूरे क्षेत्र में लूटपाट करते रहे और इस दौरान उन्होंने कई भू–भाग तहस–नहस कर डाले। हमारे सयाने बताया करते थे कि किसी समय इस क्षेत्र में पिंडारियों का राज रहा है। उनकी लूटपाट से लोग आतंकित रहते थे। उनके आने की ख़बर लगते ही गाँव के गाँव खाली हो जाते थे।[11]

पलिया समाज के हमारे पूर्वज जब राजस्थान से यहाँ आये तो यहाँ पिंडारियों का आतंक था। राजा ने उन्हें अपनी सुरक्षा में तैनात कर लिया था। उनके साथ राजा सुरक्षित महसूस करता था। इसके बदले में राजा ने पलिया परिवार को तीन गाँवों का राजस्व सौंप दिया था।[12]

---

11. कैलाश मौर्य (कैलाश मास्साब), 82 वर्ष, सेवानिवृत्त शिक्षक, मंगलवारा बाज़ार, पिपरिया, साक्षात्कार : फ़रवरी, 2017
12. अर्जुन पलिया, 70 वर्ष, पूर्व विधायक, बांसखेड़ा, साक्षात्कार : जुलाई, 2017

आदमगढ़ की रॉक पेंटिंग्स, वर्ष : 1990
स्रोत : सुरोजीत सरकार

गोंड समुदाय, वर्ष : 1870
स्रोत : हाईलैंड्स ऑफ़ सेंट्रल इंडिया, इंटरनेट आर्काइव्ज

राज गोंड़ बन्दुक़ के साथ, वर्ष : 1870

स्रोत : हाईलैंड्स ऑफ़ सेंट्रल इंडिया, इंटरनेट आर्काइव्ज

गोंड इमारत के खंडहर, फतेहपुर–महुआखेड़ा, 2008

स्रोत : जतन ट्रस्ट

जल, जंगल और ज़मीन

'1857 में जब देश में प्रथम स्वाधीनता संग्राम की ज्वाला भड़क रही थी उस वक़्त देवगाँव अस्तित्व में नहीं आया था। नवम्बर 1858 में जब तात्या टोपे अंग्रेज़ी फ़ौजों को चकमा देते हुए साँडिया घाट से नर्मदा पार करके फतेहपुर पहुँचे तो कुछ लोगों तक यह जानकारी पहुँची ही होगी। कुछ लोग तो ज़रूर रहे होंगे जिन्हें मालूम होगा कि तात्या टोपे ही वह नायक है जिसने विद्रोह की ज्वाला भड़कायी थी। कहते हैं कि तात्या टोपे ने फतेहपुर में रात बिताई और वहाँ के राजाओं ने उसकी मदद की। उनकी मदद से ही तात्या टोपे सतपुड़ा की पहाड़ियों पर गये और आदिवासियों को इकट्ठा करके उन्हें विद्रोह के लिए तैयार किया। इससे सतपुड़ा की पहाड़ियों में अच्छी–ख़ासी सेना बन गयी थी। 1859 में भोपाल का विद्रोही नवाब आदिल मोहम्मद ख़ान अम्बा पानी आया। उस समय महादेव पर्वत पर स्थित हर्राकोट के जागीरदार ठाकुर भभूत सिंह ने उसकी मदद की थी और जुलाई 1859 में अंग्रेज़ों के ख़िलाफ़ विद्रोह कर दिया था।

उसका आदिवासियों पर बहुत प्रभाव था। एक बार सोहागपुर से तत्कालीन थानेदार हर्राकोट आया तो उसने जागीरदार को मुर्ग़ियाँ लेकर हाज़िर होने को कहा भभूत सिंह ने इसे अपमानजनक माना और विद्रोह कर दिया। थानेदार घबरा गया और किसी तरह वहाँ से जान बचा कर भागा। इसके बाद क़रीब छह–आठ महीने तक भभूत सिंह ने यहाँ अंग्रेज़ों को चैन से नहीं बैठने दिया। इस दौरान हुए कई युद्धों में उसने अंग्रेज़ों को परास्त किया। भभूत सिंह का रणकौशल

ज़बर्दस्त था। वह पहाड़ियों के चप्पे–चप्पे से वाक़िफ़ था। उधर अंग्रेज़ फ़ौज पहाड़ी रास्तों से परिचित नहीं थी। भभूत सिंह की फ़ौज अचानक उन पर हमला करती और ग़ायब हो जाती। फतेहपुर और शोभापुर के राजाओं के साथ हो जाने से भभूत सिंह की ताक़त बढ़ गयी थी। उसने अंग्रेज़ों की मिलिटरी पुलिस और मद्रास इन्फेंटरी की टुकड़ी से देनवा घाटी में युद्ध किया और उन्हें बुरी तरह परास्त किया था।"[13]

एलियट की सन् 1865 की सेटलमेंट रिपोर्ट में भभूत सिंह के विद्रोह का ज़िक्र मिलता है। वे लिखते हैं : "एक मामूली आदमी द्वारा की गयी छोटी–सी बग़ावत सुनने में अजीब लगती है पर सच यही है कि उसने हमें काफ़ी तकलीफ़ दी। उसके लिए ये सब करना दो कारणों से मुमकिन हुआ। एक तो उसे यहाँ की पहाड़ियों की अच्छी जानकारी थी और दूसरा उसे फतेहपुर और शोभापुर के राजाओं से लगातार मदद मिल रही थी। 1859 में मद्रास इन्फेंट्री और मिलिटरी पुलिस की पलटन भेज उसे पकड़वाने की हमारी योजना पूरी तरह सफल नहीं हुई। देनवा नदी के पास एक छोटी–सी जगह पर उसने हमारी सेना को खदेड़कर थोड़ा बहुत नुक़सान भी पहुँचाया था। फतेहपुर और शोभापुर के राजाओं पर लगातार दबाव बनाने के बाद अन्ततः हम जनवरी, 1860 को भभूत सिंह और उसके दाहिने हाथ होली भोई को पकड़ने में सफल हुए।"

भभूत सिंह आदिवासी कोरकू राजा था। 1857 की लड़ाई में बाक़ी राजाओं ने आत्मसमर्पण कर दिया था। पर भभूत सिंह क़रीब दो साल तक लड़ता रहा था। कहते हैं कि तात्या टोपे यहाँ से निकला था तो भभूत सिंह ने उसकी मदद की थी। फिर भभूत सिह को हराने के लिए अंग्रेज़ों को मद्रास से इन्फेंट्री बुलानी पड़ी। दो साल की लड़ाई के बाद वो पकड़ा गया और जबलपुर में उसे फाँसी दे दी गयी। इसके बाद अंग्रेज़ों ने यहाँ का एरिया खाली करवाया। ये सब उनके काग़ज़ों में है कि यहाँ तीन चौथाई भाग में खेती होती थी वग़ैरह वग़ैरह। इन

13. मौर्य, नारायणदास, 'पिपरिया 2000', समानता प्रकाशन, पिपरिया, म.प्र., प्रकाशन वर्ष : 2000

सबको ख़त्म किया गया और दो–तीन गाँव उपयोग के लिए रखे गये। इस तरह पहला विस्थापन तब हुआ था एक सजा के रूप मे। और बाक़ी आज़ादी के बाद हुए। तो आदिवासियों पर अत्याचार की शुरुआत 1857 से हो जाती है और ये सिलसिला आज भी जारी है। भभूत सिंह की जो लड़ाई थी वो जंगल को लेकर ही थी। अंग्रेज़ जंगल से कमाई करना चाहते थे। तो उनकी पूरी योजना कमाई की थी। आज भी सरकारों की सोच अंग्रेज़ों जैसी ही है! इसीलिए आज भी आदिवासी और भभूत सिंह की लड़ाई जारी है।[14]

1857 के युद्ध में ब्रिटिश ताक़तों ने अन्तिम गोंड साम्राज्यों को परास्त कर दिया था। ऐसे वक़्त में पचमढ़ी संघर्ष के आख़िरी गढ़ के रूप में उभरा। विद्रोह के दौरान तात्या टोपे भाग कर उस स्थान पर पहुँचे जिसे आज पचमढ़ी बायोस्फेयर रिज़र्व के रूप में जाना जाता है। वहाँ उन्होंने स्थानीय कोरकू सरदार ठाकुर भभूत सिंह के साथ गठबन्धन किया। जहाँ तात्या टोपे को 1859 में ही गिरफ़्तार कर मौत की सज़ा दी गयी, वहीं भभूत सिंह ने अपने दल के साथ अगले तीन वर्ष तक नीचे की घाटियों में ब्रिटिश ठिकानों पर हमले जारी रखे। 1860 में उन्हें गिरफ़्तार कर मौत की सज़ा दे दी गयी। महादेव की पहाड़ियों के एक बड़े टुकड़े के अधिकारी भभूत सिंह की इस हार से ब्रिटिश ताक़तों को इन जंगलों के मालिकाना हक़ की ओर बढ़ने का अवसर मिल गया था। भोपाल स्थित मध्य प्रदेश राज्य अभिलेखागार में मौजूद बोरी जंगल की 1897 की कार्य योजना के अनुसार :

'पुरानी बोरी...ठाकुर भभूत सिंह की जागीर थी जिसे उनसे उनके विद्रोह के चलते ज़ब्त कर लिया गया था...और फिर इसे 1862 में नवनिर्मित वन विभाग ने अधिगृहीत कर लिया था। जोल्ली और हरापाला के ग्रामीणों को छोड़कर अन्य स्थानीय रहवासियों को वहाँ से हटकर इधर–उधर बसने के लिए कहा गया। इसी समय जंगलों में मवेशियों को चराना प्रतिबन्धित कर दिया गया। यह प्रतिबन्ध जोल्ली

---

14. सुनील गुप्ता, 53 वर्ष, केसला गाँव, साक्षात्कार : अप्रैल 2013

और हरापाला के कुछ मवेशियों को छोड़कर सब पर लागू किया गया था और 1871 तक आते–आते यह गाँव भी वीरान हो गये थे।'[15]

भभूत सिंह की गिरफ़्तारी के बाद उसकी पूरी जागीर को ज़ब्त कर लिया गया। इस जागीर का काफ़ी बड़ा हिस्सा हुर्दागढ़ और बोरी के तालुकों के पतझड़ी जंगलात थे और यहाँ सागौन के काफ़ी बड़े वृक्ष हुआ करते थे। आदिवासियों को जंगल से बाहर करने की शुरुआत हो चुकी थी और कुछ ही वर्षों में भभूत सिंह की जागीर के जंगलात की भूमि को भारत के पहले आरक्षित वन में तब्दील कर दिया गया। इसका नाम बोरी था। इसके एक सदी बाद सतपुड़ा राष्ट्रीय उद्यान को भी इसी हिस्से में से काटकर बनाया गया। ये आदिवासियों को उनके जंगल से बेदखल करने के शुरुआती चिह्न थे।

अपने भारत के स्वतन्त्र होने पर आधुनिक युग में जंगल साफ़ हुए। नीचे शहर के आदमी ने अपने ऐशो–आराम, सोफ़े, पलँग के लिए पर्यावरण का नाश किया। यहाँ आदिवासी पहले से, कई पीढ़ियों से जंगल में रहते आये हैं। तब जंगल कटते नहीं थे। जंगल कटवाने वाले शहरी लोग हैं। आदिवासी लोग तो आज भी टपरियों, झुग्गियों में रहते हैं। उनके घरों में थोड़े ही सोफ़ासेट मिलता है। उनका जंगल से ये रिश्ता है कि पहले न तो वे जंगल कटने देते थे और न ही जंगली जानवरों को मारते थे। उनकी ज़रूरतें सीमित थीं। नाकेदारों से ज़्यादा जंगल की सुरक्षा आदिवासी किया करते थे। जंगलों की आग हमेशा से आदिवासी ही बुझाते आये हैं। आज लकड़ी चोरी और कम होते जंगलों के लिए आदिवासियों को ही सब कोसते हैं जबकि फ़ायदा कोई और उठा रहा है।[16]

15. एज़रा राश्को के लेख 'डिस्पोसेसिंग मेमोरी : आदिवासी ओरल हिस्ट्रीज़ फ्रॉम द मार्जिन्स ऑफ़ पचमढ़ी बायोस्फियर रिज़र्व, सेंट्रल इंडिया' (पुस्तक : मेमोरी, आइडेंटिटी एंड द कोलोनियल एनकाउंटर इन इंडिया : एडिटेड बाय एज़रा राश्को, संजुक्ता घोष एंड उपल चक्रबर्ती, 2018) से अनुवादित।
16. रेवा बाई, 65 वर्ष, कोरकू रानी, डापका, साक्षात्कार : 4 मार्च, 2008

मैदानी इन्सानों के सम्पर्क में आने से पहले आदिवासी स्वतन्त्र रूप से जंगल पर निर्भर थे। जंगली जानवरों के साथ भी उनके गहरे रिश्ते थे। पहले वन उपज आदिवासी की जीविका का आधार थी। लाख, महुआ, चिरौंजी, गुली, रामबुहारी, बाबरघास और दोना पत्तल आदि से उनका घर चलता था। यह वन उपज भी आदिवासियों से छीन ली गयी। वे लकड़ी का सीमित उपयोग करते आये हैं पर आज उन्हें ही लकड़ी चोर कहा जा रहा है। आदिवासी औरतें पेट पालने के लिए सर पर लकड़ी ले जाकर बेचती हैं। उसे सरगट्ठा कहा जाता है। आज आदिवासियों की हालत सबसे ख़राब है। जो गोंड आदिवासी यहाँ के शुरुआती बाशिन्दे थे, उन्हें मैदान के साथ–साथ अब जंगल से भी वन्य प्राणियों के नाम पे भगाया जा रहा है।[17]

द्वितीय विश्व युद्ध के दौरान लकड़ी, विशेष रूप से सागौन की माँग के परिणामस्वरूप पेड़ों की गिरावट में तेज़ी आयी। मध्य भारत की सतपुड़ा पहाड़ियों में इस दौरान लकड़ी की कटाई दोगुना स्तर पर हुई (नीति अध्ययन केन्द्र : 2017)। इसे पूरा करने के लिए वनों में बड़ी संख्या में रहने वाले गोंड आदिवासी भी पेड़ गिराने वाले शिविरों में पहुँचे। पचमढ़ी में रहने वाले हरी सिंह ठाकुर उन्हीं गोंड आदिवासियों में से एक थे। वे युद्ध के बाद भी पचमढ़ी में ही रहे। उनके अनुभव के चलते उन्हें वन विभाग में एक अनियमित दिहाड़ी मज़दूर का काम मिला। 2000 की गर्मियों में उनकी पत्नी की मौत की ख़बर सुनकर मैंने आदिवासी टोला में स्थित उनकी झोंपड़ी का रुख किया। वहाँ मैंने देखा कि सामने आँगन में बाँस की तीन टोकरियों को उल्टा कर के रखा गया था। पूछने पर उन्होंने मुझे बताया कि यह एक पुराना रिवाज है। फिर रीति–रिवाजों, मृत्यु के बाद के अनुष्ठानों और नयी पीढ़ी की अपनी विरासत के प्रति उदासीनता को लेकर हमारी लम्बी बातचीत हुई। अन्त में मैंने उनसे पूछा कि कोई और है जो इस बारे में मुझे अधिक बता सकता है? जवाब में उन्होंने 'अरसु–पुराण' का नाम लिया, जिसका ज़िक्र मैंने पहले नहीं सुना था।

17. हरगोविन्द राय, 57 वर्ष, किसान, पलिया पिपरिया, साक्षात्कार : फ़रवरी, 2017

मैंने पूछा कि क्या यह पुराण मौखिक या प्रकाशित संग्रह था? उनका कहना था कि प्रकाशित रूप में वह शायद केवल दिल्ली, बम्बई जैसी जगहों में ही मिलेगा, पचमढ़ी या आसपास नहीं। यह बात मेरे दिमाग़ में रही और कुछ हफ़्ते बाद पिपरिया से सोहागपुर जाने वाली एक जीप में मेरी मुलाक़ात ड्राइवर के बगल में बैठे वहाँ के एक स्थानीय बुद्धिजीवी से हुई। बातचीत शुरू हुई और फिर सभी यात्री सुनने लगे कि किस तरह सतपुड़ा की पहाड़ियों में रहने वाले गोंड 'अरसु–पुराण' का उपयोग अपने रीति–रिवाजों के सन्दर्भ में किया करते थे। ये रीति–रिवाज हिन्दू परम्परा से अलग थे। अरसु–पुराण के ज़रिये अपनी लोक परम्परा को पौराणिक ढाँचे में ढालना उनके लिए अपने सदियों पुराने इतिहास को हिन्दुओं के समकक्ष रखने का तरीक़ा था।[18]

वर्तमान में पिपरिया में रेलवे के दोनों तरफ़ दो दुनियाएँ हैं। रेलवे के एक तरफ़ दक्षिण का इलाक़ा सतपुड़ा की जंगल पट्टी है। अभी भी वहाँ आदिवासी रहते हैं। जब हम इलाक़े के बारे में बात करते हैं तो इस पट्टी की चर्चा कभी नहीं करते। वास्तव में यह पूरा ही इलाक़ा आदिवासियों का रहा है। पिपरिया में मारवाड़ी, सिन्धी या कृषक समाज के इतिहास के साथ ही इस इलाक़े की आदिवासी जीवन–शैली की बात करना भी ज़रूरी है। वे तो यहाँ के पुराने बाशिन्दे रहे हैं। सवाल यह है कि इस ज़मीन पर उनका क्या संघर्ष रहा है? आज वे कहाँ हैं? पहले मैदानी क्षेत्रों तक उनका राज था। खिड़किया, सिवनी, मालवा जैसे इलाक़े आदिवासी राजाओं के थे। हमें समझना चाहिए कि किसी क्षेत्र के प्राकृतिक संसाधनों में केवल ज़मीन ही नहीं होती। जंगल भी होता है और पानी भी।[19]

---

18. सुरोजीत सरकार, 56 वर्ष, अध्यापक, अम्बेडकर विश्वविद्यालय दिल्ली, साक्षात्कार : मई 2017
19. बाबा मायाराम, 45 वर्ष, लेखक–पत्रकार, पचमढ़ी रोड, पिपरिया, साक्षात्कार : फ़रवरी, 2017

पिपरिया से पचमढ़ी जाने वाली पुरानी सड़क (धूपगढ़ की पहाड़ी), वर्ष : 1916
स्रोत : हाईलैंड्स ऑफ़ सेंट्रल इंडिया, इंटरनेट आर्काइव्ज

पचमढ़ी में अंग्रेज़ों का फ़ौजी कैम्प, वर्ष : 1870
स्रोत : हाईलैंड्स ऑफ़ सेंट्रल इंडिया, इंटरनेट आर्काइव्ज

जंगली घास और पत्तों से घर की मरम्मत, वर्ष : 2011
स्रोत : जतन ट्रस्ट

जंगली पट्टी के आदिवासी पिपरिया बाज़ार आते हुए, वर्ष : 2008
स्रोत : जतन ट्रस्ट

पिपरिया पचमढ़ी रोड पर सिंगानामा गाँव के पास रिपटा (पुल), वर्ष : 2011
स्रोत : जतन ट्रस्ट

आदिवासी टोला, पचमढ़ी, वर्ष : 2011
स्रोत : जतन ट्रस्ट

रेल का आना

1854 में नागपुर का राजपाट पूरी तरह ब्रिटिश राज के अधीन होने के साथ ही पचमढ़ी में अंग्रेज़ अफ़सरों की आवाजाही बढ़ने लगी। 22 वर्षीय जेम्स फोरसिथ की 1861 में सेंट्रल प्रॉविन्सेस (सी.पी.) के नवनिर्मित वन विभाग में नियुक्ति हुई थी। फोरसिथ को पचमढ़ी और नर्मदा के पूर्व में मण्डला और अमरकंटक के क्षेत्रों में खोजी दौरों पर भेजा गया। ग़ौरतलब है कि इस दौरान पचमढ़ी की पहाड़ियों से कुछ ही दूरी पर भारतीय पेनिन्सुलर रेलवे द्वारा बम्बई–हावड़ा लाइन का काम निर्माणाधीन था और स्लीपर बनाने के लिए बड़ी मात्रा में लकड़ी की आवश्यकता थी। फोरसिथ के कई कामों में से एक रेलवे के लिए इन जंगलों से लकड़ी के स्रोत की सम्भावनाएँ तलाशना भी था।[20]

1 मार्च, 1870 को रेलगाड़ी बम्बई से सोहागपुर तक पहुँच गयी थी। इसके एक हफ़्ते बाद 8 मार्च, 1870 को सोहागपुर से जबलपुर लाइन को जोड़ा गया। इस तरह बम्बई से कलकत्ता तक रेलगाड़ी का आवागमन होने लगा। इस लाइन का उद्घाटन ड्यूक ऑफ़ एडिनबरा ने जबलपुर में एक सांदा खींच कर किया था।[21]

साहित्यकार भारतेन्दु हरिश्चन्द्र द्वारा निकाली जाने वाली पत्रिका 'कविवचन सुधा' में 'एक मध्यदेश यात्री' के नाम से 20 जुलाई, 1872

20. प्रदीप कृष्ण के लेख 'द सतपुड़ा नेशनल पार्क', अप्रकाशित रिपोर्ट, 2011 से अनुवादित अंश।
21. मौर्य, नारायणदास, 'पिपरिया 2000', समानता प्रकाशन, पिपरिया, म.प्र., प्रकाशन वर्ष : 2000

के अंक में प्रकाशित 'सम्पादक के नाम पत्र' का पहला हिस्सा बनारस से जबलपुर रेल यात्रा का है। दूसरा हिस्सा जबलपुर से इटारसी का है जो यहाँ दिया जा रहा है–

"जबलपुर से फिर हम लोगों ने 3 रुपये में इटारसी का टिकट लिया और ग्रेट इंडियन पेनिनसुला रेलवे कम्पनी की गाड़ी पर सवार हुए। यह गाड़ी एक विचित्र प्रकार की होती है। ईस्ट इंडियन रेलवे की गाड़ी में कई विभाग रहते हैं, परन्तु यहाँ सरासर एकी रहती हैं और उसमें छह बेंच लगे रहते हैं–तीन द्वार के एक ओर और तीन दूसरी ओर। इन गाड़ियों के एक कोने में एक शौच गृह (पायखाना) भी बना रहता है और गाड़ी की सूरत भी बहुत भद्दी होती है। यह तो तीसरी क्लास की गाड़ी है। यहाँ एक लोकल गाड़ी होती है जिसमें कुली आदि नीच लोग भेड़ की भाँति भर दिये जाते हैं। उसमें बैठने के लिए कुछ भी स्थान नहीं बने रहते। किराया उसमें एक पैसे कोस है। यह तो गाड़ी की प्रशंसा है। स्टेशन का प्रबन्ध ऐसा है कि खाने की वस्तु का तो नाम न लेना, लोग पानी पुकारा करते हैं और कोई सुनता नहीं। एक बेर दो–तीन मनुष्य मेरी गाड़ी में बहुत चिल्ला रहे थे कि एक गार्ड आया तो एक पारसी ने कहा Sir They (are) Complaining very much for water. (साहब लोग पानी–पानी बहुत चिल्लाते हैं) तो गार्ड ने उत्तर दिया Can't help (मैं कुछ नहीं कर सकता।) अब कहिए ज्येष्ठ की दुपहरी में यदि कोई पानी बिना मर जाय तो क्या कम्पनी पकड़ी न जायेगी? इस उत्तर से तो यही प्रगट होता है। जबलपुर और इटारसी के बीच में 7 स्टेशन चिदवारा, नृसिंहपुर, गदावराए, बाकेड़ी, सोहागपुर, बाग्रा और इटारसी पड़ते हैं परन्तु रेल पथ के दोनों ओर जंगल और पहाड़ों के कुछ दृष्टि नहीं पड़ता। कोसों पर्यन्त कोई गाँव नहीं दिखाई देता। इससे आप समझ लीजिए कि यह कैसा देश है। इटारसी और बाग्रा के बीच यहाँ भी एक सुरंग है जिसके भीतर से गाड़ी जाती है परन्तु यह सुरंग जमालपुर के सुरंग से बड़ी है क्योंकि इसमें जिस समय गाड़ी जाती है तो किंचित अन्धकार हो जाता है पर उसमें इधर से

उधर तक बराबर प्रकाश रहता है परन्तु अनेक लोग कहते हैं कि वही बड़ा है। इटारसी के स्टेशन से बाहर आकर मैंने एक बेर जो दृष्टि फेरी तो ज्ञात हुआ कि कैसे देश में आया हूँ क्योंकि चतुर्दिक जंगल और मैदान दीखने लगा। इसके आगे मार्ग ऐसा है कि केवल सग्गड़ और घोड़े के कुछ नहीं जा सकती। हम लोगों ने भी एक गाड़ी पाँच रुपये पर भाड़े की और चढ़ कर चले। आगे का समाचार दूसरे पत्र में लिखूँगा।'[22]

पहले सोहागपुर का महत्त्व पिपरिया से कहीं ज़्यादा था। उस समय वहाँ अंग्रेज़ लोग रहा करते थे। रेलवे का इंस्टीट्यूट और हॉस्पिटल भी वहीं थे। तब मेल पिपरिया में नहीं, सोहागपुर में रुकता था। लोकोशेड वहीं था। ड्राइवर चेंज होता था। सारी व्यवस्था वहाँ थी।[23]

सोहागपुर बहुत पुराना शहर है। पहले कहा भी जाता था–'पढ़े न लिखे, सोहागपुर चले'। यह कहावत इसीलिए थी क्यूंकि यहाँ पर मुक़दमे लड़े जाते थे। मेरे नाना जी यहाँ आसपास की परिस्थितियों के बारे में सुनाया करते थे। इटारसी, जो आज इतना बड़ा शहर है, वहाँ एक मालगाड़ी का डब्बा रखा रहता था और टिकटें मिलती थी। पिपरिया की हालत भी हमने देखी थी। वहाँ बस झोंपड़ियाँ ही झोंपड़ियाँ दिखती थीं। 1952–53 के पश्चात् व्यापार बढ़ने के साथ ही पिपरिया का डेवलपमेंट होना शुरू हुआ।[24]

इस छोटे–से रेलवे स्टेशन का नाम था पोसार पिपरिया। स्टेशन के एक तरफ़ प्लेटफ़ॉर्म था। उसके पीछे मालगोदाम था। दूसरी तरफ़ थोड़ा आगे एक प्लेटफ़ॉर्म था जो गवर्नर के लिए था।

---

22. हरिश्चन्द्र, भारतेन्दु, 'एक मध्यदेश यात्री : सम्पादक के नाम पत्र', कविवचन सुधा, प्रकाशन : 20 जुलाई, 1872
23. गोविन्द बनर्जी, 76 वर्ष, समाजसेवी, बनर्जी कॉलोनी, पिपरिया, साक्षात्कार : जुलाई, 2017
24. महादेव प्रसाद तिवारी (मधु मास्साब), सेवानिवृत्त शिक्षक, 86 वर्ष, सोहागपुर, साक्षात्कार : अगस्त, 2007

जब गवर्नर आता था तो गाड़ी यहाँ लगती थी। पचमढ़ी के कारण गवर्नर और दूसरे अफ़सरों का यहाँ आना–जाना लगा रहता था।[25]

शुरुआत में रेलवे में नल नहीं लगे थे। लोग ही मुसाफ़िरों को पानी पिलाते थे। हिन्दू पानी पिलाने वालों को पानी पाण्डे कहा जाता था। वे लम्बी चोटी रखते थे। मुस्लिम पानी पिलाने वाला तुर्की टोपी पहनता था। रेलगाड़ी निकलने के बाद जब पिपरिया स्टेशन बना तो वहाँ 1930 के आसपास दो टी–स्टाल खुले। मुस्लिम टी–स्टाल का ठेका मोहम्मद मुराद ने लिया और हिन्दू टी–स्टाल का ठेका चौखेलाल चितरमल का था लेकिन उसे चलाते भूदेव सेठ थे। स्टेशन पे चाय बेचने के लिए एक बोर्ड लगाया गया था। उस पर लिखा था 'ये नशे की प्याली है, दिल ख़ुश करने वाली है।' रेलवे स्टेशन पर जब पहली बार कैंटीन बनी तो उसका ठेका चोखेलाल चितरमल का था। कैंटीन प्लेटफॉर्म के नीचे बनी थी। लम्बे समय तक पिपरिया में चाय केवल रेलवे स्टेशन पर ही मिलती थी।[26]

रेलवे स्टेशन के उस तरफ़ जहाँ आज सरकारी अस्पताल है, वहाँ राजा की सराय थी। यह सराय 1890 में बनी थी। राजा को स्टेशन पार करके जाना पड़ता था। उनके लिए पुल बनाया गया। जब पुल बना तो उसमें यहाँ के कई मज़दूरों ने काम किया। पुल बनते ही लोगों ने उसका देसी नामकरण कर दिया डगडगा। उस समय आसपास के गाँवों के कितने ही लोग डगडगा देखने आया करते थे। यह उनके लिए नयी चीज़ थी।[27]

---

25. कैलाश मौर्य (कैलाश मास्साब), 82 वर्ष, सेवानिवृत्त शिक्षक, मंगलवारा बाज़ार, पिपरिया, साक्षात्कार : फ़रवरी, 2017
26. मौर्य, नारायणदास, 'पिपरिया 2000', समानता प्रकाशन, पिपरिया, म.प्र., प्रकाशन वर्ष : 2000
27. कैलाश मौर्य (कैलाश मास्साब), 82 वर्ष, सेवानिवृत्त शिक्षक, मंगलवारा बाज़ार, पिपरिया, साक्षात्कार : फ़रवरी, 2017

इसी डगडगा के नीचे एक छोटे–से कमरे में रेलवे का टिकटघर था। जहाँ आज जीआरपी का भवन है, वहाँ एक छोटी–सी लाल इमारत थी।[28]

हम रेलवे कालोनी में रहते थे। स्टेशन के थाने से थोड़ा आगे नल लगा था। उसमें से थोड़ा–थोड़ा पानी गिरता रहता था। लोग पानी भर लेते थे। वहाँ लोग नहा भी लेते थे। हम लोग स्टेशन पर चका चलाते थे। पटरी पर भी चका चलाते थे। पानी की बड़ी टंकी बनी थी। वहाँ पर बच्चे खेला करते थे। गिट्टी वाली गाड़ियों के डिब्बे खड़े होते थे। उनमें ही खेलते थे। दौड़ते रहते थे। उस समय शंटिंग होती थी तो चलती रेलगाड़ी में खेलते थे। हमारा स्कूल इस तरफ़ था। उस समय जयप्रकाश शाला के अन्दर एक अशोक शाला भी होती थी। हम प्लेटफ़ॉर्म पर चढ़कर फिर उतर कर पटरी पार करके स्कूल पहुँचते थे। इस तरफ़ मालगाड़ी का प्लेटफ़ॉर्म भी था। वह भी पहले नीचा था। उसे पार करके गल्ला बाज़ार में वरनदानी डॉक्टर के बाजू में एक गली थी उससे स्कूल पहुँचते थे। वहाँ बटरा, चना के ढेर लगे रहते थे। उन्हें जेबों में भरकर वहाँ से गुज़रते थे। पहले मुरम वाला प्लेटफ़ॉर्म था। लैम्प लगे रहते थे। तब मेल को डाक गाड़ी बोलते थे। रेलवे में डाक उसी में जाती थी। उसके डिब्बे का रंग लाल होता था। कई बार हम डाक उसी में डाल देते थे। हम अक्सर स्कूल जाते वक़्त पटरी पार किया करते थे। मेरा एक भाई दूसरी में पढ़ता था। वह मुझसे छोटा था। एक दिन स्कूल की छुट्टी जल्दी हो गयी। वापसी में हम पटरी पार कर रहे थे और उस समय मेल आ रही थी। सब प्लेटफ़ॉर्म पर चढ़ गये पर वो रह गया और रेल से कट गया। उन दिनों यहाँ रेल से जुड़े ऐसे कई हादसे हुआ करते थे।[29]

---

28. श्रीकृष्ण सुरजन, 68 वर्ष, व्यवसायी, मंगलवारा बाज़ार, पिपरिया, साक्षात्कार : फ़रवरी, 2017
29. मुकेश भार्गव, 60 वर्ष, शैक्षिक कार्यकर्ता, लोहिया वार्ड, पिपरिया, साक्षात्कार : दिसम्बर, 2017

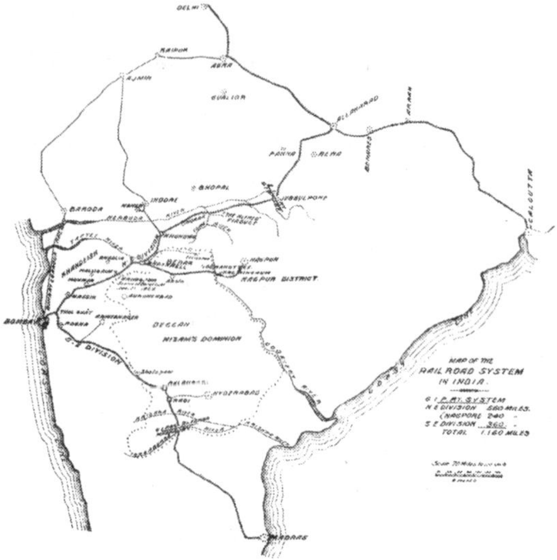

जीआईपीआर रेल नेटवर्क, वर्ष : 1870

स्रोत : एफआईबीआईएस, विकी

गोंडिया रेलवे स्टेशन पर 'हिन्दू टी–स्टॉल', वर्ष : 1932

स्रोत : विकिमीडिया कॉमन्स

रेलवे लाइन के ऊपर पुल (डगडगा), पिपरिया, वर्ष : 2017

स्रोत : जतन ट्रस्ट

पिपरिया रेलवे स्टेशन, वर्ष : 2017

स्रोत : जतन ट्रस्ट

मछवासा (पासा) नदी पर रेलवे पुल, वर्ष : 1980

स्रोत : रेखा व्योहार

कहाँ-कहाँ से आये लोग

सयाने कहते थे कि जब शोभापुर के गोंड राजा उमराव साव ने रेलवे के वक़्त हमें यहाँ बसाया था तब भी हमें गोंडी नहीं आती थी। इसीलिए छिन्दवाड़ा के गोंड हमारे हाथ का पानी नहीं पीते थे। छिन्दवाड़ा और बैतूल में तो आज भी गोंडी–कोरकू बोली जाती है।[30]

'पिपरिया की शुरुआती कहानी खेत–व्यापार की नहीं, मज़दूरी की है। कभी घने जंगलों से घिरे इस क्षेत्र में फलदार पेड़ों की भरमार थी। अंग्रेज़ों द्वारा ग्रेट इंडिया पेनिन्सुलर रेलवे के तहत बॉम्बे–हावड़ा रेल लाइन की पटरी बिछाने के लिए सम्भवतः 1855–60 तक यहाँ जंगल साफ़ करने का काम शुरू हो गया होगा। इस घने जंगल को काटने में कितने मज़दूर लगे होंगे? जब अंग्रेज़ों ने यहाँ जंगल काटने की व्यवस्था की होगी तो उन्हें कुछ शिकारियों को भी साथ अवश्य लाना पड़ा होगा। मुमकिन है उस समय जानवरों से कई मुठभेड़ हुई हों। वैसे भी कहा जाता है कि अंग्रेज़ों ने यहाँ बहुत शिकार किया। यह लगभग उसी समय की बात है जब अंग्रेज़ नौकरशाह जेम्स फोरसिथ और उनके दस्ते ने पचमढ़ी और उसके आसपास के इलाक़े का भ्रमण शुरू कर दिया था।

30. चम्पू लाल गोंड, 98 वर्ष, श्रमिक, गोंडीपुरा पुरानी बस्ती, पिपरिया, साक्षात्कार : अक्टूबर, 2016

रेल लाइन के आसपास किसी रूप में मानव बसाहट का होना ज़रूरी था। कहते हैं शोभापुर के राजा उमराव साव ने आठ–दस गोंड परिवारों को रेल लाइन के निकट बसाकर पुरानी बस्ती की नींव रखी। उस समय केवल पुरानी बस्ती में ही स्थायी आबादी थी और राजस्व रिकार्ड में अंग्रेज़ों ने इस पूरी जगह को देवगाँव नाम दिया। बाद में जब इतवारा बाज़ार की तरफ़ आबादी बसनी शुरू हुई तो वहाँ पोसार नाम की पहाड़ी होती थी। वह वहाँ रहने वालों की पहचान बन गयी। इसी पहाड़ी को काटकर नाला निकाला गया था। बाद में नदी पर रेलवे पुल बन गया तो इस नाले को उससे जोड़ दिया गया था। इससे नाले पर पुल नहीं बनाना पड़ा। लम्बे समय तक यह जगह पोसार कहलाती रही। जब तरौन की जगह इतवारा बाज़ार यहाँ लगने लगा तब इसे इतवारा बाज़ार कहा जाने लगा। बाद में पुराने गल्ला बाज़ार की तरफ़ नयी आबादी बसी तो उसने अपने लिए अलग नाम पिपरिया इस्तेमाल किया। फिर इसे पोसार पिपरिया कहा जाने लगा, क्योंकि आसपास कई पिपरिया थीं। अब इसे सिर्फ़ पिपरिया ही कहा जाता है। सम्भवतः 1860 के आसपास देवगाँव बसा होगा। इस तरह पिपरिया क़स्बे की उम्र हम 160 साल मान सकते हैं। वैसे गज़ेटियर में इसका ज़िक्र 1908 के बाद ही आता है। 1870 में पिपरिया की आबादी तीन सौ थी जो 1915 में बढ़कर पाँच हज़ार हो गयी थी।

पिपरिया के आसपास के कुछ गाँव सदियों पुराने हैं। साँडिया, फतेहपुर, भटगाँव, शोभापुर, बनखेड़ी, सेमरीतला और बाबई पुराने गाँव हैं। किसी समय इतवार के दिन लगने वाला तरौन का बाज़ार यहाँ का मुख्य आकर्षण हुआ करता था। सिलारी बाद में बसा है। दक्षिण में पचमढ़ी के रास्ते पर पहला गाँव है मटकुली। वह कुलियों का मठ था यानी वहाँ वन कार्य के लिए कुलियों का समूह एकत्रित होता था, इसलिए उसका नाम मटकुली पड़ा। जब पचमढ़ी में सड़क निर्माण का काम चल रहा था तो अंग्रेज़ों के लिए मज़दूरी करने

वालों को जहाँ पगार दी जाती थी, वहाँ पगारा नाम का गाँव बस गया।[31]

काम कैसे पिपरिया ले आता है इसका एक उदाहरण हैं धोबी समाज के लालजीराम। वे राजस्थान के मेवाड़ से 1857 की गदर के समय मची भगदड़ में मालवा के पठार पहुँच गये। कुछ समय उन्होंने उज्जैन के देहातों में काम किया। फिर वे जबलपुर चले गये। वहाँ लोग रेलवे लाइन बिछाने के काम में लगे थे। वे भी उस काम में लग गये। काम के दौरान वे खमरिया में रुके। फिर रेल लाइन बिछाते–बिछाते गोटेगाँव पहुँचे। फिर करेली, गाडरवारा में काम करते–करते वे पिपरिया आ गये। तब तक रेल लाइन बिछाने का काम पूरा हो चुका था तो 1870 में वे पिपरिया में नदी किनारे मकान बनाकर रहने लगे और अपना पुश्तैनी धन्धा करने लगे।[32]

राजस्थान में बार–बार आने वाले अकाल से परेशान कुछ मारवाड़ी रेल आने के पहले 1860 में इस इलाक़े में आ गये थे। रेल आने के बाद यहाँ आने वाले मारवाड़ियों की संख्या बढ़ी। उस समय मारवाड़ी तीन इलाक़ों में बँट गये–विदिशा, रायसेन और होशंगाबाद। होशंगाबाद ज़िले में पिपरिया के आसपास के गाँवों में मारवाड़ियों ने अपना ठिकाना बनाया। उनमें उमरधा, खापरखेड़ा, माछा, निभौरा आदि मुख्य थे। नर्मदा नदी के उस पार रायसेन जिला लगता है। वहाँ छातेर और ऊटिया में मारवाड़ी पहुँचे और बाद में ये सब पिपरिया आ गये। शुरुआत में पिसी और ब्याज मारवाड़ियों का मुख्य धन्धा था। फिर उन्होंने किराने से लेकर दूसरी ज़रूरत की चीज़ों का व्यापार शुरू किया। फिर वे खेती और अनाज के व्यापार में भी आ गये। माहेश्वरी समाज राजस्थान के तीन परगना से यहाँ आकर बसे। बीकानेर, बड़ी मारवाड़ और जैसलमेर। इन सभी के रीति–रिवाज अलग–अलग हैं और सोच समझ भी।

---

31. मौर्य, नारायणदास, 'पिपरिया 2000', समानता प्रकाशन, पिपरिया, म.प्र., प्रकाशन वर्ष : 2000
32. मौर्य, नारायणदास, 'पिपरिया 2000', समानता प्रकाशन, पिपरिया, म.प्र., प्रकाशन वर्ष : 2000

पिपरिया में आज 40 फ़ीसद माहेश्वरी जैसलमेर के और 30–30 फ़ीसद बीकानेर और बड़ी मारवाड़ के हैं।[33]

पिपरिया से आठ किमी दूर स्थित खापरखेड़ा यहाँ का पुराना गाँव है। यह मारवाड़ियों का गढ़ रहा है। मारवाड़ी सबसे पहले खापरखेड़ा ही पहुँचे। फिर वहाँ से पिपरिया या दूसरी जगह गये। आज हथवाँस और सिलारी समेत अधिकतर गाँव पिपरिया का ही हिस्सा बन गये हैं। उन दिनों राजस्थान से खापरखेड़ा पहुँचने में 32 दिन लगते थे। ऊँटों का क़ाफ़िला चलता था। वे दिन भर चलते थे और किसी सुरक्षित स्थान पर रात बिताते थे। रास्ते में ठग और पिंडारियों का ख़तरा रहता था। जयपुर–जबलपुर का जो रास्ता आज है, लगभग वही उस समय भी था। माहेश्वरियों की बहुलता के कारण खापरखेड़ा को दूसरा जैसलमेर कहा जाता था। देशबन्धु शुरू करने वाले मायाराम सुरजन के पूर्वज भी खापरखेड़ा में रहे हैं। मायारामजी का जन्म खापरखेड़ा में हुआ था।[34]

खापरखेड़ा ज़्यादा विकसित था। वहाँ माहेश्वरी लोग थे। उनके पास पैसा था। वहाँ ज़मीन सबसे महँगी है। पास में खपरिया है वहाँ की ज़मीन भी महँगी है। जब साधन बढ़े तो इन लोगों ने फट से ज़मीन, ट्रैक्टर, कार ख़रीदी। खापरखेड़ा वाले ब्याज का धन्धा करते थे दो रुपये सैकड़े का। पिपरिया के सेठों को उन्होंने बहुत क़र्ज़ दिया था। फिर बाद में उन्होंने वो धन्धा बन्द कर दिया था।[35]

चारों तरफ़ से लोग पिपरिया आये हैं। कच्छ, गुजरात से बोहरा मुसलमान और जैन आये। कहते हैं शुरुआती व्यापार कच्छियों ने ही सँभाला। कच्छी यहाँ 1880 तक ही आ गये थे। वे यहाँ आठ महीने दुकान लगाते थे और बरसात में दुकान में ताला लगाकर

33. श्रीगोपाल गांगुड़ा, 60 वर्ष, व्यवसायी–समाजसेवी, मंगलवारा बाज़ार, पिपरिया, साक्षात्कार : जून, 2017
34. मौर्य, नारायणदास, 'पिपरिया 2000', समानता प्रकाशन, पिपरिया, म.प्र., प्रकाशन वर्ष : 2000
35. रामदयाल गुप्ता, 82 वर्ष, व्यवसायी, कस्तूरबा वार्ड, पिपरिया, साक्षात्कार : जुलाई, 2017

कच्छ चले जाते थे। कच्छ से आते थे इसीलिए उन्हें कच्छी कहा जाता था। बाद में कुछ कच्छी परिवार यहीं बस गये।[36]

बताते हैं कि कच्छी बड़े लम्बे–चौड़े व्यापारी थे। नारियल, गल्ला, कपड़ा आदि कई तरह का व्यापार करते थे। वे सारा हिसाब अँगुलियों पर कर लेते थे। लोग कहते थे कि अच्छा कच्छी वह है जो तीन दिवाली निकाले। माल नहीं बिका तो दुकान में ही माल रखा और एक चौकीदार की ड्यूटी लगाकर चले गये। उनका धन्धा बड़ा था इसलिए उन्होंने माल रखने को इतने बड़े–बड़े मकान बनवाये।[37]

शुरुआत में कई लोग सीधे पिपरिया नहीं आये। चीचली, तेंदूखेड़ा, गाडरवारा, बनखेड़ी, उमरधा, साँडिया, खापरखेड़ा, बरेली, शोभापुर, बाबई, इटारसी, विदिशा, छिन्दवाड़ा, सिवनी बनापुरा आदि जगहों से लोगों का यहाँ आना हुआ। स्वास्थ्य और शिक्षा के चलते इन सभी का लिंक जबलपुर से बना रहा। इन जगहों में जातिगत विविधता ही नहीं, हुनर की विविधता भी थी। कई कारीगर क़िस्म के लोग पिपरिया में रहने लगे। पिपरिया इधर–उधर जाने वालों के लिए केन्द्र थी। रेल आने के साथ–साथ इस तरफ़ अवध से भी लोग आये हैं। जैसे, कानपुर से नीचे बाँदा, कन्नौज बुन्देलखण्ड की बॉर्डर पर है। वहाँ से एक रास्ता झाँसी आता है और दूसरा नीचे नर्मदा उतरता है। जिन लोगों के पास साधन कम थे, वे नीचे उतर आये। बाँदा–मैयर वाले आसान रास्ते से जबलपुर, श्रीधाम और नर्मदा के साथ वाले इलाक़ों में बसते रहे।[38]

पुरानी पिपरिया में खपड़े वाले घर होते थे। उस समय कुआँ बहुत थे। एक कुआँ से दो–चार घर के लोग पानी पीते थे। तब सड़क नहीं थी। कच्चे रस्ते थे। पैदल जाते थे या बैलगाड़ी से जाते थे।[39]

---

36. श्रीकृष्ण सुरजन, 68 वर्ष, व्यवसायी, मंगलवारा बाज़ार, पिपरिया, साक्षात्कार : फ़रवरी, 2017
37. मोहम्मद अली बोहरा, 82 वर्ष, व्यवसायी, पिपरिया, साक्षात्कार : अप्रैल, 2017
38. वीरेन्द्र दुबे, 62 वर्ष, शैक्षिक कार्यकर्ता, पचमढ़ी रोड, पिपरिया, साक्षात्कार : मई, 2017
39. मत्था बाई मौर्य, 56 वर्ष, किसान, पिपरिया, साक्षात्कार : जुलाई, 2008

छोटेलाल काबराजी के यहाँ और दोनों भाई बनारस वालों के यहाँ सिलावट समुदाय के एक छोटेलाल और दो भाई रंजीत सिंह व चतुर्भुज स्थायी रूप से मकान और कारख़ाने आदि के निर्माण के लिए नियुक्त थे। इन लोगों ने पिपरिया की प्रसिद्ध इमारतें बनायी हैं। उनमें पुराने गल्ला बाज़ार में काबराजी का मकान, रामरतन सोनी का मकान, कन्हैयालाल पालीवाल का मकान, साँडिया रोड पर पचौरी का मकान, शोभापुर रोड पर कतिया की हवेली, मोहताजी की चाल, मस्जिद, पचमढ़ी रोड की सराय, रामदास बाबा की समाधि, गल्ले बाज़ार का बड़ा मन्दिर, बड़िया वाला मन्दिर, रिपटा मन्दिर, बैंक इमारत और रेस्ट हाउस मुख्य हैं।

शोभापुर रोड पर बनी कतिया की हवेली पिपरिया का पहला दो मंज़िला मकान था। यह हवेली 1910 के आसपास बनाई गयी थी। उस समय कारीगर की मज़दूरी छह आना, देखरेख करने वाले कारीगर को आठ आना, बेलदार को साढ़े तीन आना और रेजा को ढाई आना मिलते थे। ईंट सवा रुपये की एक हज़ार और दो आने में एक बैलगाड़ी मिट्टी मिलती थी। गल्ले का दाम एक रुपये की 16 पायी पिसी, 32 पाई ज्वार, 19 पाई चने मिलते थे। मुद्रा का चलन रुपया, आना, पायी में था। इस पैसे को भी 24 हिस्सों में बाँटा गया था। ये पैसे कोड़ियों के रूप में थे।[40]

1965–66 में जब गुलाब सेठ की इमारत की नींव खुदी तो हम उसे देखकर डर जाते थे कि कुएँ जितनी गहरी नींव खुदी है। उस ज़माने में गाँव का आदमी हो या शहर क़स्बे का, उस इमारत की ऊँचाई देखकर चमत्कृत हो जाता था। उस समय इलाक़े की ये पहली तीन मंज़िला इमारत थी। मैंने 15–16 साल की उम्र तक पूरे शहर को बाहर सोते हुए देखा है बिन किसी भय के। उस रामराज की आज कोई कल्पना भी नहीं कर सकता। सभी महिलाएँ बाहर सोती थीं। आँगन या गली को सींचकर चारपाई डाल दी जाती थीं और बिस्तर

40. मौर्य, नारायणदास, 'पिपरिया 2000', समानता प्रकाशन, पिपरिया, म.प्र., प्रकाशन वर्ष : 2000

लग जाते थे, ताकि वे ठण्डे हो जायें। रात को सड़क आँगन बन जाती थी। सड़क का आँगन बन जाना अद्भुत था।[41]

पहले लोग छह महीने घर के बाहर ही सोते थे। औरत–आदमी सब बाहर सोते थे। अपराध नहीं था। पूरा परिवार बाहर सोता था। खाना खाकर औरतों की चौपाल लग जाती थी।[42]

पुरानी बस्ती की बात करें तो यहाँ सब मकान कच्चे और खपड़े वाले थे। आँगन में राहड़ की टटिया लगी होती थीं। न रिक्शा था न ताँगा। पचमढ़ी रोड पर भी एकाध मकान को छोड़कर कोई आबादी नहीं थी। पचमढ़ी रोड तो काफ़ी बाद में जाकर भीड़भाड़ वाली हुई। पहले खाली ही रहती थी। अस्पताल जब नहीं बना था तो कोई उस तरफ़ जाता नहीं था। साँडिया रोड के उस तरफ़ भी कोई नहीं जाता था। पुल के पल्ली तरफ़ सिर्फ़ पान के बरेजे ही बरेजे थे। शोभापुर रोड की तरफ़ भी ज़्यादा कुछ नहीं था।[43]

पुरानी बस्ती में चमार और गोंड रहते थे। नदी के उस तरफ़ तो कुछ भी नहीं था। बस 10–12 टपरे गोंडों के थे। आज इतवारा बाज़ार जहाँ लगता है, वहाँ एक चाल थी और सामने एक और चाल थी जो झापरी वाली चाल कहलाती थी। बाक़ी यहाँ कुछ नहीं था। सब ख़ाली पड़ा रहता था। पोस्ट ऑफ़िस के बाद कुछ भी नहीं था। आगे थोड़े से घर सिन्धियों के थे और उसके बाद सिर्फ़ नाका था। नाके के उस तरफ़ लोग शाम सात बजे के बाद नहीं जाते थे। इतवारा बाज़ार में तीन–चार क़ौम रहती थीं। लढिया, कुम्हार, चमार और मेहतर। छीपा मोहल्ला में कुल चार–छह घर थे। बाजू में जायसवाल परिवार था और एक कोई मुस्लिम परिवार था। एक कोठारी का बाड़ा था। एक–दो मकान उसके पीछे गली में थे और

---

41. श्रीगोपाल गांगुड़ा, 60 वर्ष, व्यवसायी–समाजसेवी, मंगलवारा बाज़ार, पिपरिया साक्षात्कार : जून, 2017
42. अशरफ़ ख़ान (सब्बा चाचा), 70 वर्ष, समाजसेवी, इतवारा बाज़ार, पिपरिया, साक्षात्कार : फ़रवरी, 2017
43. कमला व्यौहार, 82 वर्ष, पूर्व ट्यूशन शिक्षिका, पुरानी बस्ती, पिपरिया, साक्षात्कार : अप्रैल, 2017

दो–चार परिवार सरदारों के थे। बस इतवारा बाज़ार इतना ही था। बिल्कुल खाली पड़ा हुआ।[44]

आज़ादी के बाद परिस्थितिवश सिन्धी यहाँ शरणार्थी बनकर आये और बहुत बाद में सम्भवतः 1970 के आसपास ईरानी यहाँ आये जिन्हें उनके पहनावे के कारण बलूची समझा जाता था। जो भी यहाँ आया उसने यहीं की भाषा बोली अपना ली, लेकिन सिन्धी और ईरानी अपवाद रहे। सिन्धियों में आज भी बोलचाल की भाषा सिन्धी ही है। इसी तरह ईरानी फ़ारसी में बात करते हैं और उर्दू में लिखते हैं। ये दो क़ौमें ही अपनी बोली बचा पायी हैं। अन्य अधिकतर समाज अपनी भाषा बोली को भूल यहाँ की हिन्दी और बुन्देली को अपना चुके हैं।

सिन्ध के लाडकाना ज़िले में मेरे पिता का अनाज का धन्धा था। विभाजन के दो–चार महीनों बाद वहाँ मुसलमानों ने मारकाट शुरू कर दी। दुकानें और मकान हड़पे जाने लगे। किसी को खंज़र मार दिया। तब हमें बोरिया बिस्तर बाँध कर कराची से बम्बई जाने के लिए भेजा गया। कराची में हमारा सब सामान चोरी हो गया। फिर हम पानी के जहाज़ से मड आईलैंड कैम्प बम्बई पहुँचे। परिवार में माता–पिता और चार भाई थे। वहाँ शरणार्थी कैम्प में साल–दो साल रहे। फिर वहाँ से हमें कटनी, मध्य प्रदेश भेजा गया। कटनी कैम्प में मुझे मैट्रिक सर्टिफ़िकेट के बलबूते कैम्प कमांडर की नौकरी मिल गयी। यह 1951–52 की बात होगी। कटनी में ही मेरा विवाह हुआ। बैलगाड़ी में मैं और मेरी बीवी क्वार्टर तक आये थे। फिर मेरे एक अंकल की मार्फत ग्रुप बनाकर 1953–54 में हम पिपरिया आ गये।[45]

हमारे सयाने गुजरात से आये थे। बहुत पुरानी बात है। हम क्या, सभी लोग बाहर से आये थे। कोई गुजरात से, भोपाल से, इन्दौर से।

---

44. माखन आचार्य, 74 वर्षीय, साधक–ब्रह्मकुमारी मिशन, पिपरिया, साक्षात्कार : जुलाई, 2017

45. हरिदास पंजवानी, 88 वर्ष, फ़ोटोग्राफर–कमल फ़ोटो स्टूडियो, सिन्धी कॉलोनी, पिपरिया, साक्षात्कार : फ़रवरी, 2017

जैसे सिन्धी आये हैं। सुनार वाली टाकीज़ सीमेंट रोड पर थी। हमने उसमें दस पैसे में सिनेमा देखा है। इतवारा बाज़ार में दो आना में देखा है। पिंडखजूर आज बीस रुपइया पाव मिल रहे हैं। हमने दस पैसे पाव खाये हैं। हम सब्ज़ी लेने जाते हैं तो हमें घबड़ाई लगती है। दस पइसा किलो की चीज़ आज 80 रुपइया किलो मिल रही है।[46]

1880 के आसपास काबुल, अफ़ग़ानिस्तान से ख़ान यहाँ आये। उन्होंने इतवारा बाज़ार में अपना ठिकाना बनाया। बँटवारे के समय हमारे परिवार के पाकिस्तान न जाने से लोगों को बहुत हिम्मत थी। इधर से अब्दुल्ला भाई, मुराद मामू, पीर मुहम्मद वग़ैरह रातों रात भोपाल चले गये थे। पहले कहते रहे कि नहीं जा रहे, नहीं जा रहे। पर फिर अलीम भाई के दो भाई चले गये थे पाकिस्तान। हमारे मोहल्ले में भी कुछ लोग तैयार हो गये। जो लोग उस समय घबराहट में जाना चाहते थे वे अपने मकानों को ऐसे ही छोड़कर जाने को तैयार थे। हमारे पिताजी और बड़े पिताजी ने जा–जाकर लोगों को समझाया और सामान खुलवाया। कहा इतना क्यों घबरा रहे हो? दूसरे समाज के लोगों ने, जैसे हरनारायण सेठ ने कहा कि आप लोगों को कहीं जाने की ज़रूरत नहीं है। बँटवारे के समय यहाँ मारकाट की कोई घटना नहीं हुई। लोग बताते हैं कि वालिद साहब को बहुत भरोसा था कि कुछ नहीं होगा और उनका भरोसा कायम रहा। मैं यहीं का पला–बढ़ा हूँ। पड़ोस में रहने वाले जैन परिवार से मेरा गहरा रिश्ता है। मैं सब जैन तीरथ घूम आया हूँ इन्हीं के परिवार के साथ। उनके बच्चे जब साल भर के भी नहीं थे तब से वह यहीं खाते–पीते और सोते थे। बच्ची की शादी हो गयी है। बच्चा तो अब नौकरी करता है पर अभी तक मेरे हाथ से ही खाता है।[47]

46. नन्हेलाल पटेल, 85 वर्ष, पशु पालक–किसान, गूजरपूरा पुरानी बस्ती, पिपरिया, साक्षात्कार : मई, 2017

47. अशरफ़ ख़ान (सब्बा चाचा), 70 वर्ष, समाजसेवी, इतवारा बाज़ार, पिपरिया, साक्षात्कार : फ़रवरी, 2017

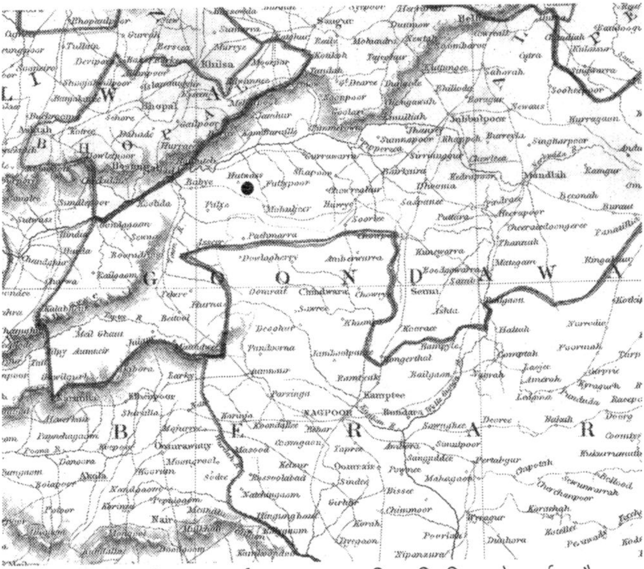

मध्य भारत में मुख्य मार्ग, 1848, काला बिन्दु पिपरिया को दर्शाता है
स्रोत : विकिमीडिया कॉमन्स

बैलगाड़ी में जाता हुआ परिवार, वर्ष : 1855
स्रोत : विकिमीडिया कॉमन्स

बैलगाड़ी द्वारा खेत की जुताई, वर्ष : 1900
स्रोत : विकिमीडिया कॉमन्स

पुरानी बस्ती की एक गली, वर्ष : 1980
स्रोत : रेखा व्योहार

THE FAMINE IN INDIA.

THE SITUATION IN CENTRAL INDIA.

Our Calcutta correspondent telegraphed yesterday :—The Rev. J. Parson, of Jubbulpore, delivered an address this evening in the Wesleyan Church in Sudder Street, on the subject of the famine. The rev. gentleman has been recently engaged in relief work in Central India, and maintains that famine is becoming more intense in the neighbourhood of Jubbulpore, and that there will be a terrible year in that part of the country.

THE INDIAN FAMINE RELIEF FUND.

The latest total of the Indian Famine Relief Fund, *viz.*, Rs. 1 21,51,968, includes a joint subscription of Rs. 187-6 from Sweden, Denmark, and Finland.

THE FAMINE RELIEF WORKS.

The following is the weekly report of the total numbers in receipt of relief during the preceding and present weeks :—

Name of Province.	Preceding Week.			Present Week.		
	Relief Works.	Gratuitous Relief.	Total.	Relief Works.	Gratuitous Relief.	Total.
Madras	114,010	18,651	132,661	146,191	16,950	163,141
Bombay	424,711	28,118	452,829	416,307	30,331	446,638
Bengal	454,161	241,426	695,587	394,761	259,851	654,612
North-Western Provinces and Oudh......	690,029	313,571	1,003,600	731,003	327,083	1,058,086
Punjab	76,161	13,872	90,033	76,967	15,271	92,238
Central Provinces..	318,102	125,044	443,146	331,064	127,968	459,032
Burmah.....	11,586	2,655	*14,241	13,392	2,955	16,347
Berar.......	15,966	..	†15,966	31,100	1,324	32,424
Hyderabad..	8,352	508	8,860	17,499	1,311	18,810
Central India........	132,626	14,912	147,538	123,068	23,268	146,336
Rajputana...	19,913	8,148	28,061	18,616	7,562	26,178
Total...	2,182,235	769,796	2,952,031	2,309,080	811,805	3,120,885

* Figures incomplete.
‡ Exclusive of one district.

मध्य भारत में सूखा, वर्ष : 1897
स्रोत : टाइम्स ऑफ़ इंडिया

जानवरों, नदियों और लालटेन वाली पिपरिया

हमारे पिताजी किसानी करते थे और हम्माली भी करते थे। उनके घरवारे भी गल्ला मण्डी में हम्माली करते थे। तब यहाँ पुरानी बस्ती में बाघ आ जाता था। यहाँ इतना घना जंगल था कि निस्तार करने भी अकेले नहीं जाते थे। पिता या किसी बड़े को साथ लेकर जाते थे।[48]

पहले यहाँ से पचमढ़ी जाने वाली सड़क किनारे गाड़ी के रास्तों पर बहुत घने पेड़ हुआ करते थे। जंगल में प्रतिबन्ध लगने के बाद सड़क के किनारे के पेड़ कटते ही गये। गोंडीपुरा में भी पहले बहुत ज़्यादा पेड़ थे। इतने घने कि ज़्यादा दूर अकेले जाते हुए डर लगता था।[49]

रात को आठ बजे कोई जयप्रकाश शाला के सामने पेशाब करने नहीं जा सकता था। इतना घना जंगल था कि सीमेंट रोड की तरफ़ रात को शेर आ जाते थे। 1959–60 तक दिन के 12 बजे भी कोई वहाँ से हथवाँस नहीं जा सकता था अकेले। कभी जाना पड़ता तो दो–चार आदमी मिलकर जाते थे। पुलिया, क़ब्रिस्तान और जंगल का सन्नाटा होने के चलते लोगों के मन में भय बना रहता था।

हमारे यहाँ हथवाँस वाले प्रहलाद रघुवंशी दुकान पर काम करते थे। भोजन के लिए 11 बजे उनकी छुट्टी होती थी। फिर वे एक बजे

48. सन्नो बाई गोंड, 80 वर्ष, श्रमिक, गोंडीपुरा, पिपरिया, साक्षात्कार : अप्रैल, 2017
49. बुद्धू सिंह उइके, 75 वर्ष, ट्रक ड्राइवर, गोंडीपुरा पुरानी बस्ती, पिपरिया, साक्षात्कार : अप्रैल, 2017

वापस आते थे। आप सोचिए क्या समय रहा होगा कि उनके साथ हथवाँस का एक सहयोगी सिर्फ़ इसीलिए रखा हुआ था ताकि रास्ते में दोनों का साथ रहे। वे मँझले दद्दा थे। एक बार दोनों दोपहर के खाने के लिए साथ जा रहे थे कि किसी कारण से उनका साथ छूट गया। प्रहलादजी साइकिल पर निकल गये और मँझले दद्दा अपनी धुन में चले जा रहे थे। उधर चुन्नीलाल राय के दामाद हल्लू राय पागल थे। वे गाँधीजी की तरह एक धोती पहनते और उसे शरीर पर लपेटे रहते। उनकी पत्नी चन्दनिया भी पागल थी। वह चौराहे से गुलाब सेठ की दुकान तक दौड़ती चिल्लाती रहती लेकिन हल्लू राय चुपचाप रहते थे। पुलिया के उस तरफ़ एक सूखा पेड़ था। वहीं हल्लू राय की आरामगाह थी। अचानक हल्लू राय पेड़ के पीछे से निकल कर मँझले दद्दा के सामने आ गये। दद्दा समझे कि भूत है और वे दौड़ पड़े। हड़बड़ी में उनकी एक खड़ाऊँ बोहरो के क़ब्रिस्तान के पास गिर गयी। क़रीब डेढ़ घण्टे बाद जब वे खाना खाकर प्रहलादजी के साथ लौटे तो उन्हें दूसरे पैर की खड़ाऊँ वहीं पड़ी मिली।[50]

हमारे यहाँ एक कोदू दादा थे। उनकी तबीयत ख़राब हुई तो शाम साढ़े छह बजे लेकर अस्पताल गये। वहाँ से निकले तो शेर घूम रहा था बाहर। हमारी उम्र 14 साल की रही होगी। लोगों ने झट्ट से हमें खींचकर घर के अन्दर कर लिया। फिर कम्पाउंडर साहब ने आग का गोला बनाकर शेर को वहाँ से भगाया।[51]

बँटवारे के आसपास की बात है। हमारे बड़े पिताजी के साले ने एक साँड़ को मार दिया था। वो माता का साँड़ था। वो अक्सर खेतों में घुसकर परेशान करता था। तो उन्होंने उसे बल्लम मार दिया। वह वहाँ से भागता हुआ आया और देनवा क्लब के सामने गिर गया और मर गया। सिन्धी लोग आये थे पाकिस्तान से। उनमें जो नेता

50. श्रीकृष्ण सुरजन, 68 वर्ष, व्यवसायी, मंगलवारा बाज़ार, पिपरिया, साक्षात्कार : फ़रवरी, 2017

51. अब्दुल सलाम, 75 वर्ष, फल व्यापारी, सरदार वार्ड, पिपरिया, साक्षात्कार : जुलाई, 2017

लोग थे उन्होंने बड़ा हँगामा किया था। बहुत पब्लिक थी। उसका नाम असद अली था। उन्हें डम्फानी दादा कहते थे। हमने किसी से पूछा ये अजीब नाम है तो उन्होंने बताया कि वह दन्द–फन्द करता था इसलिए उसे डम्फानी कहने लगे। फिर जग्गू उस्ताद वहाँ आये और उन्होंने वहाँ से गाड़ी मँगाकर उसे सीधे थाने ले जाकर खड़ा कर दिया। तब जाकर मामला कहीं रफ़ा–दफ़ा हो पाया। कहते हैं कि उस साँड़ को लाल कपड़े में शानदार अर्थी बनाकर ले जाया गया था। इसी तरह एक बार सब्ज़ी वाली मुन्नी बाई ने गाय को ज़ोर से बाँट या लकड़ी से ठेला तो गाय मर गयी। हल्ला काफ़ी मचा मगर लोग बीच में पड़े और बात आपस में ही सुलझ के आयी गयी हो गयी।[52]

पहले भैंसें और जानवर बहुत हुआ करते थे। हर परिवार में क़रीब 25–30 नग जानवर रखते थे। जंगल का इलाक़ा होने के चलते बड़े जानवरों से ख़तरा बना रहता था। अपने मवेशियों से ख़तरा टालने के लिए हम पूजा–पाठ किया करते थे। जैसे कहीं बाघ के पाँव का चिह्न मिल जाये तो वहाँ पैसा रखकर पैर पड़ते थे। देवी के जंगल में तो जानवर मिलते रहते हैं। वो पूरा पहाड़ी एरिया है। वहाँ कई गऊशाला बनी हुई हैं। वहाँ से अक्सर तेंदुआ छोटे जानवरों को उठा ले जाता है। सोनकुत्ता का दस–बीस का झुण्ड रहता है। जो ढोर उससे चमक के भागा तो वो उसका शिकार करता है। नहीं तो कोई से नहीं बोलता।

यहाँ 1955–60 तक ख़ूब अंग्रेज़ लोग आया करते थे। पिताजी भी उनके साथ शिकार के लिए जाते थे। फिर बाद में शिकार पर रोक लग गयी थी। पिताजी कभी भी हमें रात को अपने साथ नहीं आने देते थे। वे रात को बैलगाड़ी से शिकार पर जाते थे। उनके ठाँव रहते थे। कहते थे शेर बैलगाड़ी से ही दबता है। वो अपने शिकार की सोचता है और गाड़ी वाले उसके शिकार की सोचते हैं।

52. अशरफ़ ख़ान (सब्बा चाचा), 70 वर्ष, समाजसेवी, इतवारा बाज़ार, पिपरिया, साक्षात्कार : फ़रवरी, 2017

उनके बैल भी ऐसे थे कि चमकते नहीं थे बड़े जानवर से। हमारे घर पर कई बैलगाड़ियाँ होती थीं। शिकार वाली गाड़ी अलग रहती थी जिसमें तीन लोगों के बैठने की जगह होती थी।

1968 में पिताजी ने एक शेर मारा था। आठ–दस फायर में जा के मरा था। उस आदमखोर शेर ने एक भैंस का शिकार किया था लेकिन वो भैंस मरी नहीं थी। फिर पिताजी ने उसी जगह पर मचान बाँधा। शेर इतना चालाक था कि रात भर वहाँ नहीं आया। सुबह तड़के आया और अधमरे शिकार पे एक मुँह मारा ही था कि पिताजी ने उसे गोली मार दी। वो उचका तो एक और गोली मारी। गोली खाकर भी वह उचक के भाग गया। फिर ढूँढ़ने पर पानी में पड़ा मिला। फिर उसे और गोलियाँ मारीं। इस तरह सात फायर किये जब वह मरा था। सुनते हैं कि पहली दफ़े इधर किसी ने इत्ता बड़ा शेर मारा था।[53]

अब्दुल अहद शिकारी हमारे दादाजी थे। उन्हें शिकार का शौक़ था। पहला शिकार उन्होंने किया खेड़ा पर आदमखोर शेर का, जो लपक गया था। वो गाड़ी में से बैल नोच लेता था। गाँव के लोग लकड़ी बेचने पिपरिया शहर आते थे। गाड़ियाँ लाइन से चली आती थीं तो आदमखोर शेर बैल नोच लेता था। फिर दादाजी को परमिशन मिली शेर मारने की। गाँव में मीटिंग हुई और कलेक्टर ने उनको परमिशन दी। कलेक्टर कोई अंग्रेज़ था। वह अपनी बीवी के साथ आया था। मीटिंग में पहले पूछा कौन शेर मार सकता है? दादाजी ने शर्त रखी कि उनको बन्दूक़ का लाइसेंस और शिकार की अनुमति मिले। अंग्रेज़ की बीवी ने अपने पति से कहा इसको लिखकर दो कि इसकी माँग पूरी करोगे। तब कलेक्टर ने लिखकर दिया। दादा ने दूसरे दिन ही शेर को टपका दिया। ट्रक में ले गये थे डालकर। इनाम में राइफ़ल मिली थी। हमने दादा को नहीं देखा। उनके बारे में सुना भर है। गाँव के सयाने लोग अक्सर उन्हें याद किया करते हैं।

---

53. बुद्धू सिंह उइके, 75 वर्ष, ट्रक ड्राइवर, गोंडीपुरा पुरानी बस्ती, पिपरिया, साक्षात्कार : अप्रैल, 2017

कहते हैं उनके पास बहादुर बैल थे। वे बैल दहाड़ सुनकर भागते नहीं थे। दादा ने उनके सींगों पर बन्दूक़ धरके गोली मारी है। सयाने बताते हैं कि जब वे बैलगाड़ी पे जाते थे तो शेर पंजा मार देता था तो वे डरते नईं थे। हँकनी से ही उसे फटकारते थे। बोदागाड़ी भी उनके पास थी। शौक़ीन आदमी थे। उनके पास जानवर बहुत थे। बैलगाड़ी भी कई थीं। कम–से–कम सौ जानवर रहे होंगे उनके पास।

गाँव वाले कहते हैं कि उन्होंने अपने जीवन में 90 शेर मारे थे। शेर के लिए बोदा बँधवाया जाता था। ऊपर झाड़ पे मचान बाँधते थे। शेर को होशियार करके मारते थे। वो बोदा खाने आया तो चिल्लाये और मार दिया। उनका निशाना अचूक था। जहाँ के लोग शेर या तेंदुए से परेशान हुए वे दादा के पास आते थे और उसे मारने की गुहार लगाते थे। दादा भी तुरन्त चल देते थे। पहले खाल वाल घर में थीं लेकिन पुराना मकान जल गया उसमें सब नष्ट हो गया।[54]

मैंने हज़ारों की तादाद में तोते और नीलकण्ठ देखे हैं। मोर भी यहाँ होते थे, शहर में कम पर आसपास ज़्यादा। बगुले, गिद्ध और उल्लू भी भारी तादाद में थे। भेड़ वाला काम हमारे देखते–देखते ही लोप हुआ। कोरी लोग कम्बल बनाते थे। ढुलाई के लिए गधों का इस्तेमाल होता था।[55]

बिजली का आना

टोले भर के लोग जमा हो गये। औरत–मर्द, बूढ़े–बच्चे सभी कामकाज छोड़कर दौड़ आये–चल रे चल! अपना पंचलैट आया है, पंचलैट! सूरज डूबने के एक घण्टा पहले ही टोले भर के लोग सरदार के दरवाजे पर आकर खड़े हो गये–पंचलैट, पंचलैट! पंचलैट के सिवा

54. अब्दुल हमीद (46) एवं शकील ख़ान (43), अब्दुल्ला शिकारी के पोते, डोकरीखेड़ा, पिपरिया, साक्षात्कार : जुलाई, 2017

55. वीरेन्द्र दुबे, 62 वर्ष, शैक्षिक कार्यकर्ता, पचमढ़ी रोड, पिपरिया, साक्षात्कार : मई, 2017

और कोई गप नहीं, कोई दूसरी बात नहीं...सवाल पैदा हुआ, पंचलैट को जलायेगा कौन? गाँव वालों ने आज तक कोई ऐसी चीज़ नहीं ख़रीदी, जिसमें जलाने–बुझाने की झंझट हो। कहावत है न–भाई रे, गाय लूँ तो दुहे कौन? लो मज़ा! अब इस कल–कब्ज़े वाली चीज़ को कौन बाले?[56]

1860 से क़रीब 1960 तक लगभग पूरे सौ साल इस इलाक़े को लालटेन और लैम्प रोशन करते रहे। यानी देवगाँव और पोसार के हिस्से में बिजली नहीं थी। यह तोहफ़ा पिपरिया के हिस्से में आया। शुरुआत के दिनों में आग ही रोशनी देती होगी। दिन ढलने से पहले घर के काम कर लेना और अँधेरा घिरते ही अलाव जलाकर उसकी रोशनी में कुछ काम और कुछ गाना बजाना चलता होगा। और कुछ नहीं तो बतरस तो होती ही होगी। फिर आयी होंगी चिमनियाँ, लालटेन और लैम्प। बच्चों को लगता होगा जैसे किसी ने अलाव की लौ को लालटेन में क़ैद कर लिया हो![57]

हमने वो ज़माना देखा है जब चौगड्डे पर लालटेन जलती थी। यहाँ बिजली नहीं थी। तब हम खण्डवा से यहाँ आये थे। हमारी उम्र तब 12–13 साल की रही होगी। यहाँ हमारे चाचा रहते थे। उनके पास हम आते–जाते रहे। तब चार ट्रेनें चलती थीं–एक कलकत्ता मेल और दूसरी काशी एक्सप्रेस और दो पैसेंजर ट्रेन। काशी एक्सप्रेस यहाँ नौ–साढ़े नौ बजे आती थी। रात को गाड़ी आये तो ख़ूब अँधेरा रहता था। हम अँधेरे में ही निकल जाते थे। कभी–कभी इस घने अँधेरे में स्टेशन पर कोई बच्ची फँस जाती थी तो हमसे पूछती कहाँ जा रहे हो? हम कहते बरौआ मोहल्ला जा रहे हैं तो वह हमसे कहती भैया हमें फलाने मोहल्ले में छोड़ देना। हम कहते ठीक है जीजी चलो छोड़ देते हैं। ऐसा कोई डर उस समय नहीं था लेकिन उस समय स्टेशन तक पर जानवर आ जाते थे। घने अँधेरे में झाड़–झंखाड़ से

56. फणीश्वरनाथ 'रेणु' की कहानी 'पंचलैट' का एक अंश।

57. नरेन्द्र मौर्य, 61 वर्ष, पत्रकार, पिपरिया, साक्षात्कार : फ़रवरी, 2017

उलझकर चोट लगने का अन्देशा भी रहता था इसलिए किसी का साथ ज़रूरी था।[58]

बिजली तो यहाँ 1960 में आयी है। उससे पहले नगरपालिका के लैम्प जलते थे। बड़ी चिमनी में मिट्‌टी का तेल डालकर जलाते थे। फिर उल्टी लटकाने वाली गैसबत्ती आयी जो हवा भरकर जलती थी। वे दो–चार मुख्य जगह पर लगायी जाती थी।[59]

मैं 1948 में पहली बार पिपरिया आया था। तब यहाँ बिजली नहीं आयी थी। 1960 के आसपास बिजली आयी। उससे पहले यहाँ नगरपालिका के ढिबरे जला करते थे।[60]

बिजली आने से पहले हम चरखुट लैम्प जलाते थे, बत्ती वाले। शुरुआत में लाइट बड़ी अजीब सी चीज़ लगती थी![61]

जब हम पिपरिया आये तो बिजली नहीं थी। हम लालटेन में पढ़ते थे। काबराजी की चाल में दो ब्लॉक थे। एक में हम रहते थे। बिजली बहुत बाद में आयी। 1952 में हमारे मैट्रिक करने के बाद आयी है।[62]

हमारे दादा रायबरेली उत्तर प्रदेश से 1938 में पिपरिया आये थे। मेरा जन्म 1943 का है। बचपन में हम देखते थे कि यहाँ खम्बों पर लैम्प जलते थे। मुझे भली भाँति याद है कि यहाँ बिजली 26 जनवरी 1957 को आयी थी जग्गू उस्ताद के ज़माने में।[63]

---

58. अब्दुल सलाम, 75 वर्ष, फल व्यापारी, सरदार वार्ड, पिपरिया, साक्षात्कार : जुलाई, 2017
59. अशरफ ख़ान (सब्बा चाचा), 70 वर्ष, समाजसेवी, इतवारा बाज़ार, पिपरिया, साक्षात्कार : फ़रवरी, 2017
60. हरगोविन्द राय, 79 वर्ष, सेवानिवृत्त सरकारी कर्मचारी, अशोक वार्ड, पिपरिया, साक्षात्कार : जून, 2017
61. हरिशंकर खटीक, 68 वर्ष, मांस विक्रेता, पुराना बस स्टैंड, पिपरिया, साक्षात्कार : जुलाई, 2017
62. अनन्तराम साहू, 85 वर्ष, समाजसेवी, साँडिया रोड, पिपरिया, साक्षात्कार : जुलाई, 2017
63. ग्यारसी त्रिवेदी, 74 वर्ष, सेवानिवृत्त कॉलेजकर्मी, अशोक वार्ड, पिपरिया, साक्षात्कार : फ़रवरी, 2018

नदियों का जाना

पहले नदी 12 महीने पानी से लबालब भरी रहती थी। फिर डोकरीखेड़ा बाँध बना तो नदी सूख गयी। तवा बाँध के पहले डोकरीखेड़ा बाँध बन गया था। फिर धोबी नदी में गड्ढा खोद के कपड़ा धोते थे। बाद में गड्ढों में भी पानी नहीं बचा। पहले नदी में बाड़ी लगती थी। कीर लगाते थे। बरौआ भी लगाते थे। अब पानी नहीं है तो बाड़ी नहीं लगती। बहुत साल पहले से बन्द हो गयी। अब रेता भी नईं बची। अब यहाँ तवा से डगरा कलीदे आते हैं। यहाँ ककड़ी बहुत लगती थी।[64]

1973 में यहाँ बाढ़ आयी थी। अन्दर तक पानी भर गया था। पूरी बस्ती डूब गयी थी। जानवर तक मर गये थे। कुछ साल पहले फिर बाढ़ आयी थी। क़रीब 10–12 साल पहले। शायद 2003 में। तब भी बड़ा नुक़सान हुआ था।[65]

70 साल पहले का हैदर की पुलिया का क़िस्सा है। यहाँ पूर आया था। सब जगह पानी भर गया था। नाला ऊपर से बह रहा था। पिताजी बताते थे इतना पानी भर गया था कि हमारी माँ को कन्धे पर लाद कर केले वालों के मकान पर छोड़ा था। अब भी अच्छा पानी गिर जाये तो हमारी ये फर्सियाँ डूब जाती हैं। अब नाला चौड़ा हो गया है तो इतना पानी नहीं भरता।[66]

रिपटा वाली नदी में बारह महीने पानी रहता था। कभी नहीं सूखती थी नदी। वहाँ कुंडे बने थे। बड़े–बूढ़े कहते थे 'कूदना मत, वहाँ गहरा पानी है।' काँच के जैसा पानी बहता था कि आप अपनी शक्ल देख लो। गन्दगी नहीं रहती थी। यहाँ ककड़ी बहुत लगती थी।

---

64. नाथूराम अहिरवार, 80 वर्ष, श्रमिक, अयोध्या बस्ती, पिपरिया, साक्षात्कार : फ़रवरी, 2017
65. नाथूराम अहिरवार, 80 वर्ष, श्रमिक, अयोध्या बस्ती, पिपरिया, साक्षात्कार : फ़रवरी, 2017
66. वाहिद ख़ान, 68 वर्ष, चूड़ी दुकानदार, हैदर की पुलिया, पिपरिया, साक्षात्कार : जुलाई, 2017

सीजन पर डगरा–कलीदे भी होते थे। पासा, मछवासा नदी का ही हिस्सा है। दोनों संगम पर जाकर मिलती हैं माछा में। पहले दाल बनाने के लिए कई लोग उसका पानी ले जाते थे।[67]

मछवासा इतनी अच्छी थी कि बाई बहिनें सब वहीं से नहाने को पानी भरके ले जाते थे। पहले कुआँ के पानी से दाल नहीं चुरति थी। जई नदी के पानी से दाल चुड़ती थी। जे मन्दिर के पुजारी,विद्यार्थी लड़का लोग सब पूरे यहाँ नदी में ही नहाने आते थे। कपड़े–लत्ते घाट पर ही धोते थे। तो सारा निस्तार बस्ती का नदी के पानी से होता था। आज नदी की पोजीशन जा है कि कभी धार बन्द रहती है तो कभी कम। अब इसमें न काम होत है और हमारी फ़सलें भी नष्ट हो रही हैं।[68]

पानी के लिए तब लोग कुओं का इस्तेमाल करते थे। सब मोहल्लों में दो–चार कुएँ होते थे। हम कुआँ से पानी भरते थे। बकरे कटते थे तो उसे धोने के लिए ज़्यादा पानी लगता था। हम कुएँ से खींचकर पानी लाते थे। एक तो यहीं था। दूसरा हनुमान मन्दिर के पास था। पुरानी सब्ज़ी मण्डी में। एक जयप्रकाश शाला से लगा था। एक ये सितारा टाकीज़ के पास था। एक कुआँ चौराहे पर गंगेले की टंकी जहाँ है, वहाँ था। पहले पीरियड गोल करके हम रिपटा में नहात थे। इतना पानी था। सिद्धबाबा के इधर पंचकुंडा था। उधर भी नहाने जाते थे। पाँच कुंडा में हम 20–25 लोग नहाने जाते थे। पासा के उस तरफ़ पाँच कुंडा है। नदी के पार।[69]

---

67. अब्दुल सलाम, 75 वर्ष, फल व्यापारी, सरदार वार्ड, पिपरिया, साक्षात्कार : जुलाई, 2017
68. नर्मदा कहार, 58 वर्ष, किसान, पिपरिया, साक्षात्कार : फ़रवरी, 2008
69. हरिशंकर खटीक, 68 वर्ष, मांस विक्रेता, पुराना बस स्टैंड, पिपरिया, साक्षात्कार : जुलाई, 2017

डोकरीखेड़ा गाँव में तेंदुए का शिकार हुई गाय, खेतों में जंगली जानवरों की मौजूदगी आज भी आम है, वर्ष : 2015
स्रोत : जतन ट्रस्ट

'प्लेटफ़ॉर्म पर शेर आ जाते हैं। आदमी काम नहीं कर रहे। कृपया इन्तज़ाम करें।'
(रेलवे हेडक्वार्टर को मिले एक टेलीग्राम से), वर्ष : 1892
स्रोत : 'द ग्राफ़िक' अख़बार में प्रकाशित एक तस्वीर

चन्द्रकला का घर, डापका गाँव, वर्ष : 2021
स्रोत : जतन ट्रस्ट

बैल पर परम्परिक सजावट (मुछेड़ी), वर्ष : 2012
स्रोत : जतन ट्रस्ट

रिपटा पर बाढ़ का पानी, वर्ष : 2010
स्रोत : जतन ट्रस्ट

घरेलू लालटेन, वर्ष : 2000
स्रोत : जतन ट्रस्ट

खेती-किसानी

पारम्परिक खेती

इस इलाक़े में खेती–किसानी के दो तरीक़े रहे हैं। एक नर्मदा नदी के किनारे होने वाली सामान्य खेती और दूसरे, सतपुड़ा के जंगलों में कोरकू और गोंड आदिवासियों द्वारा की जाने वाली परम्परागत ध्या खेती। ध्या में आदिवासी पहाड़ी का वो हिस्सा चुनता है जहाँ सागौन के बड़े पेड़ उगते हैं। उनकी कटाई आसान होती है और जलाये जाने पर उनसे काफ़ी राख मिलती है। चुने हुए स्थान पर सभी पेड़ काटने के बाद वो विशाल वृक्षों की टहनियों को काट देता है ताकि वे आसानी से जल जायें। कटाई की पूरी प्रक्रिया को गर्मियों के पहले पूरा कर दिया जाता है और कटी हुई लकड़ियों को तेज़ धूप में सुखाने के लिए ज़मीन पर छोड़ देते हैं। मई के अन्त तक जब लकड़ी सूख के तैयार हो जाये तो उसमें आग लगा देते हैं। एक हफ़्ते तक लकड़ियाँ जलती रहती हैं। जली लकड़ियों की राख को पूरे मैदान में फैला कर वह वर्षा का इन्तज़ार करता है और फिर कोदों, कुटकी एवं समा के बीज राख में फेंकता है। वर्षा आने के साथ ही राख पूरे मैदान में बह कर मिट्टी के साथ मिल जाती है। जंगली जानवरों से बचाने के लिए सभी तरफ़ पेड़ों के तनों की बाड़ लगा दी जाती है।[70]

70. फोरसिथ, जेम्स, 'हाइलैंड्स ऑफ़ सेंट्रल इंडिया', प्र.81–82, चौपमैन एंड हॉल लिमिटेड, प्रकाशन वर्ष : 1889

'अधिकतर ब्रिटिश वन अफ़सरों की तरह ही फोरसिथ का मानना था कि ध्या से जंगलों को गहरा आघात पहुँचता है और एक बार की कटाई के पश्चात जंगलों को अपनी प्राकृतिक अवस्था में लौटने में कई वर्ष का समय लग जाता है। फोरसिथ के ध्या के सन्दर्भ में लिखे गये वर्णन से प्रेरित बहुतेरे वन संरक्षकों ने ध्या परम्परा को पूरी तरह बन्द कराने के लिए कोशिशें तेज़ कर दीं। हालाँकि काफ़ी प्रशासनिक अधिकारी फोरसिथ से पूर्ण रूप से सहमत नहीं थे। ध्या शैली पर सेंट्रल प्रॉविन्सेस की 1862-63 की प्रशासनिक रिपोर्ट कहती है :

"ये तथ्य है कि इस अनोखी खेती के लिए सबसे उपयुक्त स्थान वही है जहाँ सबसे अच्छे पेड़ उगते हैं। इतने सालों में पेड़ों को जो क्षति पहुँची है उसका निश्चित तौर पे हिसाब नहीं लगाया जा सकता। पर इस पारम्परिक शैली को अचानक से रोकना एक गम्भीर और सोच–विचार का विषय है। ये वनों में रहने वाली आबादी को गहरी निराशा में धकेलने जैसा होगा जिसके कई दुष्परिणाम हो सकते हैं। हो सकता है कि ध्या के अभाव में ये आबादी लूटपाट और मवेशियों की चोरी करने के लिए मजबूर हो जाये या बागी होकर हथियार उठा लें। बहुत मुमकिन है कि उन्हें इन जंगलों को छोड़कर जाना पड़े। और अगर ऐसा हुआ तो भविष्य की स्थिति वर्तमान से कहीं बदतर होगी। आबादी की कमी के चलते यहाँ के जंगली जानवरों और भीषण जंगलों के बीच किसी के लिए कोई भी काम करना सम्भव नहीं रहेगा। अगर इन जानवरों को वन का मालिक बनने से कोई रोके हुए है तो वो यहाँ की आबादी है। ऐसे में ध्या को पूरी तरह प्रतिबन्धित करने का सवाल ही नहीं उठता। हमें चाहिए कि हम मौजूदा ढाँचे में बिना स्थानीय आबादी को परेशान किये इसकी सीमित रोकथाम के मापदण्ड तैयार करें। नये जंगलों को कटाई से बचाने के लिए हम ध्या शैली को उस क्षेत्र तक सीमित कर सकते हैं जहाँ पारम्परिक रूप से कटाई होती रही है। इससे नये वृक्षों को

भी बचाया जा सकेगा और आदिवासियों की परम्परा भी बनी रहेगी। हमारे सभी प्रयास इस दिशा में केन्द्रित हैं''।[71]

फ़सलों और बीजों की विविधताएँ

'यहाँ आदिवासी पहले जो खेती करते थे, उसमें कई तरह की परम्पराएँ थीं। जैसे उतेरा यानी वे मिश्रित फ़सल लगाते थे। उसमें पाँच–छह तरह के अनाज एक साथ बोते थे। पानी की अनिश्चितता के बढ़ने से इस तरह की खेती में बदलाव आया है। यहाँ एक हवेली सिस्टम भी है। इसमें बन्धियों में थोड़ा पानी भरकर रखा जाता है। वैसे धान ऐसा पौधा नहीं है जो केवल पानी में ही हो। लेकिन यहाँ के किसानों ने सोचा कि पानी की अनिश्चितता को कैसे दूर किया जाये। उन्होंने पानी को अपने खेतों में भरकर रखने का एक सिस्टम बनाया जिससे बारिश के अभाव में एक महीने तक काम चल जाता है।

अब अगर चीज़ों के एक–दूसरे से जुड़े होने की बात करें तो धान की फ़सल में मछलियाँ भी होती थीं। रसायनों के इस्तेमाल के चलते मछलियाँ धान में आना बन्द हो गयीं। गेहूँ के साथ बथुआ होता था। मिश्रित खेती में बिर्रा यानी चना और गेहूँ बोने की परम्परा थी। जब एकल फ़सल शुरू हुई तो यह सब चीज़ें ख़त्म हो गयीं। पहले सबके खेतों में महुआ होता था। महुआ के पेड़ के नीचे लोग एक–दो महीने का डेरा डालकर उसे बीनते थे। खेती कभी भी एकमात्र चीज़ नहीं देती। दूसरी चीज़ें सहज रूप से उसके इर्द–गिर्द होती थीं। वो भोजन का बड़ा स्रोत होता था। जैसे बरसात में महुआ की डुबरी और भुना हुआ महुआ और चना खाते थे। ये पूरा इलाक़ा पहले तुअर और ज्वार का था। नर्मदा के उस तरफ़ की पूरी पट्टी ज्वार और तुअर की थी। उड़द और मूँग भी लगायी जाती थी। सूखा गेहूँ, कटिया

71. सेंट्रल प्रॉविन्सेस प्रशासनिक रिपोर्ट, प्र. 111–112, प्रकाशन वर्ष : 1862–63

वग़ैरह बोलते हैं जिसे वो होता था। चना होता था। तिली भी होती थी। यहाँ की ज़मीन बहुत उपजाऊ रही है, ख़ासतौर से धान की खेती के लिए।'[72]

पहले देहातों में चक्की नहीं थी। औरतें सवेरे चार बजे उठकर गेहूँ पीसती थीं।[73]

हम सुबह चार बजे उठके चक्की पीसते थे। फिर नद्दी जाते थे। उस समय घूँघट बहुत होता था।[74]

महिलाएँ सुबह चार बजे उठकर गेहूँ पीसती थीं। कभी–कभी दो बाईचारें चक्की पीसती और गाना भी गाती थीं। लोग समझ जाते थे कि सुबह हो गयी है।[75]

पुराने समय में आटा पीसने की चक्कियाँ नहीं होती थीं। घरों में हाथचक्की होती थी। हमारी पीढ़ी में चक्कियाँ चलने लगी थीं। हमारे गाँव में पाँच किमी दूर गेहूँ पीसने भेजा जाता था। वो चक्की डीजल इंजन से चलती थी। उसे पनचक्की कहते थे और उसमें से किक--किक की आवाज़ आती थी।[76]

अपन तो ऐसई दिन गुज़ारे है जल्दी से मुँह हाथ धोय और चार बजे से उठके हम तो चक्की पीसत थे। चार पाई आटा पीसकर ही उठते थे। फिर हाथ–मुँह धोकर सब्ज़ी बघार दी और जानवरों को भूसा डाल दिया। गोबर उठा दिया। फिर रोटी बनायी और हार खेत चले गये। वहाँ शाम तक काम किया और लौटते वक़्त जानवरों के लिए चारा काट कर ले आये। तब पल भर की फुरसत नहीं रहती

---

72. बाबा मायाराम, 45 वर्ष, लेखक–पत्रकार, पचमढ़ी रोड, पिपरिया, साक्षात्कार : फ़रवरी, 2017
73. कमला बाई राजपूत, 80 वर्ष, किसान, अशोक वार्ड, पिपरिया, साक्षात्कार : फ़रवरी, 2017
74. तारा बाई कुचबधिया, 75 वर्ष, श्रमिक, कंजर मोहल्ला, पिपरिया, साक्षात्कार : अगस्त, 2017
75. हरगोविन्द राय, 57 वर्ष, किसान, पलिया पिपरिया, साक्षात्कार : फ़रवरी, 2017
76. गोपाल राठी, 59 वर्षीय, शैक्षिक कार्यकर्ता, साँडिया रोड, पिपरिया, साक्षात्कार : फ़रवरी, 2017

थी महिलाओं के पास। फिर बिर्रा, ज्वार का दरिया दरते थे। जब कुटकी बोते थे तब मिट्टी का कुनीता बनाते थे, ख़ूब बड़ा और उसमें लकड़ी की मूठ लगाते थे। सुबह चार बजे से कुटकी दरते थे। फिर सुबह उसको धूप में सुखाते थे। समा को भी कुनीता में दरते थे। फिर मूसल से ओखली में कूटते भी थे। तीन–चार बार कूटना पड़ता था तब उसमें से चावल निकलते थे। समा में सात फुकली रहती हैं और धान में एक ही रहती है। अब तो मशीन चक्की की सुविधा है। हमरी सास ने कभो पनचक्की को पिसो नईं खाओ।[77]

1900 के आसपास विकसित गाँवों में तेल निकालने के लिए तेलघानी होती थी। घानी लकड़ी की बनी होती थी और उसे एक बैल घुमाता था। उसमें अधिकतर तिली को पेर कर तेल निकाला जाता था। इस काम को करने वाले लोग तेली, तैलिक और बाद में साहू कहलाये। मेरे बचपन में यहाँ मोटे क़िस्म की धान का प्रचलन था। 16 नम्बर धान थी, छत्री धान, भागमूछ और कालीमूछ धान थी। अन्य कई देसी धान भी थीं। अब इनकी जगह मोटी धान जैसे क्रान्ति धान ने ले ली है। अब क्रान्ति धान या पतली धान में बासमती का प्रचलन ज़्यादा हो गया है। पुरानी मोटी धान अब चलन से बाहर हो गयी है। तुअर क्षेत्र की पुरानी और प्रसिद्ध दाल है पर अब तुअर भी कम बोयी जा रही है। उसका रकबा कम हो गया है।[78]

पहले समा–कुटकी बोते थे। फिर मूँगफली बोने लगे। बाद में गेहूँ, उड़द, मूँग भी बोने लगे। सब्ज़ियों में भटा, टमाटर, मिर्ची, गिलकी, मूली, ककड़ी और कंदे लगाते थे। बाईचारे खेती–किसानी का पूरा काम करती थीं। घर की रोटी भी बनाती थीं। खेत में क्यारियाँ बनायीं। मोठ हाँक कर सिंचाई की। जरेटा काटे। फिर जानवरों को भी चारा–पानी दिया। निंदाई–गुड़ाई करना और फिर फ़सल की कटाई भी करना। पहले हमारे पास दो जोड़ी बैल थे।

77. मत्था बाई मौर्य, 56 वर्ष, किसान, पिपरिया, साक्षात्कार : जुलाई, 2008

78. हरगोविन्द राय, 57 वर्ष, किसान, पलिया पिपरिया, साक्षात्कार : फ़रवरी, 2017

अपनी दो एकड़ ज़मीन है उसी में सब करते रहते हैं। पहले धान में उरईकान्त 16 नम्बर और झीमा करधना लगाते थे। गेहूँ में लोकमन 65 नम्बर और जलालिया गेहूँ ज़्यादा चलता था।[79]

1940–50 के आसपास लोग समरिया–कुटकिया खाते थे। बागुड़ में मारू भटा लगाते थे। उसी की साग बनती थी। बेर की साग भी बनाते थे। चैत में ज्वार खाते थे और फिर बिर्रा यानी चना व गेहूँ के आटे की रोटी खाते थे। झुरझुरी झाड़ियों में होती थी। उसके फल के बीज निकाल कर आटा बनाते और फिर उसकी रोटी खाते। मही और बेसन बनाते, उसे लपटा कहते थे। कोदो और समा की महेरी बनती थी। उस ज़माने में पाई भर घी आठ–दस आना में मिल जाता था। कोई लेने वाला नहीं था। शादी तक में कुटकियों की पंगत दी जाती थी। कई लोग ज्वार के रवा से भी काम चलाते थे। उसका लकचा बना लेते थे।[80]

गेहूँ बहुत दुर्लभ होता था उन दिनों। सिर्फ़ बड़े लोगों को ही गेहूँ उपलब्ध होता था। किसी के घर गेहूँ की पूरी जिसे सुहारी कहते थे, बन जाती थी तो उसे बड़ा अमूल्य माना जाता था। बनखेड़ी दाल चावल का क्षेत्र है। गेहूँ बाद में आया।[81]

देसी खाना खाते थे। बिर्रा की रोटी खाते थे। पिसी तो कोई मिजवान आ जाते थे तब बनती थी। मिजवानों के लिए ही चावल बनते थे। घर के लिए दरिया। अब तो सब खा रहे हैं।[82]

पेजा ग़रीब का भोजन था। पेजा में ज्वार या मक्का के थोड़े से आटे को पानी में डालकर उबाल लेते थे और उसी को पूरा परिवार

---

79. मत्था बाई मौर्य, 56 वर्ष, किसान, पिपरिया, साक्षात्कार : जुलाई, 2008
80. हजारीलाल वर्मा उर्फ़ हज्जी पटेल, 96 वर्ष, किसान, सिलारी, साक्षात्कार : अक्टूबर, 2016
81. हरगोविन्द राय, 57 वर्ष, किसान, पलिया पिपरिया, साक्षात्कार : फ़रवरी, 2017
82. नाथूराम अहिरवार, 80 वर्ष, श्रमिक, अयोध्या बस्ती, पिपरिया, साक्षात्कार : फ़रवरी, 2017

पीकर भूख मिटाता था। इसी तरह भूँजा भी चलता था। भूँजा में चने को पीस कर उसमें कनकी डालकर उबाल लेते थे।[83]

1950–55 में हम समासीका खाते थे। उसको भूँज लें और उसी की रोटी खाते थे। समा, कोदो और राहड़ की रोटी भी खायी है हमने। सींच तो अब चली है। एक साल काली ज्वार सड़ गयी थी। उसकी रोटी भी खायी है। उसी का लकचा और रवा खाया है। तब शादी ब्याह में भी चावल नहीं मिलता था। ज्वार के रवा से काम चलाना पड़ता था। उसका लकचा बनाते थे। अब तो हीरा मोती खा रहे हैं और मर रहे हैं। हीरा मोती गेहूँ–चावल हे कह रहे हैं। पहले कभी किलो भर चावल ले आते थे तो लुका के धर देते थे कि मेहमान आयेंगे तब बनायेंगे। साग मोल नहीं लेते थे। कभी कुआड़ की भाजी बन रई। कभी कनकउआ की भाजी बन रई है। दौड़िया की भाजी बन रई है। ऐसी भाजी खाते थे। पहले दूध बहुत होता था। ढोर बहुत थे। एक पइसा पाव दूध बिकता था। एक पइसा सेर का घी खाया है।[84]

हम ज्वार खाते थे। माँ टुकनियाँ बनाके बेच के आके फिर ज्वार लाती थीं। जिस दिन माताराम पिसी ले आती थी तो समझो हमने बहुत अच्छा खाना खाया।[85]

हम बाज़ार से बीज नहीं ख़रीदते थे। घर का बीज ही इस्तेमाल होता था। 65 नम्बर शरबती गेहूँ लगाते थे। मुंडी पीसी (गेहूँ) भी लगाते थे। उसमें सुकरा यानी रुएँ नहीं होते थे।[86]

---

83. मौर्य, नारायणदास, 'पिपरिया 2000', समानता प्रकाशन, पिपरिया, म.प्र., प्रकाशन वर्ष : 2000
84. सुमन बाई गूजर, 80 वर्ष, किसान, गूजरपुरा पुरानी बस्ती, पिपरिया, साक्षात्कार : अप्रैल, 2017
85. हरिकृष्ण बंसकार, 46 वर्ष, पुश्तैनी बाँस श्रमिक, लोहिया रोड, पिपरिया, साक्षात्कार : अप्रैल, 2017
86. हजारीलाल वर्मा उर्फ़ हज्जी पटेल, 96 वर्ष, किसान, सिलारी, साक्षात्कार : अक्टूबर, 2016

बचपन में सुना है कि कुछ कहावतों में कहा जाता था कि यहाँ का किसान आलसी है। वो मेहनत नहीं करता। अरहर सब लगाते थे। अरहर बहुत दिनों में होती है और इसमें ज़्यादा मेहनत भी नहीं लगती। यहाँ गेहूँ से ज़्यादा दाल होती थी। ज्वार भी बहुत होती थी और वह खायी भी जाती थी। गेहूँ खाने वाले कुछ बड़े लोग ही थे। चावल की कई क़िस्में भी यहाँ होती थीं। बनखेड़ी वाले पूरे क्षेत्र में धान बहुत होता था। यहाँ दाल से ज़्यादा धान होता था। धान यहाँ कपास की खेती बन्द होने के बाद आयी। अरहर की दाल खाने के अलावा उसकी फ़सल से मकान को छाना, मकान को बनाना, बाउंड्री करना, झाड़ू बनाना आदि काम भी लिए जाते थे।[87]

1960 के आसपास 16 हाथ पर पानी निकल आता था। कुआँ से मोठ से पानी देते थे। मोठ चमड़े की होती थी जिसे बैल खींचते थे। फिर सींच वाली पिसी बोने लगे। एक पाई पिसी बोते थे तो एक डेढ़, बोरा गेहूँ निकल आता था। उस समय भारबती, कट्टी, लाल पिसी बोयी जाती थी। कम–से–कम 15 फ़सलें ऐसी हैं जो अब कम या बिल्कुल नहीं बोयी जातीं। समा, कुटकी, कोदो, बाजरा, उरदा, मूँग और राहड़ अब फिर से थोड़ी बोयी जाने लगी हैं। ज्वार जब से गयी, लौटी नहीं अब तक। उसकी जगह मक्का आ गया है।[88]

तौर-तरीक़े और बदलाव

उस समय खेती करने का तरीक़ा सीधा था। खेत बखर दिया फिर एक बैल की मदद से बोनी कर दी। बोनी के लिए एक लकड़ी की नली को बैल खींचता था और एक आदमी नली में बीज डालता जाता था। इस तरह दो आदमी बोनी कर देते थे। खाद नहीं डालते थे। कचरे को इकट्ठा करके खेत में डाल देते थे। या गोबर का

---

87. वीरेन्द्र दुबे, 62 वर्ष, शैक्षिक कार्यकर्ता, पचमढ़ी रोड, पिपरिया, साक्षात्कार : मई, 2017
88. जसवन्त सिंह अहिरवार, 74 वर्ष, श्रमिक, लोहिया वार्ड, पिपरिया, साक्षात्कार : फ़रवरी, 2017

खाद डालते थे। पहले चार एकड़ पर दो बैल ज़रूर रहते थे। पानी की खेती बाद में शुरू हुई। कुएँ खुदने लगे। नलकूप लगने लगे। इससे फ़सल अच्छी होने लगी। फिर किसानों ने नहर की माँग की। फिर नहर भी आ गयी और पानी से फ़सल ज़्यादा होने लगी। नहर आये भी 60 साल हो गये होंगे। अब हर खेत में नलकूप है और बिना पानी की कोई फ़सल नहीं है। अब बिना दवाई के भी फ़सल नहीं होती। जब पानी नहीं था तो खाद भी नहीं थी। पानी के साथ दवाई भी आयी। गेहूँ–चना कुछ भी बोएँ खाद में डीएपी मिलाना ही पड़ता है।[89]

पहले सबके अपने बिंडे होते थे और वे किराये से भी चढ़ते थे। एक बिंडे में क़रीब दो सौ बोरे माल बन जाता था। ज़मीन में गड्ढा खोदकर उसमें तेंदूपत्ता डालकर उसके ऊपर माल रखते जाते थे और उसमें बुरादा और भूसा भर देते थे जो गर्माहट को इधर नहीं होने देता था। ऐसा इन्तज़ाम करते थे कि कितना भी पानी गिरे उसके भीतर नहीं जा पाता था। कीड़े भी नहीं जा पाते थे तो माल ख़राब नहीं होता था। हालाँकि उस समय मण्डी में दो–चार हज़ार बोरे माल ही आता था। आज तो मण्डी में रोज़ाना 20–25 हज़ार बोरे माल आ रहा है। सिंचाई से उत्पादन बहुत बढ़ गया।[90]

पहले खेती कम ख़र्चीली थी। स्वावलम्बी खेती होती थी। एक पैसे का सामान किसान बाहर से नहीं ख़रीदता था। घर के लिए ज़्यादातर सामान किसान ख़ुद पैदा कर लेता था। बरसात भर गाँव में जानवरों को बाँधने के लिए गिरमे तैयार किये जाते थे, सन की रस्सी से। सारे काम बँधे और तय होते थे। कंडे का बिंडा रखना है। अनाज का बिंडा रखना है। खाद का बिंडा खुलना है। स्वावलम्बी किसानी में किसानों की आत्महत्या के क़िस्से भी सुनाई नहीं देते थे

---

89. कमला बाई राजपूत, 80 वर्ष, किसान, अशोक वार्ड, पिपरिया, साक्षात्कार : फ़रवरी, 2017

90. सुरेश कुमार गोदानी, 68 वर्ष, दाल मिल मालिक, मोहता प्लाट, पिपरिया, साक्षात्कार : मई, 2017

और आज तीन फ़सलों के ज़माने में किसान आत्महत्या कर रहा है। खेती से स्वावलम्बन ख़त्म हो जाना इसका बड़ा कारण है। एक समय किसान आठ–दस फ़सलें बोता था। धनिया, अजवाइन, सौंफ, अलसी, तिल्ली, बटरा, तुअर, तिवड़ा, मसूर आदि हर फ़सल बोयी जाती थी। ज़रा भी बड़ा किसान होता था तो उसके घर 50 ढोर होना मामूली बात थी। एक इकॉनामी थी किसान की। दूध–घी बाज़ार से नहीं लेना। पशुओं के लिए चारा बाज़ार से नहीं लेता। कंडे और लकड़ी बाज़ार से नहीं लेना। तो किसान सम्पन्न भले न हो पर स्वावलम्बी था। पहले सिलारी, रायखेड़ी, हथवाँस जैसे आसपास के गाँव के लोग ही कभी–कभी मज़दूरी करने शहर आया करते थे। आज तो दूर–दूराज से मज़दूर आते हैं।[91]

मशीनीकरण की खेती में भई एक तो जो हो गओ आज अपने बैल मिट गये और फ़सल अपन ने बीस हज़ार की पैदा करी तो पाँच दस हज़ार तो ट्रेक्टर वालो ले गओ। पाँच हज़ार खतोरा में चले गये। चार पाँच हज़ार बिजली में चले गये। अब इसके बाद घर की समस्या कछु आ गयी तो अपन ने कोई से पैसा धेला ले लयो तो क़र्ज़ हो गयो। आज की खेती में लग्गतें इत्ती ज़्यादा हो गयी और फ़सल में उत्तो रह नईं गयो। तो पहले खेती छोटी थी पर वा में क़र्ज़ जैसी समस्या नईं थी।[92]

खेतिहर मज़दूर यहीं मिल जाते थे। बाहर के लोग बहुत कम आ पाते थे। उस समय आवश्यकता उतनी नहीं थी। जब से ये कीटनाशक दवाइयाँ चली हैं तब से लोगों को बाहर से बुलवाना पड़ा है। इससे ज़मीन नष्ट हो रही है। पहले घर के लोग और गाँव के मज़दूर ही मिल जाते थे। पहले बरसात पर निर्भर रहते थे। अब पंप लगा लिया है। पहले हरवाहों चरवाहों को अनाज देते थे।

---

91. श्रीगोपाल गांगुड़ा, 60 वर्ष, व्यवसायी–समाजसेवी, मंगलवारा बाज़ार, पिपरिया साक्षात्कार : जून, 2017
92. छोटेलाल, 67 वर्ष, किसान, पलिया पिपरिया, साक्षात्कार : जुलाई, 2008

जब बाहर के लोग आये तो वे अनाज और नकद दोनों माँगने लगे। इसे ज़्यादा समय नहीं हुआ है।[93]

मध्य प्रदेश में पहले धान इतनी होती थी कि हर घर का ख़र्च चल जाता था। धान की चक्की होती थी। उसमें धान दरबा लेते थे। पहले तुअर की दाल हर आदमी घर बनाता था। तेल और हल्दी मिलाकर दाल सुखाना और फिर दरना। वह बहुत स्वादिष्ट होती थी। अब ज़मीन में बहुत फ़र्क़ हो गया है। कीटनाशक डाल–डाल कर ज़मीन पत्थर बना दी। पहले ज़मीन बखर से निकल जाती थी। अब ट्रैक्टर से निकालना पड़ता है। अब कल्टीवेटर का काम भी ख़त्म हो रहा है। अब पिलाऊ से ज़मीन को बखरना पड़ रहा है। ज़मीन इतनी हार्ड हो गयी है। 40 साल पीछे जाओ आप। घर में, आँगन में, खेत में इतने केंचुए होते थे कि लोग झाड़–झाड़ के परेशान हो जाते थे। कच्चे घर होते थे। बारिश जब होती थी तो केंचुए पूरी दहलान में निकल आते थे। एक व्यक्ति का यही काम रहता था कि बारिश में केंचुए झाड़ते रहो। खेत में हल बखर जब चलते थे। नारी चलती थी। मिट्टी जब उलटती थी तो उसमें केंचुए होते थे। अब हमने ज़मीन में ज़हर डाल–डालकर केंचुए मार डाले। तो पिछली खेती की ज़मीन और आज की ज़मीन में बड़ा अन्तर है।[94]

'1980 के दशक के अन्त तक सोयाबीन बोया जाने लगा और फिर लगभग दस–बारह साल तक सोयाबीन की फ़सल से बहुत समृद्धि मिली। सरकार ने उसे काफ़ी प्रमोट भी किया। बीज की मुफ्त थैली दी जाती थी और बताया जाता था कि सोयाबीन से दूध और प्रोटीन की अच्छी मात्रा मिलती है। सोयाबीन की खेती में बड़ी मात्रा में रसायनिक तत्त्वों का इस्तेमाल होता है। धीरे–धीरे ज़मीनें ख़राब होने लगीं। जड़ें निकलने के कारण ज़मीनें दबने लगीं। बखर की जगह ट्रैक्टर चलने लगे और ढोर मवेशी, जिनसे ख़र्चा

---

93. अनन्तराम साहू, 85 वर्ष, समाजसेवी, साँडिया रोड, पिपरिया, साक्षात्कार : अगस्त, 2017
94. अर्जुन पलिया, 70 वर्ष, पूर्व विधायक, बाँसखेड़ा, साक्षात्कार : जुलाई, 2017

पानी चलता था, कम होते गये। पानी और बिजली आने से लोगों ने ज़मीन को ज़्यादा दुहना शुरू किया और दो–तीन फ़सलें बोयी जाने लगीं। नतीजतन खेती में प्राकृतिक तत्त्व ख़त्म होते जा रहे हैं या ख़त्म हो चुके हैं।

यहाँ दो तरह से पानी आया, एक तवा की नहर जो पिपरिया तक ही आयी उत्तर में, उसमें लोगों ने सोयाबीन और गेहूँ लगाया। उससे उनकी माली हालत में सुधार आया। इसके पतन में नीतियों का भी कुछ हाथ रहा। सोयाबीन के दाम पहले जैसे नहीं रहे। आज समस्या यह है कि खेती ही प्रमुख स्रोत हो गयी है।

पहले लोग ढोर रखते थे। गाय के बछड़े खेतों में चरते थे और उनका गोबर खाद बनाने के काम आता था। जो खेत से निकलता उसे गायें खाती थीं। अब चरने के लिए ज़मीन नहीं बची है। ढोर रखना भी समस्या बन गया है। ढोर आवारा हो गये हैं। घूम रही है पिपरिया की विरासत सड़कों पर। आवारा गाय मर रही हैं। सब चीज़ें परस्पर जुड़ी हुई हैं। उसमें खेती एक मशीनी प्रक्रिया नहीं, बल्कि जीवन पद्धति हुआ करती थी। अब कोई भी खेती की बात करता है तो उत्पादन की बात करता है। हर खेत, हर मिट्टी की एक सीमित उत्पादन क्षमता होती है और हर पैमाना दूसरे से अलग होता है।'[95]

अब ढोर रखन में गाँव के लोगों को असुविधा होने लगी है। काय कि चरवाह कम मिलत है और वे खुद चरावे में सक्षम नहीं है। चरोखर बिल्कुल नहीं बची है सब टूट गयी है। खेत ही बचे हैं। पहले चरोखर की बहुत ज़मीन थी।[96]

---

95. बाबा मायाराम, 45 वर्ष, लेखक–पत्रकार, पचमढ़ी रोड, पिपरिया, साक्षात्कार : फ़रवरी, 2017

96. छोटेलाल, 67 वर्ष, किसान, पलिया पिपरिया, साक्षात्कार : जुलाई, 2008

हल, बक्खर और बीजारोपण, पलिया पिपरिया गाँव, वर्ष : 2008
स्रोत : जतन ट्रस्ट

धान की रोपाई, पलिया पिपरिया गाँव, वर्ष : 2008
स्रोत : जतन ट्रस्ट

फ़सल से दाने निकालने की प्रक्रिया (दाऊनी), पलिया पिपरिया गाँव, वर्ष : 2008
स्रोत : जतन ट्रस्ट

तेलघानी, पलिया पिपरिया गाँव, वर्ष : 2008
स्रोत : जतन ट्रस्ट

मोठ से पानी खींचते हुए बैल, वर्ष : 1940
स्रोत : सेंटर फ़ॉर कम्युनिटी नॉलेज

मोठ की बाल्टी, वर्ष : 2011
स्रोत : जतन ट्रस्ट

तेंदूपत्ता, बग़ीचे और पान के बरेजे

मध्य भारत के अधिकांश हिस्सों में तेंदू वृक्ष पाया जाता है। इसकी शाखों से तोड़े जाने वाले तेंदूपत्ते बीड़ी के उत्पादन में इस्तेमाल किये जाते हैं। पत्तों को तोड़ने और एकत्रित करने में कड़ी मेहनत लगती है। अधिकतर यह कार्य ग्रामीण आदिवासियों को सौंपा जाता है। लम्बे समय तक राज्य सरकारों के अधिकार–क्षेत्र के अन्तर्गत आने वाले जंगलों से पत्ता तोड़ा जाता था। इस काम के लिए निजी ठेकेदारों को किराये पर ठेके दिये जाते थे। यह ठेकेदार स्थानीय आदिवासियों से दिहाड़ी की एवज़ में पत्ते तोड़ने का काम लेते थे। इसमें जहाँ आदिवासी समुदाय को मज़दूरी मिली वहीं व्यापारी हमेशा ग़ैरआदिवासी रहे। 1960 के दशक में मध्य प्रदेश सहित कई राज्य सरकारों ने निजी ठेकेदारी प्रथा पर रोक लगाते हुए तेंदूपत्ते का राष्ट्रीयकरण कर दिया।

तेंदूपत्ता के पहले ठेका होते थे। फारेस्ट वाले नहीं तोड़ते थे। ठेका दे देते थे। जबसे फारेस्ट वालों ने तोड़ना चालू किया है तब से तेंदूपत्ता का काम ख़राब हो गया। ठेकेदार एक–दो रुपये मज़दूरी देते थे। दो–तीन साल पहले तक तो गोदाम का ख़र्चा नहीं निकल पाता था। पत्ता सड़ गया तो फेंकना पड़ता था। उन्होंने अगर लाल पत्ता तोड़ लिया तो नुक़सान हो जाता था। कुछ साल ऐसे ही चला फिर उन्होंने इसे बन्द कर दिया और फिर से फारेस्ट वालों ने ठेका देना शुरू किया। तेंदूपत्ता तोड़ने जाते समय बीमा भी होने लगा है।

पत्ता तोड़ते समय साँप काट लेता है तो कई बार मौत भी हो जाती है। उसका मुआवज़ा मिलता है।[97]

पिपरिया में तेंदूपत्ते का काम मणी भाई राघवजी कोठारी ने किया। इन्हें लोग मन्नी सेठ के नाम से जानते हैं। पहले वे सोहागपुर में तेंदूपत्ते का काम करते थे। चालीस के दशक में वे पिपरिया आ गये। तेंदूपत्ता उस समय मालगुजारी के अन्तर्गत आता था। तेंदूपत्ते का राष्ट्रीयकरण होने से पहले बड़ा व्यापार था। तेंदूपत्ता बम्बई जाता था। वहाँ फुटकर बिकता था। बम्बई में वहाँ की अंग्रेज़ सरकार ने बाहर की बीड़ी पर प्रतिबन्ध लगा रखा था। बीड़ी बम्बई में ही बनायी जाती थी इसलिए तेंदूपत्ता फुटकर बहुत बिकता था।[98]

'हम लोग गुजरात में राजकोट से 30 किमी दूर पिपरिया के रहने वाले हैं। वहाँ पुश्तैनी माताजी का मन्दिर था। फिर मेरे पिता छोटालाल कोठारी बम्बई चले गये। वहाँ पिताजी ने दो सौ रुपये से बीड़ी पत्ते का काम शुरू किया। बाद में उन्हें मालूम पड़ा कि सबसे अच्छा बीड़ी पत्ता मध्य प्रदेश में होता है। फिर वे यहाँ पिपरिया शिफ़्ट हो गये। यह क़रीब 1930–40 के आसपास की बात होगी। बीड़ी पत्ते का धन्धा करने लगे। यहाँ बीड़ी पत्ते के टेंडर लेते थे। पहले गवर्नमेंट की तरफ़ से फ्री था। फिर सरकार की नज़र पड़ी और हम सरकार से टेंडर लेने लगे। हमारा ऑफ़िस बाम्बे में था। वहाँ दुकान पर बेचते थे। फिर बाम्बे का बिजिनेस भी ख़त्म हो गया। ये बिजिनेस फिर बीड़ी बनाने वाली कम्पनियों के हाथ में चला गया। काम बढ़ गया तो मेरे पापा और काका यहाँ रह गये और छोटे काका बाम्बे में रहे। यहाँ आज भी बीड़ी पत्ते का ही काम कर रहे हैं। गाँव के लोग भी इसमें इन्वॉल्व हो जाते हैं। वे बीड़ी पत्ता तोड़ते हैं। जैसे अपन ने जंगल का टेंडर लिया। फिर गाँव वालों से बीड़ी पत्ता तुड़वाते हैं।

97. बुद्धू सिंह उइके, 75 वर्ष, ट्रक ड्राइवर, गोंडीपुरा पुरानी बस्ती, पिपरिया, साक्षात्कार : अप्रैल, 2017

98. मौर्य, नारायणदास, 'पिपरिया 2000', समानता प्रकाशन, पिपरिया, म.प्र., प्रकाशन वर्ष : 2000

फिर गड्डी बनाकर हमारे फड़ पर जो मुंशी–मुक़द्दम होते हैं वो ले लेते हैं। उनकी गिनती होती है और सरकारी दर पर पेमेंट हो जाता है। पत्ते को प्रोसेस करके सरकार के गोदाम में रखते हैं। फिर बीड़ी बनाने वाली कम्पनियाँ पत्ता ख़रीद लेती हैं।

पहले नीलामी में जंगल ख़रीदते थे। फिर सारा काम अपना होता था। मुक़द्दम होते थे। जीपें घूमती रहती थीं। पहले रोड नहीं होने से दिक़्क़त होती थी। यहाँ इसलिए बसे कि होशंगाबाद और छिन्दवाड़ा के जंगल लेते थे। यहाँ बीड़ी बनती थी। नंदी बीड़ी, फूल बीड़ी आदि। हम लोगों ने कभी बीड़ी बनाने का काम नहीं किया। अब तक तेंदूपत्ता का काम चल रहा है। पहले राजाओं को पटाना पड़ता था। हमारा एक जंगल बमनी में था। वहाँ के राजा को पटा के रखना पड़ता था। पैसे भी खिलाना पड़ता था। उनका आना–जाना रखना पड़ता था। पहले एडवांस भी देना पड़ता था कि अपना काम करें। अगर वो जंगल हमें नहीं मिला तो एडवांस डूब भी सकता था। उधार देते थे और वे पत्ता में पटा देते थे। पहले पैसा भी बहुत डूबता था। आदिवासी राजा का कहना लोग मानते थे। अगर उसने कह दिया कोई पत्ता तोड़ने नहीं जायेगा तो लोग नहीं जाते थे। उनकी बात का मान रखना ज़रूरी होता था।'[99]

हम मन्नी सेठ के यहाँ 12 आना रोज़ में मज़दूरी किया करते थे। हमारा मुख्य काम फर्मा वाली बोरी में तेंदूपत्ता भरने का होता था। फिर फेंक–फेंक के एक के ऊपर एक बोरी रखते जाते थे। एक मन से लेकर 25–25 किलो की बोरी बनाकर डिलीवरी के लिए रखवाते थे। तेंदूपत्ता का काफ़ी काम रहता था।[100]

बग़ीचों की बात करें तो कहा जाता है कि 1960–70 तक हर बड़े ज़मीन मालिक के पास बग़ीचे थे। कई लोगों के दो–दो,

---

99. पीयूष कोठारी, 59 वर्ष, तेंदूपत्ता व्यवसायी, इतवारा बाज़ार, पिपरिया, साक्षात्कार : दिसम्बर, 2017

100. नाथूराम अहिरवार, 80 वर्ष, श्रमिक, अयोध्या बस्ती, पिपरिया, साक्षात्कार : फ़रवरी, 2017

चार–चार बग़ीचे थे। उन दिनों सन्तरा बहुत होता था। सबसे ज़्यादा बग़ीचे सन्तरे के ही थे। फिर आम और अमरूद का नम्बर आता था। उसके बाद कुछ बग़ीचे मुसम्बी के थे। बाहर से लोगों के आने का कारण ये बग़ीचे भी बने। सीजन के समय मालिक इन बग़ीचों को लीज़ पर बेच देता था। बाहर के कई लोग ये बग़ीचे ख़रीदने यहाँ आते थे।[101]

हमारे पिता सन्तरे और अमरूद के बग़ीचे ख़रीदते थे। कोई दस हज़ार तो कोई पाँच हज़ार में। ये फल ट्रेन से आगरा, अलीगढ़, दिल्ली, पुणे और नागपुर तक भेजते थे। उस समय पिपरिया और आसपास के गाँवों में ख़ूब बग़ीचे थे। सरकारी सिलारी फार्म पहले नहीं था। वहाँ निजी बग़ीचा था। हथवाँस में एक रघुवंशी का बग़ीचा भी लिया था। बड़ैयाखेरी, चिमारा, सुरेला, माथनी, हथवाँस और सिलारी के बग़ीचे भी लिए हैं। ऑफ़ सीजन में पिताजी सब्ज़ी की दुकान लगाते थे मंगलवारा बाजा़र में। अब हम नयी मण्डी में लगाते हैं। पिताजी ने पचमढ़ी मिलिट्री में सब्ज़ी भेजने का ठेका भी लिया था। इन्दिरा गाँधी के समय तक बग़ीचे रहे फिर धीरे–धीरे ख़त्म हो गये। पेड़ काट कर उसकी जगह पिसी बो दी गयी। नयी पीढ़ी बग़ीचों की सार सँभाल नहीं कर पायी। कभी यहाँ इतने फल होते थे कि बाहर भेजे जाते थे। और आज तो सन्तरा भी बाहर से मँगवाया जा रहा है।[102]

हमारे दादा आये थे सागर के इलाक़े से। यहाँ सन्तरे बहुत होते थे। वे सन्तरे की ख़रीदी के लिए यहाँ आते थे। दादा यहाँ से वैगनों में सन्तरे लोड करते थे। उनके बाद पिताजी यह धन्धा करने लगे। जब पिताजी ख़त्म हुए तो हम तीन साल के थे। हमारे चाचा फलों का काम करते थे। बग़ीचे लेते थे। उदयराम और काबराजी के बग़ीचे चाचा लेते थे। सन्तरा, अमरूद, आम, डंगरे–कलीदे यहाँ ख़ूब होते थे।[103]

---

101. बग़ीचे ख़रीदने का अर्थ बग़ीचों को मौसमी लीज़ (किराये) पर लेना होता था।
102. मंगो बाई, 79 वर्ष, सब्ज़ी विक्रेता, बरौआ मोहल्ला, पिपरिया, साक्षात्कार : मार्च, 2017
103. अब्दुल सलाम, 75 वर्ष, फल व्यापारी, सरदार वार्ड, पिपरिया, साक्षात्कार : जुलाई, 2017

पिताजी बैरागढ़ में रहे। बाद में पिपरिया आये। वे पहले यहाँ सन्तरे के बग़ीचे लेने आते थे। 1960 के आसपास यहाँ सन्तरे के बहुत बग़ीचे थे। नीबू, अमरूद और मुसम्बी के भी थे। आम के बग़ीचे में तो मैं भी रहा हूँ। अब फिर से बग़ीचे बढ़ रहे हैं।[104]

जिसमें आज बिलोची (असल में ईरानी) रह रहे हैं, वो पहले हमारी अमवारी थी। बड़ा आम का बग़ीचा था। नदी के किनारे भी हमारा एक बग़ीचा था। वो विनोबा भावे के दान में चला गया। वो कैसे दान में गया यह तो नहीं पता लेकिन वह आठ एकड़ ज़मीन थी।[105]

पुराने ज़माने में मध्यमवर्गीय घरों में पानदान हुआ करता था। बाद में वह बच्चों के खेलने के काम आने लगा, क्योंकि पान तम्बाकू बाँस की एक छोटी–सी टुकनिया में रखा जाने लगा था। इस इलाक़े के बहुत लोगों के घर में ऐसे पुराने पानदान मिल जायेंगे। कहते हैं पुराने समय में गुड़ाकू तम्बाकू यहाँ बहुत चलती थी। यहाँ के लोक गीतों में भी पान–तम्बाकू का ज़िक्र आता है। पहले गाँवों में चाय का रिवाज नहीं था। कोई आता था तो उसे पानी पिलाकर पान–तम्बाकू खिलायी जाती थी।

यह इलाक़ा पान की खेती के लिए भी मशहूर रहा है। कहना मुश्किल है कि पान कैसे लगाना शुरू किया लेकिन सोहागपुर और पिपरिया में एक समय पान के बरेजे हुआ करते थे। चौरसिया समाज पान की खेती के लिए ही जाना जाता है। इसके लिए पूरी ज़मीन को ढँकना पड़ता है। लकड़ी और बाँस से छप्पर तैयार किया जाता है। उसके अन्दर इसकी खेती होती है। लगातार पानी देने से अन्दर बहुत ठण्डक रहती है। पान के साथ परमल की बेल भी होती है। इस देसी परमल की सब्ज़ी बहुत स्वादिष्ट होती है। इस ढँकी हुई जगह

---

104. सलीम, 62 वर्ष, व्यवसायी, हैदर की पुलिया, पिपरिया, साक्षात्कार : जुलाई, 2017
105. गणपत सिंह राजपूत, 75 वर्ष, पूर्व नगरपालिका अध्यक्ष, इतवारा बाज़ार, पिपरिया, साक्षात्कार : जुलाई, 2017

को ही बरेजे कहा जाता है। एक समय सोहागपुर का पेड़ी पान बहुत प्रसिद्ध था। पिपरिया में देसी बंगला पान पैदा होता था। सम्भवतः कपास की खेती बन्द होने के बाद पान आया होगा। सोहागपुर में पान की खेती बड़े पैमाने पर होती थी। हो सकता है चौरसिया समाज के कुछ लोग जब पिपरिया शिफ़्ट हुए तो उन्होंने यहाँ भी पान के बरेजे लगाना शुरू कर दिया। एक ज़माने में सोहागपुर में पान के क़रीब सौ बरेजे रहे होंगे। 50 के क़रीब तो अपनी पिपरिया में ही थे।[106]

106. वीरेन्द्र दुबे, 62 वर्ष, शैक्षिक कार्यकर्ता, पचमढ़ी रोड, पिपरिया, साक्षात्कार : मई, 2017

पान का बरेजा, वर्ष : 2017
स्रोत : विकिमीडिया कॉमन्स

मध्य भारत में आम का बाग़, वर्ष : 2016
स्रोत : विकिमीडिया कॉमन्स

तेंदूपत्ते को तोड़ना, वर्ष : 2008
स्रोत : जतन ट्रस्ट

सिलारी फार्म में सैर के दौरान एक लड़की, वर्ष : 1980
स्रोत : रेखा व्योहार

पुराने कामधन्धे

रेलवे से जुड़े काम

पिपरिया और आसपास के इलाक़ों के लोगों को पहली मज़दूरी रेलवे ने ही दी। जंगल साफ़ करने से लेकर पटरियाँ बिछाने, मिट्टी डालने और रेल आने के बाद वैगन लोड करने में मज़दूरों को काम मिला। खेती में पहले काम कम था लेकिन पानी आने के बाद खेतिहर मज़दूरी भी बढ़ी। फिर जब व्यापार बढ़ा तो उससे भी लोगों को काम मिला। जब आबादी बढ़ने लगी तो ज़रूरत के हिसाब से कामधन्धे भी विकसित होने लगे।

हमने अंग्रेज़ों के समय रेलवे लाइन में मिट्टी डालने का काम किया है। तब अंग्रेज़ों ने कौड़ियाँ देकर मज़दूरी करवाई है। अंग्रेज़ फटफटू पर आते थे और लोग उनकी फटफटू देखने इकट्ठे होते थे। पर अंग्रेज़ों के समय लूटामारी नहीं थी।[107]

उस समय रेलवे में काम बहुत था और मज़दूर नहीं थे। लोगों को बुला–बुलाकर भर्ती करते थे। उस ज़माने में पुरानी बस्ती के कई लोगों को ऐसे ही भर्ती किया गया था। उनको बुलाया और बग़ैर इंटरव्यू के लगवा दिया, क्योंकि लोग आते ही नहीं थे काम करने के लिए। बाद में उनमें से कई फिटर और मिस्त्री भी बने। रेलवे में

107. चम्पू लाल गोंड, 98 वर्ष, श्रमिक, गोंडीपुरा पुरानी बस्ती, पिपरिया, साक्षात्कार : अक्टूबर, 2016

लेबर का काम चलता था। मज़दूर उस समय बहुत सस्ते थे। चार आने, आठ आने में मज़दूर मिल जाता था।[108]

हमरे ससुर रेलवे की दफाई में काम करते थे। एक चाबीदार थे वे ख़त्म हो गये तो उनकी नौकरी इन्हें मिल गयी। उन्होंने दो–दस साल नौकरी की और फिर छोड़ दी। असल में हमारे देवर बीमार हो गये तो बहू ने खेत में बखर हाँक दिये। इससे उन्हें धक्का पहुँचा और उन्होंने इस्तीफ़ा दे दिया। उसमें लिखा कि मेरे घर में तकलीफ़ है। बाई बखर हाँक रही है। अब मैं नौकरी नहीं कर सकता।[109]

पिपरिया में भाप की इंजन गाड़ी में कोयला झोकने वाले की भी ज़रूरत होती थी। जो बड़ी टोकनी इस काम में इस्तेमाल की जाती थी वह बेंत की बनी होती थी। उसे देसी बोली में झउआ कहा जाता था। बच्चों के दद्दा रेल में झउआ झोंकते थे।[110]

पहले मैं इधर कम आता था। देवी में ठेकेदारों का काम चलता था। हकीम भाई के यहाँ गिट्टी बोल्डर का काम करते थे। वहीं पास में ही नदी और पहाड़ के पास। गिट्टी बोल्डर तोड़ के रेलवे में भी देते थे। पूरे में इनकी गिट्टी उलचती थी। पहले हेल्पर बने। सफ़ाई और आइलपानी करते थे। जंगल में काम चलता था। कटाई, कोयला बनाने का और बैलगाड़ियों से लकड़ी ढोने का काम चलता था। बाँस–बल्ली सोहागपुर जाती थी। दो–तीन बैलगाड़ियाँ रखते थे। मैंने भी ढोया है।[111]

---

108. माखन आचार्य, 74 वर्षीय, साधक–ब्रह्मकुमारी मिशन, पिपरिया, साक्षात्कार : जुलाई, 2017
109. मत्था बाई, 56 वर्ष, किसान, साँडिया रोड, पिपरिया, साक्षात्कार : नवम्बर, 2008
110. सेवरती बाई बंसकार, 80 वर्ष, पुश्तैनी बाँस श्रमिक, लोहिया रोड, पिपरिया, साक्षात्कार : अप्रैल, 2017
111. बुद्धू सिंह उइके, 75 वर्ष, ट्रक ड्राइवर, गोंडीपुरा पुरानी बस्ती, पिपरिया, साक्षात्कार : अप्रैल, 2017

खेतिहर एवं मण्डी से जुड़े काम

पुराने ज़माने में गाँवों का आदमी 'चैत' करने जाता था। चैत यानी दूसरों की फ़सल काटने की मज़दूरी। चैत के मज़दूरों को चैतुआ कहा जाता है। दो–तीन महीने का चैत होता था। जंगल में आज भी आदिवासी चैत पर जाता है लेकिन मैदानी क्षेत्रों में यह परम्परा ख़त्म हो गयी है। वहाँ स्थानीय स्तर पर ही लोगों को रोज़गार मिलने लगा है।[112]

पिपरिया और नर्मदा किनारे की पट्टी में चैतुए आते थे। एक–एक गाँव के दस–बीस लोग मिलकर आते थे। चैतुए दो सौ–पाँच सौ के झुण्ड में आते थे। दो–तीन महीने में हर चैतुए को तीन–चार बोरा अनाज मिल जाता था। उन्हें लाने–ले जाने में निजी ट्रक वालों की बड़ी भूमिका होती थी। ख़ासकर जब वे अनाज की बोरियाँ लेकर अपने घर लौटते थे। ट्रक वाले बोरियों के हिसाब से किराया लेते थे। चैतुओं के चार–पाँच सौ रुपये भाड़े में ख़र्च हो जाते थे। मसूर, चना, मटरी बेचकर वे किराया चुकाते थे। इसके लिए उन्हें एक दो बोरा बेचना पड़ता था और एक दो बोरा ही वो घर ले जा पाते थे। चैतुओं के साथ सफ़र से जुड़ी दुर्घटनाएँ भी होती रहती हैं। वो साल में दो दफ़े आते थे। एक तो दीवाली के बाद और फिर गेहूँ–चना की कटाई में आते थे। पहले निंदाई में भी आते थे लेकिन अब वो बन्द हो गया है। निंदाई महीना भर चलती थी। अब दवाई सींच देते हैं तो निंदाई की ज़रूरत नहीं पड़ती।[113]

जब खेतों में मशीनीकरण होना शुरू हुआ तो पहाड़ से मैदान में आने वाले लोगों की रोटी भी प्रभावित हुई। कटाई का समय किसान और मज़दूर के मिलन का समय होता था। चैतुआ में गेहूँ और अन्य फ़सलों की कटाई के दौरान ये मेलजोल और बढ़ जाता था। पर

---

112. हरगोविन्द राय, 57 वर्ष, किसान, पलिया पिपरिया, साक्षात्कार : फ़रवरी, 2017
113. बुद्धू सिंह उइके, 75 वर्ष, ट्रक ड्राइवर, गोंडीपुरा पुरानी बस्ती, पिपरिया, साक्षात्कार : अप्रैल, 2017

हारवेस्टर जैसे उपकरण आ जाने से इस पूरी प्रक्रिया पर प्रभाव पड़ा। लोग अन्य काम तलाशने बाहर जाने लगे। बाहर जाने का एक अन्य कारण कम मज़दूरी मिलना भी है। मशीनीकरण के बाद बड़ी संख्या में पहाड़ी क्षेत्र के लोगों के लिए काम ही नहीं बचा।[114]

चैतुआ की प्रथा में स्थायी किसान और आदिवासी के बीच एक परस्पर रिश्ता बना रहता था। ये अमीर से ग़रीब के बीच पैसे और अन्य तरह के लेनदेन की एक महत्त्वपूर्ण कड़ी थी। बढ़ते शहरीकरण में स्थानीय स्तर पर होने वाले काम–धन्धों में चैतुआ जैसी प्रथा के उलट किसी विशेष समय के बजाय तक़रीबन पूरे साल ही मज़दूरों की आवाजाही बनी रहती है। इन मज़दूरों में अधिकतर अन्य राज्यों से रोज़गार की तलाश में आने वाले लोग शामिल होते हैं। दाल मिल, तेल मिल, तेंदूपत्ता जैसे छोटे–मोटे व्यापारों के साथ–साथ पिपरिया में ढोर चराने, मैला ढोने, बैलगाड़ी हाँकने और बाँस से रोज़मर्रा की ज़रूरतों का सामान बनाते श्रमिकों की कहानियाँ भी हैं।

पहले के मुक़ाबले अब बाहर से मज़दूर ज़्यादा आ रहे हैं। ख़ासतौर से बिहार से। इतना काम यहाँ के मज़दूर नहीं कर पाते, जितना वहाँ के करते हैं। अपने यहाँ का मज़दूर 25 बोरे में थक जाता है और वो सौ बोरा तक फेंक लेते हैं। सीज़न में कुछ महीने पैसा कमाते हैं और फिर घर लौट जाते हैं। काम को लेकर व्यापार में जो ईमानदारी है, वो भी उन्हें भाती है। आज पिपरिया में बिहार के एक हज़ार से अधिक मज़दूर होंगे।[115]

हम सेठ के ढोर चराने ख़ूब जंगल जाते थे। बदले में थोड़ा बहुत पैसा मिलता था। जब बड़े हुए तो हिम्माली करने लगे गाँधी बब्बा (गंगाप्रसाद गाँधी) के यहाँ। बोरा उठाते थे। मोरछली वालों

---

114. बाबा मायाराम, 45 वर्ष, लेखक–पत्रकार, पचमढ़ी रोड, पिपरिया, साक्षात्कार : फ़रवरी, 2017

115. सुरेश कुमार गोदानी, 68 वर्ष, दाल मिल मालिक, मोहता प्लाट, पिपरिया, साक्षात्कार : मई, 2017

के यहाँ से चावल का बोरा कन्धे पे धर के जयसिंह के बिल्डिंग पर ले जाया करते थे। आठ आना और चार आना में बोरे मिलते थे। बाद में 12 आना और फिर रुपइया हो गया। मण्डी में सारा अनाज पल्लेपार से बैलगाड़ी में आया करता था। पहले बहुत मेहनत का जीवन था।[116]

मैं कक्षा चार तक पढ़ा हूँ। फिर पिता की मौत हो गयी और पढ़ाई छूट गयी। मज़दूरी करने लगे। दाल मिल में काम किया। उस समय तीन आना रोज़ मज़दूरी मिलती थी। तब पाँच गोंड परिवारों के पास ही खेती किसानी थी। बाक़ी गोंड मज़दूरी ही करते थे।[117]

खेती के साथ हमारे पिताजी मज़दूरी भी करते थे। रेलवे स्टेशन के उस तरफ़ मालगोदाम थी। वहाँ वैगन में वे कोयला और सागौन की लकड़ियाँ भरते थे। मेरी माँ गल्ला बाज़ार में सेठ के गल्ले की दुकान में काम करती थी। उस सेठ की दो गायें और एक भैंस थी। उन्हें चराने के वो महीने में साढ़े चार रुपये देता था। यहाँ रेलवे स्टेशन पर एक कबेलू वाले लाल मकान के सिवा कुछ नहीं था। मैं ढोर चराता था जब जग्गू उस्ताद ने यहाँ अस्पताल का उद्घाटन करवाया था। राजेन्द्र बाबू आये थे। फिर थोड़ा होशियार हुए तो हमने बैलगाड़ी बनाई। बैलगाड़ी से ईंट, मिट्टी, रेत ढोना शुरू किया। उससे रोज़ी रोटी चलने लगी। फिर ट्राली आयी तो बैलगाड़ी का काम ख़त्म हो गया। फिर मँझले भैया ने ईंटों का धन्धा शुरू कर दिया। बड़े भैया के पास बकरियाँ थीं। मैं इधर–उधर मज़दूरी करता ही रहता था। मैंने मिस्त्रीगीरी भी की। इस तरह गुज़र बसर होती रही।[118]

---

116. नाथूराम अहिरवार, 80 वर्ष, श्रमिक, अयोध्या बस्ती, पिपरिया, साक्षात्कार : फ़रवरी, 2017
117. चम्पू लाल गोंड, 98 वर्ष, श्रमिक, गोंडीपुरा पुरानी बस्ती, पिपरिया, साक्षात्कार : अक्टूबर, 2016
118. जसवन्त सिंह अहिरवार, 74 वर्ष, श्रमिक, लोहिया वार्ड, पिपरिया, साक्षात्कार : फ़रवरी, 2017

इसी बस्ती में पैदा हुई और यहीं शादी हो गयी। पिता ढोर चराते थे। घर और बस्ती के ढोर चराते थे। तब एक ढोर के तीन रुपये महीना मिलते थे। बचपन में हार खेत जात थे।[119]

नये शहर के नये काम

1900 में सिलावट समुदाय के लोग मकान बनाने का काम करते थे। चूँकि वे शिल्पी थे और सिल–बट्टा बनाने का काम करते थे इसलिए उन्हें सिलावट कहा जाने लगा। वे कुंडी बनाते थे। मूर्तियाँ बनाते थे। मन्दिर के खम्भों पर शिल्पकारी करते थे। बाद में मकान भी बनाने लगे।[120]

हम घर पर टोकना बनाते थे। सौ बाँस की गाड़ी 25–30 रुपये में मिल जाती थी। दो महीने में सब बाँस खपा लेते थे। पहले यहाँ बाँस ख़ूब होता था। अपन चाहे जहाँ से बाँस मँगवा लेते थे। सोनपुर पर्रास से भी बाँस मँगवाया है। नहीं तो हमारे डुकर चले जायें और ठाकुरों से कटवा के ले आते थे। छह–सात साल से बाँस की ज़्यादा किल्लत हो रही है। बाँस मिलता ही नहीं है। कभी बनखेड़ी से ला रहे हैं। कभी कहीं से ला रहे हैं। अब एक बाँस 25–30 में मिलता है। 50 रुपइया तक एक बाँस मिल रहा है। गट्ठा पाँच सौ तक मिलता है। अब उतना काम नहीं है। इसी से कड़की है। बचपन में तरौन में चारा बेचते थे। कभी पिसी–चना काटते थे। खेत में रोटी लेके पहुँच गये। तरौन बड़ा है। पहले वहाँ बाज़ार लगता था। पिपरिया के सब तरौन जाते थे। सोनपुर पर्रास तक के लोग तरौन आते थे। पहले हमारे यहाँ 10–50 बकरी थीं। उनकी गड़रियों जैसी सार थी। बकरी का दूध बिकता नहीं था। उसे उबाल कर खोवा

---

119. सुमन बाई गूजर, 80 वर्ष, किसान, गूजरपुरा पुरानी बस्ती, पिपरिया, साक्षात्कार : अप्रैल, 2017

120. मौर्य, नारायणदास, 'पिपरिया 2000', समानता प्रकाशन, पिपरिया, म.प्र., प्रकाशन वर्ष : 2000

बना लेते थे। दो–दस साल बकरी रखीं, फिर बेच दीं। इन्हीं सब में गुजर हुआ करत थी।[121]

पिताजी ने 1926 में रेलवे ज्वाइन किया। झाँसी में रहे। फिर जबलपुर डिवीज़न में आ गये। सोहागपुर, पिपरिया, गाडरवारा रहे। फिर पिपरिया में आकर रिटायर हुए 1955 में। वे स्टेशन मास्टर थे। रिटायर होकर वो यहीं सेटल हो गये। जब कालाजर फैला तो पिताजी होम्योपैथी की तरफ़ आकर्षित हुए। अंग्रेज़ों ने कहा हम तुम्हें सिखायेंगे लेकिन नौकरी करने तक तुम होम्योपैथी इलाज का किसी से पैसा नहीं लोगे। पिताजी ने कहा कि 75 रुपये तनखा है। उसका पैसा इलाज में ख़र्च करेंगे तो घर कैसे चलेगा। अंग्रेज़ ने कहा नहीं, यह तुमको तय करना है। फिर रजिस्ट्रेशन करवा कर उन्होंने ही डिप्लोमा दिलवाया। अंग्रेज़ों की हम बुराई करते हैं लेकिन उनके कुछ काम शानदार थे। उन्होंने इसी तरह कम ख़र्च में डॉक्टर तैयार कर दिये थे जिन्होंने जीवन भर लोगों का इलाज किया। पिताजी के साथ 10–15 लोग और थे जिन्होंने होम्योपैथी सीखी और फिर काम भी किया। वे लोगों को मुफ़्त में दवा देते थे। यहाँ लोग उनको दवाई वाले बाबू के नाम से जानते थे। उस समय लोग बैलगाड़ियों में दवा लेने आते थे। चार आने में दवा की बड़ी शीशी आती थी। उससे आप सौ लोगों को ठीक कर दो। जर्मन मेडिसिन्स आती थीं। पिताजी दवा में लिक्विड मिलाते थे। उस समय ड्रापर नहीं चलता था। उसे देखकर लोग कहते थे कि बनर्जी बाबू तो अँगुली डाल देते हैं और आदमी ठीक हो जाता है।[122]

राजवैद्य पण्डित बच्छराज व्यास 1880 के आसपास राजस्थान से जबलपुर आये। वे पण्डिताई के साथ जड़ी–बूटी से इलाज भी करते थे। उन्होंने जबलपुर और काशी में आयुर्वेद व पण्डिताई का

---

121. सेवरती बाई बंसकार, 80 वर्ष, पुश्तैनी धन्धा, लोहिया वार्ड, पिपरिया, अप्रैल–मई, 2017

122. गोविन्द बनर्जी, 76 वर्ष, समाजसेवी, बनर्जी कॉलोनी, पिपरिया, साक्षात्कार : जुलाई, 2017

अध्ययन भी किया था। वे राजा गोकुलदास के यहाँ राजवैद्य रहे। वहाँ से वे शोभापुर आ गये। यहाँ उनके पिता रहते थे। शोभापुर के राजा ने उन्हें मकान और सुविधाएँ दीं। बाद में वे पिपरिया आ गये और यहीं मकान बना लिया। उन्हें संस्कृत का अच्छा ज्ञान था। उन्होंने यहाँ कई लोगों को अपना शिष्य बनाया और उन्हें वैद्यगिरी सिखायी। उनके शिष्यों में नरहरि दादा मुख्य हैं जिन्होंने बाद में अलख निरंजन दवाखाना चलाया। बच्छराज के दो पुत्र हुए शंकरलाल और बालकृष्ण। शंकरलाल ने आयुर्वेदिक दवाओं की दुकान खोली और बालकृष्ण ने बम्बई से एमबीबीएस किया। वे पिपरिया के पहले एमबीबीएस डॉक्टर थे। 1944 में वे नागपुर चले गये और वहीं बस गये। बच्छराज जी ने जब यहाँ वैद्यगीरी शुरू की तब यहाँ कोई वैद्य या डॉक्टर नहीं था। उस समय सच्चू नाई और फदाली की जड़ी–बूटी की दुकान थी। सच्चू नाई जड़ी बूटी से इलाज करता था। शंकरलाल के पुत्र भँवरलाल व्यास को भतिया कहा जाता था। वे भी आयुर्वेदिक दवा की दुकान चलाते थे। भँवरलाल व्यास के पास अपने पूर्वजों द्वारा हस्तलिखित आयुर्वेदिक नुस्खों की किताब है। उसमें कई रोगों के नुस्खे लिखे हैं। बुख़ार के क़रीब 15–20 प्रकार के नुस्खे उसमें हैं।[123]

पहले थाने के सामने जो राजौरिया औषधालय था, पिताजी का जन्म उसी मकान में हुआ था। वो मकान हमारे दादाजी का था। आज भी पिताजी का नाम ही चलता है कि हैदर की दुकान है। हम माथनी, सर्रा तक चूड़ी पहनाने गये हैं। गाँव भी हम पैदल ही जाते थे। जैसे साँडिया तक बस से चले गये और वहाँ आसपास के गाँवों में पैदल घूमकर चूड़ी पहना आये। अब सारे कटकवार पिपरिया में ही बस गये हैं तो जाने का सवाल ही नहीं है। 15 साल की उमर

---

123. मौर्य, नारायणदास, 'पिपरिया 2000', समानता प्रकाशन, पिपरिया, म.प्र., प्रकाशन वर्ष : 2000

से हम बस्ती में 50–50 किलो का वज़न उठाकर घूमते थे। पहले बुलउआ आते थे घर पर कि हमारे यहाँ चूड़ी पहनाने आना। हमारे परिवार ने चूड़ी के अलावा कोई काम नहीं किया।[124]

पहले सूती कपड़ा ही पहना जाता था। उसे कहते थे लट्ठा का कपड़ा। तब साबुन–पावडर नहीं मिलता था। नदी पर कपड़े लेकर जाते थे और हर्र बहेड़ा से कपड़े धोते थे। एक फल होता है जिसे लोग इंगुआ कहते हैं। इंगुआ को तोड़कर कपड़े पर डाल देते थे। उससे झाग बनता था और कपड़ा साफ़ हो जाता था। सोडे से कपड़े धोते थे। चीलर पड़ जाये तो उन्हें भी मारो। चीलर जूँएँ जैसी होती है।[125]

सिन्धी समाज की महिलाएँ सिलाई का काम करती थीं और पापड़ बेलती थीं। ज़्यादा काम सिलाई का था। एक सिन्धी बाबा थे जो सबको कपड़े काटकर देते थे। ठण्ड में रज़ाइयाँ सिलने का काम भी रहता था। चार रजाई सिलने की मज़दूरी होती थी एक रुपये। हम अपनी दुकान की रजाइयाँ सिलते थे। उन दिनों घूँघट बहुत होता था।[126]

हम जानवरों को बाँधने के लिए सन से गिरमा बनाते थे। एक दिन में दस किलो सन के गिरमा बना उन्हें बाज़ारों में बेचते थे। सन खेत में होता है और बाज़ार में भी बिकता है। बनखेड़ी और नरसिंहपुर भी सन लेने जाते थे। पिपरिया में इतवारा बाज़ार और आसपास के बाज़ारों में गिरमा बेचने जाते थे। एक रुपये में सात गिरमा बिकते थे। हमारे सयाने हाथचक्की और सिल–लोढ़ा टाँकते थे। पिपरिया की गलियों और गाँवों में आवाज़ लगाकर घूमते थे कि सिल टँकवा

---

124. वाहिद ख़ान, 68 वर्ष, चूड़ी दुकानदार, हैदर की पुलिया, पिपरिया, साक्षात्कार : जुलाई, 2017
125. सुमन बाई गूजर, 80 वर्ष, किसान, गूजरपुरा पुरानी बस्ती, पिपरिया, साक्षात्कार : अप्रैल, 2017
126. मीना देवी इसरानी, 70 वर्ष, सिन्धी कॉलोनी, पिपरिया, साक्षात्कार : फ़रवरी, 2017

लो। टँकाई की क़ीमत कुछ भी हो सकती थी। कभी आटा, कपड़ा, दाल–चावल मिल जाता था। नकद है तो वो भी लेते थे।[127]

मेरा नगरपालिका में झाड़ू लगाने का काम था। सबको अलग–अलग मोहल्ले बँटते थे। उसी हिसाब से सफ़ाई करते थे। हमारे पति भी नगरपालिका में मुक़द्दम थे। उनका नाम किशनलाल था। हमने पूरे शहर की सफ़ाई की है। भइया बहुत गन्दगी का काम किया है। पहले लेटरिन का काम भी रहता था। सर पर गन्दगी ढोते थे। उससे आँखें बर्बाद हो गयीं। बाद में गाड़ी आयी तो उसमें भी गन्दगी ढोयी है। बोदा वाली गाड़ी चलत थी। बई में कचरे ढोत थे। फिर ये ट्रालियाँ आ गयीं। मल ढोने के काम में बहुत–सी औरतें लगी होती थीं। अब वो वाला काम बन्द हो गया है। पहले कच्ची लेटरिन हुआ करती थी तो मेहतरानी को उसे साफ़ करने का काम मिलता था। धीरे–धीरे आदत पड़ गयी। कोई हे गन्दगी सहन नहीं होय तो बीमार भी पड़ जात थे। हमने 50–100 रुपइया से नौकरी की है। पहले बहुत कम तनखा मिलत थी। और मैला ढोने में तो ऐस होते थो कि टपकत जा रओ है, गिरत जा रहो है। फिर भी करने पड़त थो। फिर दुपहरी दो बजे हाजिरी पे जात थे और फिर मुक़द्दम काम बतात थो। बड़ा संकट में काम करत थे।[128]

हमारे बचपन के समय सर पर मैला ढोने की प्रथा थी। जमादारनी, जिसे मेहतरानी कहा जाता था, वो आती थी और हर घर के संडास में पहले राख डालती थी और फिर खींच–खींच कर पूरा मल बाहर निकालती थी और टोकरी में भर कर उसे सर पर लेकर जाती थी। बाद में उनको गाड़ी दी गयी थी। फिर वे गाड़ी भर कर मल ले जाती थी। हमारे क्षेत्र का सारा मैला आनन्द बाग़ के मैला टैंक

127. तारा बाई कुचबधिया, 75 वर्ष, श्रमिक, कंजर मोहल्ला, पिपरिया, साक्षात्कार : अगस्त, 2017

128. तुलसा बाई वाल्मीकि, 69 वर्ष, सेवानिवृत्त नगरपालिका सफ़ाई कर्मचारी, लोहिया वार्ड, पिपरिया, साक्षात्कार : अप्रैल, 2017

में इकट्ठा होता था। लगभग 1985 तक मैला ढोने की ये अमानवीय प्रक्रिया हमने देखी है।[129]

1958 में जब हम पिपरिया आये तो इतना पर्दा होता था कि घर में रहते हुए गलियाँ तक नहीं देखी थीं। पुरानी बस्ती में आज भी महिलाएँ घूँघट काढ के निकलती हैं। जब इनके बाबूजी नहीं रहे तब हम बाहर निकले। हमारे ससुर पुराने ख़याल के थे। वे घर से बाहर निकलने ही नहीं देते थे। कहते थे कि हम दे तो रहे हैं तुम्हें। अब क्या हमारी नाक कटाओगी? मैंने कहा कि आज तो आप दे रहे हैं लेकिन कल जब आप नहीं होंगे तब कौन देगा? धीरे–धीरे जब बाहर निकलूँगी तब कुछ पता चलेगा। फिर एक मैडम ने मुझे पचमढ़ी रोड पर बाल मन्दिर लगाने की सलाह दी। तब मैंने पहली बार घर से बाहर निकलकर बाल मन्दिर शुरू किया था। यहाँ भी ट्यूशन पढ़ाने लगी थी। मैं जब हरसूद में रहती थी तब वहाँ हाईस्कूल नया बना था। उसमें बहुत कम लड़कियाँ जाती थीं। हमारी दादी भी हमें जाने से रोकती थी। मैं उन्हें बिना बताये चोरी–चोरी दो–चार साल तक वहाँ पढ़ने जाती रही। ऐसे ही ससुर सिलाई सीखने पर टोका करते थे। मेरी अपनी सिलाई मशीन भी थी। वो सुबह दस बजे से शाम पाँच बजे तक ऑफ़िस जाते थे। सिलाई की क्लास दिन में दो बजे से चार बजे तक चलती थी। मैं उनके जाने के बाद बच्चों को तैयार कर क्लास जाती थी और उनके आने से पहले घर लौट आती थी। इस काम में मेरी सास मेरा साथ देती थीं।[130]

पहले इतवारा बाज़ार से लेकर पुराने बस स्टैंड तक लकड़ी की गाड़ियाँ आती थीं। आज़ाद वार्ड से हम सब लड़कियाँ सुबह पाँच बजे उठकर हँसिया और बोइया लेकर जाते थे और लकड़ी के

---

129. गोपाल राठी, 59 वर्षीय, शैक्षिक कार्यकर्ता, साँडिया रोड, पिपरिया, साक्षात्कार : फ़रवरी, 2017

130. कमला व्यौहार, 82 वर्ष, पूर्व ट्यूशन शिक्षिका, पुरानी बस्ती, पिपरिया, साक्षात्कार : अप्रैल, 2017

छिलके निकालकर लाते थे। फिर हम गोबर के कंडे बनाते थे। इस तरह चूल्हा जलाने की पूरी व्यवस्था करते थे। हम पाँच रुपये गोले के हिसाब से स्वेटर भी बुनते थे। काज–बटन भी करते थे। अम्मा के हिस्से की कुछ ट्यूशन भी पढ़ा देते थे। घर चलाने के लिए उस समय महिलाएँ और लड़कियाँ ऐसे ही कई काम करती थीं। मैंने छोटे–बड़े कई तरह के काम किये। अब भी संघर्ष जारी है। अब मैं आँगनबाड़ी चलाती हूँ।[131]

131. रेखा व्यौहार, 48 वर्ष, आँगनबाड़ी शिक्षिका, पुरानी बस्ती, पिपरिया, साक्षात्कार : अप्रैल, 2017

हैदर की दुकान, पिपरिया, वर्ष : 2017
स्रोत : सेंटर फॉर कम्युनिटी नॉलेज

कच्चे शौचालय की सफ़ाई करती हुई महिला, वर्ष : 2000
स्रोत : अज्ञात

अयोध्या बस्ती में बंसकार, पिपरिया, वर्ष : 2008
स्रोत : जतन ट्रस्ट

सड़क किनारे बंसकार (बसोड़) के घर, पिपरिया, वर्ष : 2017
स्रोत : सेंटर फॉर कम्युनिटी नॉलेज

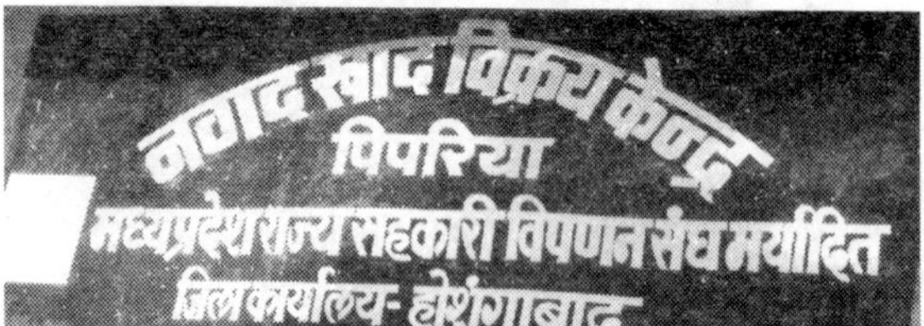

नगद खाद विक्रय केन्द्र का बोर्ड, पिपरिया, वर्ष : 2008
स्रोत : सुरजीत सरकार

व्यापार और शहरीकरण

किराना और लघु व्यवसाय

पिपरिया से रेल निकलने के बाद व्यापार और खेती का विकास हुआ। पहले ठग और पिंडारियों के कारण खेती करना दूभर था, लेकिन इसके बाद जंगल काटकर मैदान बनाये जाने लगे और खेती के प्रति रुझान बढ़ा। पचमढ़ी और छिन्दवाड़ा के रास्ते पर बैलगाड़ियाँ दौड़ने लगीं। छिन्दवाड़ा में कोयले का विपुल भण्डार है। यहाँ अंग्रेज़ों ने कोलयरी स्थापित की और कोयला खनन का काम शुरू किया। इस काम में काफ़ी मज़दूरों की ज़रूरत थी इसलिए उत्तर प्रदेश और बिहार से मज़दूरों को लाया गया। छिन्दवाड़ा–परासिया का व्यापार पिपरिया के कारण बढ़ा। यहाँ गेहूँ, चना, दालें आदि खाद्यान्न भेजा जाने लगा। पचमढ़ी की खाद्य आपूर्ति भी पिपरिया से होने लगी इसलिए पिपरिया का व्यापार बढ़ा। पिपरिया में 1900 से पहले ही गल्ला व्यापार शुरू हो चुका था लेकिन 1920 में गल्ला मण्डी शुरू होने के बाद व्यापार तेज़ गति से आगे बढ़ा।[132]

रेलवे स्टेशन के सामने पहले जिसे मीठी गली कहा जाता था, वहाँ पहले कुछ नहीं था। अन्दर श्मशान घाट था जहाँ पुरानी बस्ती के मुर्दे जलाये जाते थे। इस गली में सुरजन परिवार के पूर्वजों ने परचून की दुकान खोली थी। पहले स्टैंडर्ड किराने की दुकान पंसारी

---

132. मौर्य, नारायणदास, 'पिपरिया 2000', समानता प्रकाशन, पिपरिया म.प्र., प्रकाशन वर्ष : 2000

की दुकान कहलाती थी और छोटी किराने की दुकान को परचून की दुकान कहा जाता था। उनके पार्टनर खापरखेड़ा से सुबह भोजन करके पैदल आते और शाम पाँच बजे वापस जाते। लगभग 1900 तक दुकान पार्टनरशिप में रही। 1900 में ही पिपरिया में मंगलवारा बाज़ार में सुरजन परिवार ने दो सौ रुपये में मकान लिया।[133]

बनारस वाले यहाँ काफ़ी समय से डटे हैं। मुनीम तो 1900 से भी पहले आये होंगे। बनारस के एक बहुत बड़े सेठ थे। उनकी पूरे हिन्दुस्तान में गद्दियाँ थीं। एक गद्दी यहाँ पिपरिया में थी। बाद में जब सेठजी ने व्यापार बन्द किया तो सब मुनीमों को दे दिया। ये थे सेठ गोविन्द दास के पिताजी सेठ गोकुलदास। उन्होंने 1905 में यहाँ जीनिंग कारख़ाना शुरू किया था।[134]

पिपरिया में बनारस वालों की एक फर्म 'अभयराम–चुन्नीलाल' थी। इस फर्म ने 22 हज़ार रुपये में राजा गोकुलदास से जीनिंग एंड प्रेसिंग फ़ैक्टरी ख़रीदी थी। इस फर्म में केवलचन्द झँवर मुनीम थे। बाद में यह फ़ैक्टरी बन्द हो गयी क्योंकि यहाँ कपास का उत्पादन कम हो गया था। उस समय 40–50 इंच वर्षा होती थी जो कपास उत्पादन के लिए अच्छी थी लेकिन जब वर्षा का अनुपात बढ़ गया तो कपास की खेती पर बुरा प्रभाव पड़ा और वह बन्द हो गयी।[135]

कच्छी समाज के लोग 1880 तक यहाँ आ चुके थे। कच्छी दो तरह के थे। एक कच्छी जैन और दूसरे कच्छी बोहरा। कच्छी तो बड़े लम्बे–चौड़े व्यापारी थे। वे किराना, नारियल, गल्ला, कपड़ा आदि कई तरह का व्यापार करते थे। अलीम भाई का परिवार यहाँ काफ़ी पुराना है। ये सारी प्रॉपर्टी उनके फादर की ही थी। नवाबों के परिवार से थे अब्दुल्ला भाई। ये पूरा एरिया तब मिट्ठू भाई और अब्दुल्ला भाई की प्रॉपर्टी था।

---

133. श्रीकृष्ण सुरजन, 68 वर्ष, व्यवसायी, मंगलवारा बाज़ार, पिपरिया, साक्षात्कार : फ़रवरी, 2017
134. कैलाश मौर्य (कैलाश मास्साब), 82 वर्ष, सेवानिवृत्त शिक्षक, मंगलवारा बाज़ार, पिपरिया, साक्षात्कार : फ़रवरी, 2017
135. मौर्य, नारायणदास, 'पिपरिया 2000', समानता प्रकाशन, पिपरिया म.प्र., प्रकाशन वर्ष : 2000

अब्दुल्ला भाई के वालिद की बर्मा सेल की एजेंसी थी। पहले इंडियन ऑयल नाम नहीं था। उस ज़माने में एक रुपया कुछ पैसे में एक पीपा तेल बिकता था। स्टैंडर्ड भीकम ऑयल कम्पनी का कार्टन के अन्दर लकड़ी के घेरे में माल आता था। अब्दुल्ला भाई के यहाँ तेल का काम होता था। बाद में अब्दुल्ला भाई ने वह एजेंसी फ़िदा हुसैन को दिलवा दी।[136]

इस इलाक़े में व्यापार के विकास में काबरा परिवार का बड़ा नाम है। एक समय लोग पूछते थे 'कौन सी पिपरिया, काबरा वाली?' इनके पूर्वज क़रीब 1870 में शोभापुर आये थे। रेल शुरू होने के बाद वे पिपरिया आ गये। लक्ष्मीनारायण काबरा ने यहाँ शुद्ध घी का व्यापार किया। वे सड़क किनारे दुकान लगाते थे। वे हाट बाज़ारों में भी दुकान लगाते थे। उनके शुद्ध घी की उन दिनों बहुत मशहूरी थी। उन्होंने गुड़ का व्यवसाय भी किया। उस गुड़ पर बढ़िया क़िस्म का कपड़ा होता था ताकि वह प्रदूषित न हो। काबरा परिवार ने यहाँ उद्योग धन्धे शुरू किये। उन्होंने हाथचक्की का कारख़ाना शुरू किया। फिर 1930–32 में श्री रामानुज ऑयल एंड दाल मिल नाम से तेल पेरने का काम शुरू किया। एक्सपेलर चलाने के लिए इंजन लगाया गया जो कोयले से चलता था। फिर 1935 के आसपास इंग्लैंड से 110 बोल्ट का जनरेटर मँगवाया गया। इससे पहले बोदे से मिल की चक्की चलायी जाती थी।[137]

'इस बाज़ार में किराना जमा हुआ व्यवसाय था। काबराजी, बैजनाथ चौथमल और जीरू सेठ, ये तीन मुख्य दुकानें थीं। वे अभी भी जमी हुई हैं। रिटेल का काम काबराजी ने अपनी मर्ज़ी से बन्द कर दिया। पहले वे थोक और रिटेल दोनों काम करते थे। लोग कहते थे कि काबराजी की दुकान पर चूना से लेकर चाँदी तक मिल जाती है।

136. मोहम्मद अली बोहरा, 82 वर्ष, व्यवसायी, पिपरिया, साक्षात्कार : अप्रैल, 2017

137. मौर्य, नारायणदास, 'पिपरिया 2000', समानता प्रकाशन, पिपरिया, म.प्र., प्रकाशन वर्ष : 2000

पिपरिया में किराने का व्यवसाय बड़ा था। यहाँ अनाज व्यापारी भी किराने का काम करते थे। मण्डी में अनाज बेचकर किसान यहाँ से किराने का सामान गाड़ियों में भरकर ले जाते थे गाँव में बेचने के लिए। उत्पादक मण्डियों से सीधे माल पिपरिया आता था। उँझा से जीरा आता था। गुना से धनिया आती थी। पटियाला और गुंटूर से मिर्ची आती थी। कालीकट से नारियल आता था। देश भर की मण्डियों से जो भी माल आता था वो सीधे पिपरिया आता था। पिपरिया प्रमुख रेल मार्ग पर था इसलिए सबको सुविधा थी। तब ट्रकों से माल नहीं आता था। रेलवे का माल ढोने का तरीक़ा सबसे अच्छा था। जितनी वैगन यहाँ से जाती थीं, उतनी वैगन यहाँ आती भी थीं।

पिपरिया गुड़ की भी बड़ी मण्डी थी। अंकापल्ली से गुड़ की बीस–बीस वैगनें आती थीं। फिर गुड़ बैलगाड़ी से किराना बाज़ार में आता था। पिपरिया के किराना बाज़ार में बड़ी रौनक रहती थी। दूर–दूर के व्यापारी यहाँ से माल ले जाते थे। पिपरिया किराने की बड़ी होल सेल मण्डी थी। हुंडी बिल्टी बैंक में आ जाती थी। माल आ जाता था। हुंडी बिल्टी छुड़ा के माल की डिलीवरी करा लेते थे। वो रेलवे से लोड करा बैंक में बिल्टी लगा देता था। बैंक अपना कमीशन लेकर उसे पैसे दे देता था।'[138]

पिपरिया में जब काम धन्धे और खेती किसानी बढ़ रही थी तो लोगों को रुपये पैसे की ज़रूरत रहती थी। उस समय बैंक नहीं थे इसलिए लोग स्थानीय साहूकारों के भरोसे रहते थे। ऐसे ही एक साहूकार हुए हैं उदयराम मालपानी। उन्हें नगर सेठ माना जाता था। उनके पूर्वज खापरखेड़ा आये और वहाँ से 1870 में पिपरिया आ गये। यहाँ उन्होंने साहूकारी शुरू की जो ख़ूब चली। उनकी फर्म उदयराम नन्दकिशोर गिरवी रखकर उधार पैसा देने का काम करती थी। उस समय एक रुपये पर एक पैसा ब्याज लिया जाता था। रुपया 64 पैसे का होता था। एक रुपये की 16 पाई पिसी, 16 सेर नमक और

---

138. श्रीगोपाल गांगुड़ा, 60 वर्ष, व्यवसायी–समाजसेवी, मंगलवारा बाज़ार, पिपरिया, साक्षात्कार : जून, 2017

सोना 20 रुपये तोला था। अब यह फर्म बासमती चावल का थोक व्यापार करती है।[139]

बाज़ार का फैलना

बोहरा समाज के कुर्बान अली ने पहली हार्डवेयर की दुकान पिपरिया में शुरू की। दूसरी दुकान फ़िदा हुसैन की और तीसरी दुकान शमशाद भाई की थी। हमारे वालिद साहब 1900 के आसपास यहाँ आये और हार्डवेयर की दुकान खोलने के लिए उन्हें साँडिया बेहतर जगह लगी। उन्होंने वहाँ दुकान खोली। उस समय वे लोहा, तगाड़ी, गगरा और किसानी के औजार वग़ैरह बेचते थे। बाद में उन्होंने साँडिया में दुकान बन्द करके पिपरिया में खोल ली। पहले हार्डवेयर में विलायती माल बहुत आता था। कब्ज़ा, पेंच, हैंडल, लालटेन आदि विलायती सामान बहुत सस्ता था। एक समय इंग्लैंड, जापान और चेकोस्लोवाकिया का बहुत सा माल बम्बई के अन्दर जहाज़ में रहता था। वहाँ से पिपरिया आता था। पिपरिया में जापान से आने वाली चादर 4.50 रुपये में बिकती थी। आज उसकी क़ीमत 40 रुपये है। बाद में 1980 तक सरकार ने विलायती माल पर रोक लगा दी। छह महीने में एक जहाज़ ख़ाली हो जाता था। पहले यहाँ कानपुर से लोहा मँगाया जाता था। कभी–कभी वो टुकड़ों में आता था। वह यहाँ 150 रुपये मन बिकता था। अब उससे भी बढ़िया लोहा आ रहा है।[140]

इतवारा बाज़ार को हम बचपन से ही देख रहे हैं। हमारे बड़े पिता फ़िरोज़ख़ान नोटिफाइड एरिया के मेम्बर थे। बाज़ार भी उन्हीं ने शुरू करवाया था। उसके पहले तरौन में बाज़ार भरता था।[141]

---

139. मौर्य, नारायणदास, 'पिपरिया 2000', समानता प्रकाशन, पिपरिया, म.प्र., प्रकाशन वर्ष : 2000
140. मोहम्मद अली बोहरा, 82 वर्ष, व्यवसायी, पिपरिया, साक्षात्कार : अप्रैल, 2017
141. अशरफ़ ख़ान (सब्बा चाचा), 70 वर्ष, समाजसेवी, इतवारा बाज़ार, पिपरिया, साक्षात्कार : फ़रवरी, 2017

1960–70 के आसपास दादा हर हफ़्ते खापरखेड़ा से पिपरिया आकर उदयराम नन्दकिशोर से एक बोरा मिर्ची ख़रीद कर ले जाते थे। फिर गाँव में जाकर मिर्ची बेचते थे। धेला, आना बहुत छोटे पैसे में बेचते थे। उस ज़माने में भी चिल्लर की बड़ी क़िल्लत होती थी तो इतवारा बाज़ार में वो चिल्लर की दुकान भी लगाते थे और बट्टे से चिल्लर बेचते थे। वो बट्टा नहीं, उनकी आय का साधन था। मिर्ची से सात रुपये और बट्टे से दो रुपये मिल जाते थे तो हफ़्ते भर का ख़र्च चल जाता था। इसलिए वो मिर्ची वाले कहलाये क्योंकि हफ़्ते भर मिर्ची ही बेचते थे।[142]

मेरे काकाजी गल्ले का काम करते थे और पिपरिया आते–जाते थे। मैं उनसे बोला कि दुकान से गुड़ ले लेना। फिर मैंने उस दुकानदार से भी कह दिया कि गुड़ दे देना। तो क्या हुआ कि बैलगाड़ी से गुड़ साँडिया पहुँच गया। काकाजी ने भी ले लिया और दुकानदार ने भी भिजवा दिया। मैं भोपाल से आया था छुट्टी लेकर। काका ने कहा कि अरे रामदयाल गुड़ के भाव तेज़ हो गये। तू भी ले आया था। उस दिन मुझे 110 रुपये मिले। अब तक याद है मुझे। इत्ती तो एक महीना की तनख़ा नहीं होती। जित्ते पइसा एक दिन में मिल गये। मुझे लगा ये अच्छा धन्धा है। मार्केट में ही घर था तो फिर मैंने वहाँ टीन वग़ैरह लगा कर धन्धा शुरू कर दिया। एक सेठ और था जो उसी रूट से आता–जाता रहता था। भोपाल से सुपाड़ी और दूसरा सामान लाता था। यह 1965 के आसपास की बात होगी।[143]

आज़ादी के बाद जब सिन्धी आये तो पचमढ़ी रोड पर ही तम्बू में रहे। तब हम पाँच–छह साल के थे। बाद में सरकार ने उन्हें क्वार्टर बनाकर दिये थे। जब सिन्धी आये तो उन्होंने राहड़ की पत्तियाँ तक नहीं बचने दी थीं। उन्हें उबालकर खा गये। फिर इन्हें सरकारी

142. सुरेश कुमार गोदानी, 68 वर्ष, दाल मिल मालिक, मोहता प्लाट, पिपरिया, साक्षात्कार : मई, 2017

143. रामदयाल गुप्ता, 82 वर्ष, व्यवसायी, कस्तूरबा वार्ड, पिपरिया, साक्षात्कार : जुलाई, 2017

अनाज मिलने लगा। सिन्धियों ने किसी की मज़दूरी नहीं की। उन्होंने अपना धन्धा शुरू किया। बीड़ी, माचिस, गोली बिस्कुट बेचने लगे। तब ये बण्डल–माचिस एक पैसे में बेचते थे।[144]

जब सिन्धी रिफ़्यूजी होकर यहाँ आये तो नन्दलाल उनका नेता था। वो कटनी से आया था। उस समय सारे रिफ़्यूजी स्टार टाकीज़ में ठहरे हुए थे जो अब्दुल्ला की थी। उस समय अपने यहाँ बिस्कुट खाने का चलन नहीं था। रिफ़्यूजियों ने बिस्कुट बनाना शुरू किया। उन्होंने ही टाकीज़ में पहली बेकरी खोली। उन बिस्कुटों का बड़ा आकर्षण था। होटलों में उन्हें बरनियों में रखा जाता था।[145]

पिपरिया में पहला फ़ोटो स्टूडियो मैंने शुरू किया। मैं 1953 के आसपास पिपरिया आया। उससे पहले हम कटनी के एक कैम्प में रहे। वहाँ एक फ़ोटोग्राफ़र शरणार्थियों के फ़ोटो खींचने आता था। उससे ही मैंने दरख़्वास्त कर के फ़ोटोग्राफ़ी सीखी। जब हम पिपरिया आये तो मैंने इतवारा बाज़ार में श्याम टाकीज़ के बाजू में कमल फ़ोटो स्टूडियो शुरू किया। उस ज़माने में सब कहते थे कि ये धन्धा ज़्यादा चलेगा नहीं। धीरे–धीरे काम ने रफ़्तार पकड़ ली। तब ब्लैक एंड व्हाइट फ़ोटोग्राफ़ी ही होती थी। मैं बागड़ा तक ट्रेन से कैमरा लेकर जाता था। फिर वहाँ से साइकिल से तवा कॉलोनी जाता था ग्रुप फ़ोटो लेने के लिए। बाद में शान्ति फ़ोटो स्टूडियो और सैफ़ी का स्टूडियो शुरू हुआ।[146]

पहले गुजरात लकड़ी बहुत जाती थी। इटारसी, पिपरिया केन्द्र थे इसके। दो नम्बर की लकड़ी। ऐसे लोगों ने बहुत पैसा बनाया। नरसिंहपुर में ये काम सरदारों ने किया। वहाँ उनकी आरा मशीन थी।

---

144. जसवन्त सिंह अहिरवार, 74 वर्ष, श्रमिक, लोहिया वार्ड, पिपरिया, साक्षात्कार : फ़रवरी, 2017

145. कैलाश मौर्य (कैलाश मास्साब), 82 वर्ष, सेवानिवृत्त शिक्षक, मंगलवारा बाज़ार, पिपरिया, साक्षात्कार : फ़रवरी, 2017

146. हरिदास पंजवानी, 88 वर्ष, फ़ोटोग्राफ़र–कमल फ़ोटो स्टूडियो, सिन्धी कॉलोनी, पिपरिया, साक्षात्कार : फ़रवरी, 2017

गुजरात वाले यहाँ से नरसिंहपुर तक सौदा करते थे। ये 1955–60 के आसपास की बात होगी।[147]

हमने बचपन में हाथठेला भी चलाया है। कुल्फी भी बेची है। दुर्गाजी के बाजू में हमारी मूँगफली की दुकान लगती थी। फिर सोहागपुर से टट्टा टाकीज़ आयी तो उसमें भी दुकान लगायी। अलका टाकीज़ खुली तो उसमें भी हमने फल्ली की दुकान लगायी। फिर साइकिल की दुकान लगायी। अब मटन और मुर्गे की दो दुकान चलती हैं। गोश्त के व्यापार में बहुत फ़र्क़ है। पहले बिकता नहीं था और अब बचता नहीं है। अब तो तीन–चार बकरे रोज़ कटते हैं। इतवार को मार्केट के दिन आठ–दस कट जाते हैं। अब नशा पानी ज़्यादा होने लगा है। जितना नशा बढ़ा है उतना ही मांसाहार भी बढ़ा है। बामन–बनियों के लड़के लहसुन–प्याज नहीं खाते थे। अब वे भी मटन खाने लगे हैं। खटीक हमेशा बकरे का गोश्त ही बेचता है। अपने यहाँ बोदे का गोश्त नहीं बिकता। खाने वाले बाहर से मँगाते हैं। बरेली में भैंसे के गोश्त का धन्धा होता है। भोपाल में भी होता है। अपने यहाँ लोग डरते हैं। हम भी यहाँ भैंसे का मटन नहीं बेचने देते। कोई सोचता भी है तो अंड़गा लगा देते हैं।[148]

मैं पाँचवीं तक पढ़ी हूँ। मैं बिना केलकुलेटर के सारा हिसाब कर लेती हूँ। यहाँ बैठने से और ज़्यादा नॉलेज बढ़ गया। हमारे पिताजी ने बहुत कहा था कि और पढ़ लो मगर देहात का माहौल था और हम मस्ती में ही नहीं पढ़े। एक बार कोई दुकान पर आया और अंग्रेज़ी में कहा इसके हम ट्वंटी एट देंगे। मैं समझती नहीं थी तो वो ट्वंटी फाइव देकर चला जाता था। तब मैंने सोचा कि मुझे ये अंग्रेज़ी गिनती समझना पड़ेगा। थोड़ी एबीसीडी मैंने पढ़ी थी। फिर मैंने अपने से सब सीखा। अब हिसाब में ग़लती नहीं होती।[149]

---

147. गणपत सिंह राजपूत, 75 वर्ष, पूर्व नगरपालिका अध्यक्ष, इतवारा बाज़ार, पिपरिया, साक्षात्कार : जुलाई, 2017
148. हरिशंकर खटीक, 68 वर्ष, मांस विक्रेता, पुराना बस स्टैंड, पिपरिया, साक्षात्कार : जुलाई, 2017
149. शायदा बी, 62 वर्ष, चूड़ी दुकानदार, हैदर की पुलिया, पिपरिया, साक्षात्कार : जुलाई, 2017

गल्ले से किराना बढ़ा। उसी से कपड़ा बढ़ा। उसी से ज्वेलरी बढ़ी। भटगाँव वाले सोनी की दुकान मशहूर थी। जमनालाल सोनी नाम था उनका। उस समय सोने–चाँदी की ज्वेलरी ज़्यादा चलती थी।[150]

पिपरिया के बाज़ार में तेज़ी लाने में पचमढ़ी से जुड़े व्यवसाय का भी हाथ रहा है। पचमढ़ी प्रदेश की ग्रीष्मकालीन राजधानी है। राजेन्द्र प्रसाद यहाँ दो बार आकर ठहरे थे। पर पचमढ़ी टूरिस्ट मैप पर घुमक्कड़ी का स्थान नहीं हुआ था। जब पचमढ़ी पर्यटन केन्द्र बनने लगा तो ज़रूरत का सारा सामान पिपरिया से ही आता था। पचमढ़ी में तो खिरनी बेर और आम ही होते थे। अनाज सारा पिपरिया से ही जाता था। 1990 के बाद पचमढ़ी का कमर्शियलाइज़ेशन हुआ। इतने पास कैंटोनमेंट होने के बावजूद पिपरिया से फ़ौज में काफ़ी कम भर्तियाँ हुई हैं। तो 90 से पहले पिपरिया का पचमढ़ी से ख़ास व्यावसायिक रुझान नहीं था। पिपरिया से हर दो दिन में सब्ज़ी का एक ट्रक पचमढ़ी जाता था। आज हर दिन बीस ट्रक जाते हैं। होटल बढ़े तो काम बढ़ा।[151]

कृषि, मिलें और लघु व्यवसाय/कृषि का व्यवसायीकरण

पिपरिया के बसने के कारण यहाँ से रेल का गुज़रना तो था ही, लेकिन उसके विकास के दो बड़े कारण और थे : पचमढ़ी का कैंटोनमेंट बनना और क़स्बे में गल्ला मण्डी की स्थापना। पहले गल्ला बाज़ार हथवाँस में था। फिर मंगलवारा बाज़ार में गल्ला बाज़ार लगा। मंगलवारा बाज़ार में टीकमदास सुरजन की दुकान के सामने फड़ लगते थे। बरसों तक वहीं गल्ला मण्डी भरती रही। 1920 में गल्ला मण्डी पिपरिया के पुराने गल्ले बाज़ार में आ गयी। तब से इसका नाम गल्ला बाज़ार हो गया। इसके पहले यहाँ फ़ौजियों के टेंट लगते थे।[152]

---

150. अनन्तराम साहू, 85 वर्ष, समाजसेवी, साँडिया रोड, पिपरिया, साक्षात्कार : जुलाई, 2017
151. वीरेन्द्र दुबे, 62 वर्ष, शैक्षिक कार्यकर्ता, पचमढ़ी रोड, पिपरिया, साक्षात्कार : मई, 2017
152. श्रीकृष्ण सुरजन, 68 वर्ष, व्यवसायी, मंगलवारा बाज़ार, पिपरिया, साक्षात्कार : फ़रवरी, 2017

शुरू से ही यहाँ की गल्ला मण्डी बहुत अच्छी मानी जाती है। होशंगाबाद ज़िले में ज़ुबान की क़ीमत हमेशा से रही है और तुलाई में कभी बेईमानी नहीं की जाती थी। तभी आसपास के पाँच–सात ज़िलों का माल यहाँ बिकने आता है। शुरुआत में देलाखारी तक का पूरा हिस्सा और पूरा रायसेन ज़िला पिपरिया मण्डी पर निर्भर था। पुरानी मण्डी में ढेर के ढेर लगे रहते थे पर व्यापारी का एक दाना इधर से उधर नहीं होता था।

पहले गल्ला एसोसिएशन मण्डी को संचालित करता था। सन् 1965–66 में मण्डी एक्ट[153] आने के बाद ये शासन के अधीन हो गयी। मण्डी में माल छनकर बिकता था। ग्रेडिंग होती थी। दलाल नीलामी करते थे और आढ़त प्रथा थी जिसमें किसान किसी व्यापारी आढ़तिये के पास जाता था और उसके बाद व्यापारी लोग माल लेते थे। आज स्थिति बदल गयी है और किसान सीधे व्यापारी को माल बेचता है। पहले किसान को अगर कभी आकस्मिक ज़रूरत पड़ जाये तो आढ़तिया उसे पूरी कर देता था, लेकिन सरकार का सोचना था कि बिचौलियों को ख़त्म किया जाये इसलिए मण्डी एक्ट आया।

पुरानी मण्डी में बहुत अच्छे–अच्छे व्यापारी थे। जैसे लक्ष्मीनारायण राधावल्लभ काबरा की बहुत बड़ी फर्म थी। पासुलाल एंड संस थी। भीमजी भाई शाह जैसे कई दिग्गज थे। उनके कारण पूरे भारत में मण्डी का नाम था। मदुरई, शैलम, इरोड़ आदि जगहों पर लोग पिपरिया को रामजीलाल जी काबरा, देवकिशनदास जी भट्टर के नाम से जानते थे। सेठ देवकिशन भट्टर यहाँ की एसोसिएशन के संस्थापक अध्यक्ष थे।[154]

अभी तक अपन चल रहे हैं इस मण्डी में। हम यहाँ तुलावटी हैं। सीजन में चार–पाँच सौ रुपये मिल जाते हैं। नहीं तो ऐसे ही बैठे हैं। दो साल से यहाँ मज़दूर गड़बड़ हो गया है। नई तो मण्डी में बैठने

---

153. 'मण्डी एक्ट'–म.प. कृषि उपज मण्डी अधिनियम, 1972

154. सुरेश कुमार गोदानी, 68 वर्ष, दाल मिल मालिक, मोहता प्लाट, पिपरिया, साक्षात्कार : मई, 2017

को जगह नहीं मिलती थी। अब नोटबन्दी ने भी सब उजाड़ दिया है। नहीं तो हम ख़ुद 60–65 हज़ार मज़दूरी कमा लेते थे। अब तो बस ख़र्चा चल रहा है। पुरानी मण्डी में अच्छा था। पहले आढ़त थी। कई प्रकार के माल की ख़रीद होती थी। पुरानी गल्ला मण्डी में हमें फ़ुरसत नहीं मिलती थी कि एक दिन छुट्टी मना लें। आज देखो सब मज़दूर बेबारह है। काम मिल जाये तो ठीक वर्ना बैठे हैं। काटना, तौलना, पालना अपना काम था। पहले घर बैठने की गुंजाइश नहीं थी, क्योंकि आढ़त थी। अब आढ़त माढ़त ख़तम हो गयी। पहले गोंड ठाकुर बहुत थे गल्लामण्डी में। बैलगाड़ी में माल ढोते थे।[155]

यहाँ पहली दाल मिल कोठारीजी ने खोली थी। उन्हें बहुत नुक़सान हुआ था। वे नन्हेलाल वल्लभदास के क़र्ज़दार हो गये थे। उस समय मैं 30–35 का था।[156]

1950′ के दशक में जब हम यहाँ आये थे तो केवल दो दाल मिलें थीं। धान की दो चक्कियाँ भी थीं। पिपरिया बहुत छोटी थी। इतनी छोटी कि अपने आँगन से मरघट की चिता दिखाई देती थी। आँगन से प्लेटफ़ॉर्म पर खड़ी रेलगाड़ी दिख जाती थी। तब यहाँ न बिजली थी, न थाना और न अस्पताल। उस समय रेलवे स्टेशन भी बहुत छोटा था।[157]

यहाँ पहले छोटी दाल मिलें थीं जो हाथचक्की से चलती थीं। हाथचक्की से चलने वाली दाल मिलों में एक तो बेर वालों की थी। एक जेठालाल की थी। 1950 से पहले शाह परिवार की एक दाल मिल सेमरी में थी। फिर बाद में वो पिपरिया आ गयी और 1960 में उसे बन्द कर दिया गया। उस समय कई दाल मिलें थीं। यहाँ से दाल मद्रास, बम्बई और कलकत्ता जाती थी। पहले दाल मिल में पन्द्रह

---

155. राम सिंह गोंड, 71 वर्ष, अनाज मण्डी में तुलैया, सिलारी, साक्षात्कार : सितम्बर, 2017
156. श्याम राय, 105 वर्ष, व्यवसायी, बस स्टैंड, पिपरिया, साक्षात्कार : जनवरी, 2017
157. कमला बाई राजपूत, 80 वर्ष, किसान, अशोक वार्ड, पिपरिया, साक्षात्कार : फ़रवरी, 2017

बीस मज़दूर लगते थे। अब पाँच–सात मज़दूरों में ही काम हो जाता है। पहले सौ–दो सौ बोरा की क्षमता थी और अब दस–बारह प्लांट तो ऐसे होंगे जिनमें पाँच सौ बोरा प्रतिदिन की क्षमता है। पहले 12 के क़रीब दाल मिलें थीं। उनमें सात तो अच्छी केपेसिटी की थीं और पाँच हाथचक्की वाली थीं। आज 40 के क़रीब दाल मिल हैं। उनमें 10–15 की क्षमता तो पाँच सौ–सात सौ क्विंटल प्रतिदिन क्रश करने की है।

हालाँकि पौष्टिकता के हिसाब से लोग हाथचक्की वाली दाल ही लेना पसन्द करते थे। चक्की वाली मिल में तो हर काम में लेबर लगता था तो रोज़गार भी मिलता था। आज न लेबर मिल रहा है, न रोज़गार। आज हमारी मिल में चार मज़दूरों और दो ड्राइवरों से सारा काम हो जाता है। सब काम ऑटोमेटिक है। बस आपको बोरा काटना है और माल बाहर आना है।[158]

आज मिलों में आने वाली फ़सल कम–से–कम छह–सात ज़िलों से आ रही है। जैसे, नरसिंहपुर, होशंगाबाद, रायसेन, बैतूल और अब सागर ज़िले का माल भी आ रहा है। इटारसी के इस तरफ़ का सारा माल भी यहाँ आ रहा है। यहाँ रॉ मैटेरियल तो है ही, साथ ही यहाँ बाक़ी मण्डियों के मुक़ाबले विश्वसनीयता ज़्यादा है। भाव तो किसान को हर जगह एक ही मिल रहा है। गाडरवारा और इटारसी में जो दाम मिलेगा, वही पिपरिया में मिलेगा लेकिन यहाँ तुरन्त ही नक़द पेमेंट मिलता है और तौल में भी कोई गड़बड़ी नहीं की जाती। दाल के व्यवसाय की सफलता का राज़ यही है। पहले यहाँ से दाल केवल महाराष्ट्र और मध्य प्रदेश ही जाती थी पर व्यापार की सीमाएँ बढ़ जाने से अब पिपरिया की 60–70 फ़ीसद दाल आन्ध्र प्रदेश, तमिलनाडु और साउथ जाती है। पहले यहाँ तिवड़ा[159] बहुत आता था पर अब उसकी फ़सल ख़त्म हो गयी है। अब किसान जल्दी और

158. सुरेश कुमार गोदानी, 68 वर्ष, दाल मिल मालिक, मोहता प्लाट, पिपरिया, साक्षात्कार : मई, 2017

159. खेसारी दाल जिसकी खेती पर 1961 में लकवे की शिकायत के चलते प्रतिबन्ध लगा दिया गया था।

अच्छी फ़सल चाहता है इसलिए अब किसानों ने तिवड़ा, बटरी वगै़रह बोना छोड़ दिया है। अब तो सीधा तुअर, चना बोते हैं। तिलहन, अलसी, मूँगफली भी बहुत आती थी पर अब सब बन्द हो गया है। किसानों का रकबा तिलहन के प्रति बहुत कमज़ोर हो गया है। दलहन में किसान तीन फ़सल ले रहा है। बीच में मूँग भी आ गयी और मूँग की फ़सल बहुत अच्छी हो रही है। किसान के लिए कैश क्रॉप हो गयी है। क़हते हैं कि मूँग जब आती है तो पिपरिया की मण्डी हरी हो जाती है। यहाँ ओपन बिडिंग होती है। माल का ढेर लगता है। बरसों से ऐसा ही होता आ रहा है तो मिलावट की कोई आशंका ही नहीं रहती। बाक़ी मण्डियों में माल बोरे या ट्रॉली में नीलाम होता है। मण्डी कमेटी ने यहाँ भी बोरे या ट्रॉली लगाने की बात सोची पर न तो यहाँ किसान तैयार है न व्यापारी। इसलिए आज भी मण्डी में यही प्रथा है। अभी 40 दाल मिलों को आठ हज़ार–दस हज़ार बोरे प्रतिदिन क्रशिंग के लिए लग जाते होंगे। कम–से–कम इतने तो चाहिए ही। नर्मदा के दोनों तरफ़ 50 किमी तक उसका कैचमेंट एरिया है। इसके पानी में इतनी मिठास है। इससे यहाँ तुअर और चना में पौष्टिकता और गुणवत्ता होती है। पहले यहाँ की तुअर दाल बहुत बढ़िया आती थी। अब बस नाम ही रह गया है। किसान ने बीज ही बदल दिया है। वो बीज तो 120 या 180 दिन में पैदा होता था। अब इतना धीरज उसमें नहीं है। इतने में तो अब वो दो फ़सल ले लेता है। ऐसी झाड़ जैसी तुअर होती थी वो और उसका दाना सोयाबीन से भी बड़ा होता था। व्यापारी उसे शैलम बेल्ट के नाम से पुकारते थे, क्योंकि वो शैलम में स्पेशली बिकती थी। उसी तुअर से मुख्य ब्रांड बलराज और टेलिफ़ोन माल बनाते थे। वो तुअर मीठी होती थी। हालाँकि आज की दाल में कहीं ज़्यादा सफ़ाई है। 1980 तक पिपरिया में दाल मिल में केवल माहेश्वरी समाज का वर्चस्व था। इसके बाद यहाँ साहू, अग्रवाल और सिन्धी समाज के लोगों ने भी दाल मिल लगायी।[160]

160. सुरेश कुमार गोदानी, 68 वर्ष, दाल मिल मालिक, मोहता प्लाट, पिपरिया, साक्षात्कार : मई, 2017

यहाँ सबसे पहली ऑयल मिल केवलचन्द नारायण दास बनारस वालों की थी। वो बॉयल्ड आयल बनाती थी। अलसी को गरम करके उसमें केमिकल मिलाकर बॉयल्ड ऑयल बनाया जाता था। फिर उसे पैक करके बम्बई–मद्रास भेजा जाता था। बाद में केवलचन्द ने अपनी दुकान बन्द कर दी और मुनीम माणिकचन्द के चार्ज में सब दे दिया गया। उन्होंने बाद में दाल मिल भी डाली। केवलचन्द के बाद काबराजी ने ऑयल मिल डाली। शाह परिवार ने 1956 में ऑयल मिल शुरू की। उनका मूँगफली तेल ज्योति ब्रांड नाम से आता था। कुछ मूँगफली यहाँ पैदा होती थी और कुछ छिन्दवाड़ा–पांडुरना से आती थी। स्थानीय स्तर पर अलसी, तिल्ली मिल जाती थी। गाडरवारा के पास एक जगह से वहाँ के दिविक सेठ के यहाँ मूँगफली का सारा स्टाक आता था। वहाँ से शाह परिवार उसे पिपरिया ले आते थे। उन्होंने ऑयल मिल सन् दो हज़ार तक चलाई। पिपरिया में भोपाल से नावों से माल आता था। साँडिया से फिर यहाँ शिफ़्ट होता था। यहाँ के बाज़ारों में इकट्ठा होकर देश के अन्य शहरों में भेजा जाता था। माल ट्रेन से जाता था। सबके अपने हिम्माल थे। सारा माल बैलगाड़ियों से आता था और ट्रेन से जाता था। हर दुकान के अलग मुक़द्दम थे जो काम करते थे।[161]

161. किशोर शाह, 82 वर्ष, व्यवसायी, हम्माली मोहल्ला, पिपरिया, साक्षात्कार : मई, 2017

पिपरिया दाल मिल–1, वर्ष : 2017
स्रोत : सेंटर फोर कम्युनिटी नॉलेज

पिपरिया दाल मिल–2, वर्ष : 2017
स्रोत : सेंटर फोर कम्युनिटी नॉलेज

रेखा व्योहार का घर, पुरानी बस्ती, वर्ष : 1980
स्रोत : रेखा व्योहार

किराना दुकान, पिपरिया, वर्ष : 2016
स्रोत : जतन ट्रस्ट

ईंट भट्टा, पिपरिया, वर्ष : 2016
स्रोत : जतन ट्रस्ट

बैलगाड़ी से गाड़ी तक

उस समय गाँव के हर घर में बैलगाड़ी होती थी। शादी ब्याह के समय बैलगाड़ी में ही बारात जाती थी। खवास हवा करता रहता था। लोग बैलगाड़ी किराये से भी चलाते थे। तोजी हम ऐसे ही चुकाते थे। चार आना एकड़ तोजी लगती थी। हम पचास रुपये साल की तोजी चुकाते थे। उस ज़माने में ज़्यादातर यात्राएँ बैलगाड़ी से ही होती थीं। परासिया, छिन्दवाड़ा और बालाघाट तक बैलगाड़ी से ही आया–जाया करते थे।[162]

बैलगाड़ियों से माल भी आता था। सिलारी से लेकर पिपरिया तक पूरी सड़क बैलगाड़ियों से पटी रहती थी। गल्ला मण्डी में माल ख़ाली कर किसान अपनी बैलगाड़ियाँ सड़क किनारे खड़ी कर भोजन वग़ैरह करते थे। क्या बढ़िया जमघट होता था किसानों का! सुबह तीन बजे से बैलगाड़ियों की चर्र–चर्र शुरू हो जाती थी पूरे शहर में। उस ज़माने में कई जगहों पर जैसे अस्पताल के सामने, बैंक के पास, साँडिया रोड पर, पचमढ़ी रोड पर नाद बनी रहती थी सीमेंट की। दिन में पाँच–छह बार लोग उसमें पानी भरा करते थे और आते–जाते बैलगाड़ी वाले वहाँ अपने बैलों को पानी पिलाते थे।[163]

---

162. हजारीलाल वर्मा उर्फ़ हज्जी पटेल, 96 वर्ष, किसान, सिलारी, साक्षात्कार : अक्टूबर, 2016

163. सुरेश कुमार गोदानी, 68 वर्ष, दाल मिल मालिक, मोहता प्लाट, पिपरिया, साक्षात्कार : मई, 2017

जब हम बैलगाड़ी चलाते थे तब एक बार एक डिप्टी रेंजर और दो नाकेदारों ने हमसे किराये पर गाड़ी का चका (पहिया) माँगा। हम तैयार तो नहीं थे लेकिन जब उसने पाँच रुपये रोज़ किराये का कहा तो हम तैयार हो गये। हम चका उनको दे दिये, लेकिन जब 15 दिन न किराया आया और चका मिले तो हमने उनको पूछा। उन्होंने उल्टे हमसे कहा कि ये चका डिपो के हैं तुमने उन्हें चुराया था। हमें ग़लत साबित करने के लिए उन्होंने चकों में सरकारी सील भी लगा दी थी। मामला थाने पहुँचा तो मैंने थानेदार को बताया कि एक चका मैंने प्रेम अखेपुरिया से ख़रीदा है और दूसरा चका महुआखेड़ा के रतन कुर्मी से ख़रीदा है। फिर दोनों की गवाही हुई और साबित हुआ कि चके मेरे थे। मैंने वनमंत्री को भी शिकायत लिखी थी। तब एस.डीएम सोहागपुर में रहता था। उसने मेरी शिकायत सुनी। डिप्टी रेंजर, एक नाकेदार और एक चौकीदार को इस मामले में सस्पेंड किया गया था। यह पूरा मामला डेढ़ साल तक चला था।[164]

भटगाँव में प्रेमचन्द साहू बैल दौड़ाने में मशहूर थे। गाँव वाले उन्हें वीर कहते थे। उनके बेटे अनन्तराम साहू की शादी में बारात बैलगाड़ी से बनवारी गयी थी। कुल 80 बैलगाड़ियाँ गयी थीं बारात में। हनुमानजी की मढ़िया से पिपरिया चौराहे तक बैलगाड़ियों की लाइन लगी थी। लोग देखकर हैरत में थे।[165]

बैलों को खडुआ बीमारी हो जाती थी। उसमें जानवर लँगड़ाने लगता था और चरता नहीं था। ढोरों को तीजा लग जाता था। उसमें भादों में फसूकर रहता है। उसको ढोरों ने खा लिया तो ढोर बीमार हो जाता है। फिर जानवरों को झाड़ते थे। पर्दा लगा देते थे कि बाई चारे न देखें फिर झाड़ते थे। फिर छह–सात दिन में कड़ैया करके प्रसाद बाँटते थे। बड़े भाग रहते थे तो बच जाता था, नहीं तो मर जाता था।

---

164. जसवन्त सिंह अहिरवार, 74 वर्ष, श्रमिक, लोहिया वार्ड, पिपरिया, साक्षात्कार : फ़रवरी, 2017

165. अनन्तराम साहू, 85 वर्ष, समाजसेवी, साँडिया रोड, पिपरिया, साक्षात्कार : जुलाई, 2017

पहले ढोरों का कोई डॉक्टर नहीं था। सेमरा की छाल, मुनगा की छाल से दवाई बनाते थे। हींग, मिर्ची, हल्दी बाँट कर सेर भर पानी में धर देते थे। थोड़ा पानी बचे तो उसको नार में डाल कर ढोर को पिला देते थे। अगर ढोर को ठण्ड लग जाये और वह चरता न हो तो इससे ठीक हो जाता था। बेगा भी निकल आता था। बेगा में चारों पाँव लँगड़ाने लगते थे और मुँह से लार टपकती थी। अन्दर फोला हो जाता था। पाँवों में इतना बेगा होता था कि पक कर खुर गिर जाते थे। बच गया तो बच गया नहीं तो ढोर मर जाता था। सरप घट की बीमारी भी होती थी। उसमें गुठला पड़ जाते थे। साँस नहीं ले पाते थे और जानवर एक घण्टा बाद कुआँ में मर जाता था।

अब बैलों को कौन पूछ रहा है? पहले कहावत थी कि बेटा की कमाई और बैल की कमाई एक बराबर होती है इसलिए बैल को बेटा जैसा ही माना जाता था। गइया को बच्छा पैदा हो जाये तो परिवार में बहुत ख़ुशी होती थी। जैसे बेटा को खिलाते हैं ऐसे ही बैल को भी खिलाते थे। वह भी बेटा जैसा ही प्यारा होता था। अब तो बछड़े मारे–मारे फिर रहे हैं। उन्हें जंगल में खदेड़ आते हैं ठेला भर भर के। अब उनकी पूछ नहीं रही।[166]

पहले बैलगाड़ी और बोदागाड़ी से ही आना–जाना होता था। मेरे एक चाचा गुरारी से बैलगाड़ी में खापरखेड़ा के सामान्य स्कूल में पढ़ने आते थे। आज वे अमेरिका में डॉक्टर हैं।[167]

उस ज़माने में पचमढ़ी घोड़े पर जाते थे। मालगाड़ी में घोड़े आते थे। हम सब स्टेशन जाते थे उन्हें देखने। मालगाड़ी में पूरा अस्तबल ही था। घोड़ों के लिए पूरी व्यवस्था थी। नगरपालिका के

166. कमला बाई गूजर, 80 वर्ष, पशु पालक–किसान, गूजरपुरा पुरानी बस्ती, पिपरिया, साक्षात्कार : सितम्बर, 2017

167. अरुणा कटकवार, 66 वर्ष, समाजसेवी, साँडिया रोड, पिपरिया, साक्षात्कार : फ़रवरी, 2017

पीछे वाले हिस्से में कोचवान मोहल्ला था। जहाँ ताँगे वाले और घोड़ागाड़ी वाले रहते थे।[168]

पचमढ़ी रोड पर रेस्ट हाउस के पीछे ताँगा चलाने वाले कुछ मुस्लिम परिवारों का एक मोहल्ला था। उसे कोचवानी मोहल्ला कहा जाता था। उस समय पचमढ़ी तक का कच्चा रास्ता बन गया था और वहाँ जाने के लिए बैलगाड़ी और ताँगा ही थे। उस समय एक शेख चुन्नू मोहम्मद इस्माइल नालदार थे। उनके घोड़े, ताँगे चलते थे। वे बैतूल तक घोड़ों की नाल ठोंकने जाते थे। ताँगा चलाने वाले ये चार–पाँच परिवार 1900 के आसपास पिपरिया आये थे।[169]

कोचवानी मोहल्ला नगरपालिका के पीछे मस्जिद से लगा हुआ था। पहले ताँगे चलते थे। पचमढ़ी जाने के लिए कोई साधन नहीं था। डाक ताँगे में जाती थी पचमढ़ी। ताँगे वाले कोचवानी मोहल्ले में रहते थे। अब कितने ताँगे वाले थे यह कहना तो मुश्किल है।[170]

एक बार हम काशी एक्सप्रेस से उतरकर आ रहे थे। तब यहाँ पर एक ही ताँगा चलता था। बुल्लू दादा ताँगा चलाते थे। वो हमारे मोहल्ले में ही रहते थे। मैं गाड़ी से उतरा तो बुल्लू दादा बोले ठहर कोई सवारी मिल जाये तो चलते हैं। फिर घर ही जाना है। एक सवारी मिली हथवाँस की, चार आना किराये में। उसने हथवाँस में सवारी छोड़ी और आये तो इस पुलिया के उस तरफ़ हमारा ताँगा तो चल रहा था लेकिन आगे नहीं बढ़ रहा था। बुल्लू दादा बोले तू ताँगे से मत उतरना। वे उतरे और घोड़े को पकड़कर ताँगा मोड़ा और फिर हम घूमकर रिपटा से होते हुए आये। तब मछवासा में पानी बहता रहता था।[171]

---

168. चम्पू लाल गोंड, 98 वर्ष, श्रमिक, गोंडीपुरा पुरानी बस्ती, पिपरिया, साक्षात्कार : अक्टूबर, 2016
169. मौर्य, नारायणदास, 'पिपरिया 2000', समानता प्रकाशन, पिपरिया, म.प्र., प्रकाशन वर्ष : 2000
170. अशरफ़ खान (सब्बा चाचा), 70 वर्ष, समाजसेवी, इतवारा बाज़ार, पिपरिया, साक्षात्कार : फ़रवरी, 2017
171. अब्दुल सलाम, 75 वर्ष, फल व्यापारी, सरदार वार्ड, पिपरिया, साक्षात्कार : जुलाई, 2017

मेरे मामा धर्मचन्द, उनके बेटे मनोहर और पोते परमानन्द ने यहाँ ताँगा चलाया है। साँडिया की सड़क कच्ची थी तो उस पर मामाजी दो घोड़ों वाला ताँगा लेकर जाते थे। पिपरिया में उस समय दो ही ताँगे थे। एक मामाजी का और दूसरा हैदर की पुलिया वाले मोहन डंफ का।[172]

दस साल के थे जब पिपरिया आ गये थे। जब हम पढ़ते थे तो चौराहे से हथवाँस जाने में लोगों को डर लगता था। एकदम सुनसान इलाक़ा था। अब तो पिपरिया हथवाँस एक हो गया है। उस समय आबादी कम थी। इतने वाहन, इतना विस्तार नहीं था। अगर देवकिशन सेठ के जीप आ गयी तो हम गिनती करते थे कि पिपरिया में एक जीप आयी है। फिर साल–छह महीने में काबराजी के यहाँ आ गयी तो दो जीप हो गयी। हम यहाँ से छुट्टियों में भटगाँव जाते थे तो हाथ में डण्डा लेकर जाते थे कूदते हुए। उस समय बस नहीं चलती थी। पैदल जाते थे या हमारे घर से बैलगाड़ी आ जाती थी। उस समय बैलगाड़ी और बख्खरों का ज़माना था। ट्रैक्टर तो थे नहीं।[173]

पहले वाहन नहीं चलते थे। पैदल जाते थे। बरेली तक पैदल गये हैं। पहले बग्घी चलती थी। बरेली शाम तक पहुँच जाते थे। हम रिंगत गये हैं। चौराहेट, सेमरी तक रिंगत गये हैं। हम डुकरा डुकरिया जाते थे।[174]

मैंने 90 रुपये में साइकिल ख़रीदी थी। उसे लेकर साँडिया गया तो लोग देखने आ गये कि अरे ये तो साइकिल ले आया! बड़े पैसे वाला हो गया है।[175]

---

172. हरगोविन्द राय, 79 वर्ष, सेवानिवृत्त सरकारी कर्मचारी, अशोक वार्ड, पिपरिया, साक्षात्कार : जून, 2017

173. अनन्तराम साहू, 85 वर्ष, समाजसेवी, साँडिया रोड, पिपरिया, साक्षात्कार : जुलाई, 2017

174. सेवरती बाई बंसकार, 80 वर्ष, पुश्तैनी बाँस श्रमिक, लोहिया रोड, पिपरिया, साक्षात्कार : अप्रैल, 2017

175. रामदयाल गुप्ता, 82 वर्ष, व्यवसायी, कस्तूरबा वार्ड, पिपरिया, साक्षात्कार : जुलाई, 2017

1981 में मैं साइकिल से जाता था तो साइकिल प्लेटफ़ॉर्म पर रखता था। फिर दूसरी तरफ़ प्लेटफ़ॉर्म से नीचे साइकिल उतारकर पचमढ़ी रोड चला जाता था। अब ऐसा नहीं हो सकता। प्लेटफ़ार्म ऊँचे हो गये हैं। साइकिलें किराये से चलती थीं। 25 पैसे घण्टा लगता था। हमने किराये की साइकिल ख़ूब चलायीं। पहले कहा जाता था कि जब तक चोट नहीं लगे और ख़ून न निकले तब तक साइकिल नहीं सीख सकते। एक बार चोट लगती ही है। इस बात को हर बच्चा मानता था। ख़ून साइकिल में लगा देते थे। कहते थे साइकिल ख़ून माँगती है! कॉलेज में थे तब तक कॉलेज की कोई लड़की साइकिल नहीं चलाती थी। सीमा बैस और एक–दो लड़कियाँ साइकिल चलाती थीं तो लोग कौतूहल से देखते थे।[176]

हमारी ससुराल सागर में है। खण्डवा से हमारी बारात गयी थी। खण्डवा से पिपरिया रेलगाड़ी से आते थे। तब यहाँ तक बस नहीं चलती थी। 1965 के क़रीब बस चालू हुई थी खण्डवा–होशंगाबाद। पचमढ़ी एक ही बस चलती थी। सुबह जाती थी और शाम को वापस आती थी। पिपरिया में रोडवेज बाद में आया।[177]

कई कामों के चलते घर से निकलना पड़ता था। गाँव में खेत बटिया पर देते थे तो कभी जाना पड़ता। हम बस से साँडिया जाते थे। वहाँ से पाँच किलोमीटर पैदल चलकर गाँव पहुँचते थे। सर्रा जाने के लिए पहले जब बस मोटर नहीं थी। हम सामान उठाकर 20 किलोमीटर पैदल ही जाते थे। फिर मोटर शुरू हुई। उसका किराया अठन्नी लगता था। मेरी बहन सालेचौका जाती थी। पैसेंजर

---

176. गोपाल राठी, 59 वर्षीय, शैक्षिक कार्यकर्ता, साँडिया रोड, पिपरिया, साक्षात्कार : फ़रवरी, 2017

177. अब्दुल सलाम, 75 वर्ष, फल व्यापारी, सरदार वार्ड, पिपरिया, साक्षात्कार : जुलाई, 2017

गाड़ी में 12 आना किराया लगता था। आठ आने से शुरुआत हुई थी।[178]

हम लोग मालनवाड़ा से साँडिया आये। यहाँ सतना और दमोह सहित चार–पाँच जगह रेलवे की आउट एजेंसी खुली थी। आउट एजेंसी में पचमढ़ी में रेलवे की बुकिंग करने का काम था। उस समय तनख़्वाह थी क़रीब 70–78 रुपये। पिपरिया में बसों की शुरुआत मेरे सामने ही हुई है। तब सीपीटीएस के तहत बसें चलती थीं। तब साँडिया से पिपरिया के 65 पैसे लगते थे। पहले 50 पैसे लगते थे। बस में मेरा काम बुकिंग करने का था।

उस समय लाल डिब्बे वाली बसें थीं। उसके बाद प्राइवेट बसें भी चलीं। पहले लोग पैदल आते थे या घोड़े से आते थे। साँडिया में लोगों के पास घोड़े थे। साँडिया से आधा घण्टे में बस पिपरिया आ जाती थी। उस समय रोड बहुत कचरा थी। पुलबंदी से अब बहुत सुविधा हो गयी है। पहले साँडिया से पिपरिया आने–जाने का कोई साधन नहीं था। बस आयी तो सबको सुविधा हो गयी। खापरखेड़ा, गाड़ाघाट और पचलावरा गाँव बीच में पड़ते हैं।[179]

पिपरिया में तीन लोगों के पास गाड़ियाँ थीं। पहली गाड़ी रेवाशंकर पालीवाल के पास फियेट थी। ऑस्ट्रेलियन फियेट लाये थे वे। झील पिपरिया वाले रघुनाथ पटेल के पास भी यही गाड़ी थी। उनके बाद गाड़ी लाये थे तुलसीराम कटकवार। उनके पास एक जीप थी। बाद में अम्बेसेडर लाये। जब उन्हें रेलवे से मुआवज़ा मिला था। एक फोर्ड गाड़ी थी ज्ञानरंजन सिंह कटकवार के पास। तुलसीरामजी के पास भी एक फोर्ड गाड़ी थी। काले रंग की। उस समय पिपरिया में यही चार–पाँच गाड़ियाँ थीं। शोभापुर में सालिगराम पालीवालजी थे,

---

178. कमला बाई राजपूत, 80 वर्ष, किसान, अशोक वार्ड, पिपरिया, साक्षात्कार : फ़रवरी, 2017
179. रामदयाल गुप्ता, 82 वर्ष, व्यवसायी, कस्तूरबा वार्ड, पिपरिया, साक्षात्कार : जुलाई, 2017

उनके पास भी गाड़ी थी। एक गाड़ी सोहागपुर के एक सिन्धी बाबू के पास। गाड़ियों का क्रेज बढ़ा है 70 के बाद।[180]

पिपरिया क्षेत्र की पहली निजी कार काबरा परिवार ने 1948 में ख़रीदी थी। यह पोन्टियक ब्रांड की अमेरिकी मोटरगाड़ी उन्होंने 18 हज़ार में ख़रीदी थी।[181]

सबसे पहले गाड़ी आयी थी कोठारी परिवार में। एक जीप आयी थी बाम्बे से। मन्नी सेठ के यहाँ। उसे देखने पूरी पिपरिया के लोग आये थे। तब लोग साइकिलों से चलते थे। फिर मोटरसाइकिल आयी। जावा मोटरसाइकिल चलती थी। फिर बुलट आयी। बुलट पहले मिलिटरी और पुलिस को दी गयी थी। उसकी आवाज़ से लोग समझ जाते थे कि पुलिस वाले आ रहे हैं। कार एक राय लाये थे जो सॉंडिया रोड पर रहता था। वह अम्बेसडर कार थी। पचमढ़ी वालों की जावा देखी थी। इन्हें लोग देखने आते थे कि कार कैसी होती है। उस समय साइकिलों के सिवा कुछ था ही नहीं। साइकिल उस समय ख़ास थी। दहेज में साइकिल दी जाती थी। इतवारा बाज़ार में सब्बा चाचा के एक भाई ने साइकिल में एक मशीन फिट करी थी। उसमें शायद मिट्टी का तेल डालकर चलाते थे। वो अजीब बात थी। उसे चलता देखने भी लोग आते थे कि ये साइकिल मशीन से चलती कैसे है। उस समय उन्होंने साइकिल को मोटरसाइकिल बना दिया था।[182]

छातेर की खेती के लिए हमारे बड़े भाई को मोटरसाइकिल दिलाई गयी थी। उस समय पिपरिया में सात मोटरसाइकिलें थीं।

---

180. गोविन्द बनर्जी, 76 वर्ष, समाजसेवी, बनर्जी कॉलोनी, पिपरिया, साक्षात्कार : जुलाई, 2017
181. मौर्य, नारायणदास, 'पिपरिया 2000', समानता प्रकाशन, पिपरिया, म.प्र., प्रकाशन वर्ष : 2000
182. माखन आचार्य, 74 वर्षीय, साधक–ब्रह्मकुमारी मिशन, पिपरिया, साक्षात्कार : जुलाई, 2017

ये 1974–75 की बात होगी। चार मोटरसाइकिलें तो डॉक्टरों के ही पास थीं। एक कार काबराजी के पास थी।[183]

1970–75 के आसपास डॉक्टर भार्गव पिपरिया में पहली बार मोटरसाइकिल लेकर आये थे। फिर डॉ. रमाकान्त और फिर डॉ. विष्णु मोटरसाइकिल लाये। आज तो हर गली–कूचे में मोटरसाइकिल भगती दिखती हैं।[184]

---

183. श्रीगोपाल गांगुड़ा, 60 वर्ष, व्यवसायी–समाजसेवी, मंगलवारा बाज़ार, पिपरिया, साक्षात्कार : जून, 2017
184. हरगोविन्द राय, 79 वर्ष, सेवानिवृत्त सरकारी कर्मचारी, अशोक वार्ड, पिपरिया, साक्षात्कार : जून, 2017

बैलगाड़ी, मध्य प्रदेश, वर्ष : 1960
स्रोत : एन एस रामास्वामी, सी एल नरसिम्हन 'इंडियाज़ एनिमल ड्रॉन व्हीकल्स' पुस्तक से

पिपरिया और आस–पास इलाके में लम्बे समय तक चले टेम्पो, वर्ष : 2015
स्रोत : जतन ट्रस्ट

ओस्मानिया गेट, सोहागपुर, वर्ष : 2005
स्रोत : जतन ट्रस्ट

पुराना गेट, डापका गाँव,
वर्ष : 1980
स्रोत : जतन ट्रस्ट

शिक्षा, साहित्य और खेलकूद

विद्यालयों से वाचनालयों तक

उन दिनों ज़िले में एक ही स्कूल हुआ करता था होशंगाबाद में। यहाँ से बहुत कम लड़के होशंगाबाद पढ़ने जाते थे। बहुत तकलीफ़ होती थी। हमारी बुआ के बेटे श्याम सुन्दर होशंगाबाद पढ़ने गये थे। उस ज़माने में ज्ञानचन्द मालपानी, पुरुषोत्तम काबरा आदि तीन–चार लड़के होशंगाबाद गये थे पढ़ने। हमारे बड़े सेठ रामनारायणजी को ऐसा लगा कि यहाँ स्कूल खुल जाता तो अच्छा रहता। एक दिन मोहनलाल छिदामीलाल के यहाँ ग्रेन मर्चेंट एसोसिएशन की मीटिंग हो रही थी। उसमें डिप्टी कमिश्नर आये हुए थे। उन्होंने कहा कि अगर आप लोग मुझे कल तक दो लाख रुपये दे दें तो मैं यहाँ स्कूल बनवा सकता हूँ। जो सबसे ज़्यादा पैसा देगा, स्कूल उसके नाम पर होगा। उस मीटिंग में काकाजी थे। उन्होंने कहा कि बड़े भैया के नाम से मैं तीस हज़ार रुपये दूँगा। दो दिन में दो लाख रुपये जमा हो गये। यह 1944–45 की बात है।

उस समय नागपुर राजधानी हुआ करती थी। शिक्षा विभाग वहीं था। नागपुर के पीडब्ल्यूआई वाले आ गये। उन्होंने फोन कर दिया। नागपुर से वे आये और बड़े सेठ के और काकाजी के सिगनेचर ले गये। उस काग़ज़ पर कलेक्टर साहब के दस्तख़त भी ले लिये। उसमें बहुत शर्तें रखी थीं। उसमें था कि उन्हें पाँच ग़रीब लड़कों की फ़ीस माफ़ करने का अधिकार रहेगा।

सरकार ने मंजूर कर लिया था। एक शर्त थी कि संस्कृत अनिवार्य रहेगी। ऐसी बहुत–सी शर्तें थीं।

आरएनए वाली ज़मीन गंगाराम काबरा की थी। उनसे कहा गया था कि आप ज़मीन दे दो। इनके साथ आपका नाम भी रहेगा लेकिन वो तैयार नहीं हुए। सरकार ने उनकी ज़मीन अधिग्रहीत की थी। वे केस लड़ते रहे हाईकोर्ट में। फिर उन्हें 80 हज़ार रुपये मिले थे। इस तरह 1950 के आसपास आरएनए स्कूल शुरू हो गया जहाँ कक्षा छह से 11वीं तक की पढ़ाई होती थी।[185]

आरएनए स्कूल का एक ज़माने में बड़ा नाम था। लाइन लगती थी वहाँ जाने में। स्थानीय स्तर पे लोक मुहावरों में भी उसका जिक्र होता था। जैसे हरिशंकर पुरोहित का छोटा लड़का सुरेन्द्र पुरोहित एक गीत सुनाया करता था जो हमारे बीच बड़ा चर्चित था : ''मैं कक्काजी से कैहूँ, मैं तो आरएनए में जैहूँ!'' ये गाँधी जन्मशती, 1969 की बात है।[186]

1953 के आसपास अब्दुल्ला भाई ने जयप्रकाश शाला में ही उर्दू स्कूल खोला था। मास्टर के साथ कभी–कभी बोहरा साहब भी वहाँ पढ़ाते थे। वह स्कूल तीन साल तक चला।[187]

आरएनए के बाद पचमढ़ी रोड पर सम्भवतः 1960–65 के आसपास जयहिन्द आदर्श विद्यालय खुला। राधेश्याम जायसवाल और नन्दलाल कोडवानी ने मिलकर श्याम टाकीज़ के बरामदे में स्कूल शुरू करवा दिया था। दिन को वहाँ स्कूल लगता था और रात को सिनेमा चलता था। फिर सरकार से एकमुश्त पैसा मिला तो पचमढ़ी रोड पर चौहान का बग़ीचा ख़रीदा गया। फिर वहाँ सबके सहयोग से स्कूल बना। उस समय सबसे एक आना लिया जाता था। इसके

---

185. किशन अग्रवाल, 84 वर्ष, व्यवसायी, पुरानी गल्ला मण्डी, पिपरिया, साक्षात्कार : जुलाई, 2017
186. श्रीगोपाल गांगुड़ा, 60 वर्ष, व्यवसायी–समाजसेवी, मंगलवारा बाज़ार, पिपरिया, साक्षात्कार : जून, 2017
187. मोहम्मद अली बोहरा, 82 वर्ष, व्यवसायी, पिपरिया, साक्षात्कार : अप्रैल, 2017

लिए कांग्रेस नेता पट्टाभि सीतारमैया से भी पैसा लिया था। इसके पहले जग्गू उस्ताद के नगरपालिका अध्यक्ष बनने के बाद पिपरिया में कई प्रायमरी स्कूल खुले। पुरानी बस्ती का मिडिल स्कूल उन्होंने ही बनवाया था। लोगों ने बड़ी आपत्तियाँ कीं लेकिन वे स्कूल बनवा कर ही माने। उन्हें पता था कि पुरानी बस्ती में गोंड, गुर्जर और कीर रहते हैं। उनके बच्चे आरएनए में पढ़ने की सोच भी नहीं सकते। उनके बच्चों की शिक्षा के लिए उन्होंने यह स्कूल खुलवाया था। इसे बाद में डिब्बा स्कूल कहा जाने लगा था। इसके साथ ही उन्होंने कई प्रायमरी स्कूल भी खुलवाये। उनमें कस्तूरबा कन्या शाला, लक्ष्मी बाई कन्या शाला, सुभाष शाला, सिन्धी शाला आदि शामिल हैं।[188]

नवचेतना उच्चतर माध्यमिक विद्यालय 1970 में शुरू हुआ। अनन्तराम साहू और स्वयं सेवक संघ से जुड़े लोगों ने इस स्कूल को शुरू करवाया। उस समय स्कूल के पास भवन नहीं था। शिक्षकों को वेतन देने के लिए पैसा नहीं था लेकिन स्कूल चलता रहा। आज स्कूल के पास अपना भवन है और पूरी व्यवस्था है। नवचेतना प्रबन्धन समिति स्कूल का संचालन करती है।[189]

स्कूलों में उस समय बड़ी पिटाई होती थी। एक बार मेरे एक अध्यापक ने मुझे इतना मारा कि मुझसे धोती तक नहीं निचोड़ी जाती थी। लड़कियाँ स्कूल नहीं जाती थीं। मैंने जहाँ तक पढ़ाई की वहाँ मेरी कक्षा में एक भी लड़की नहीं थी। 1970 के आसपास लड़कियों का स्कूल जाना शुरू हुआ। साँडिया रोड पर रिपटा मन्दिर परिसर में एक संस्कृत पाठशाला भी थी जहाँ ब्राह्मण लड़कों को शिक्षा दी जाती थी। कई साल पहले वह पाठशाला बन्द हो गयी थी।[190]

---

188. गणपत सिंह राजपूत, 75 वर्ष, पूर्व नगरपालिका अध्यक्ष, इतवारा बाज़ार, पिपरिया, साक्षात्कार : जुलाई, 2017
189. अनन्तराम साहू, 85 वर्ष, समाजसेवी, साँडिया रोड, पिपरिया, साक्षात्कार : जुलाई, 2017
190. हरगोविन्द राय, 79 वर्ष, सेवानिवृत्त सरकारी कर्मचारी, अशोक वार्ड, पिपरिया, साक्षात्कार : जून, 2017

बचपन में हम पुरानी धोतियों का बस्ता बनाकर स्कूल जाते थे। पुराने ज़माने में अधिकतर मज़दूर और किसानों के बच्चे स्कूल नहीं जाते थे।[191]

मेहनतकश लोगों के बच्चे वैसे स्कूल तो जाते न थे। और जो जाते थे उसमें से कई पिटाई के डर से स्कूल से भग जाया करते थे। जैसे एक बार मुझे देर हो गयी तो मास्टरनी मुझे मारने दौड़ी। मैं उनके सर पर स्लेट मारकर भाग गयी और फिर कभी स्कूल नहीं गयी। फिर बस अपने घर के जानवर चराने में लग गयी।[192]

स्कूल में टोपी लगा कर जाना पड़ता था। जिसके पास टोपी नहीं होती थी उसकी बड़ी पिटाई होती थी।[193]

एक दिन स्कूल में मुझसे बहनजी ने बुहारी मँगाई तो मैं उसे बुहारी मारकर भाग गयी और फिर कभी स्कूल नहीं गयी।[194]

1962 में हम दसवीं में पढ़ते थे तब 'अंग्रेज़ी हटाओ आन्दोलन'[195] में सक्रिय थे। चमन गोदानी जबलपुर में पढ़ता था। जब वह पिपरिया आया तो मिलन संस्था बनी। उसमें मोहन, शशि और चमन की मुख्य भूमिका थी। उसका अधिवेशन हुआ था। 1970 के आसपास की बात है। उसमें ललित अग्रवाल भी था। अरुण तिवारी भी था। फिर बाद में इफ़्तिखार अहमद ने बनायी, चन्दू भैया के साथ। मिलन ने पिपरिया में नाइट क्लास शुरू की। शाम सात बजे से नौ बजे तक।

---

191. हजारीलाल वर्मा उर्फ़ हज्जी पटेल, 96 वर्ष, किसान, सिलारी, साक्षात्कार : अक्टूबर, 2016
192. मंगो बाई, 79 वर्ष, सब्ज़ी विक्रेता, बरौआ मोहल्ला, पिपरिया, साक्षात्कार : मार्च, 2017
193. नाथूराम अहिरवार, 80 वर्ष, श्रमिक, अयोध्या बस्ती, पिपरिया, साक्षात्कार : फ़रवरी, 2017
194. सुमन बाई गूजर, 80 वर्ष, किसान, गूजरपुरा पुरानी बस्ती, पिपरिया, साक्षात्कार : अप्रैल, 2017
195. भारतीय राजनेता राम मनोहर लोहिया ने सार्वजानिक और सामाजिक जनजीवन में अंग्रेज़ी भाषा का वर्चस्व कम करने के लिए 1957 में अंग्रेज़ी हटाओ आन्दोलन की शुरुआत की। तेज़ पकड़ बनाने के बावजूद यह एक विफल आन्दोलन साबित हुआ।

पाँच रुपये फ़ीस लेते थे टीचर को देने के लिए। वो एक तरह से ट्यूशन थी। उसमें बहुत लोग आते थे। वह दो–तीन साल चली।[196]

पिपरिया कॉलेज 1962 में प्राइवेट कॉलेज के रूप में शुरू हुआ था। पहले यह पचमढ़ी रोड पर जहाँ जयहिन्द आदर्श विद्यालय है, वहाँ लगता था। इसे शुरू करने में तुलसीराम कटकवार और श्याम टाकीज़ वाले जायसवाल की बड़ी भूमिका थी। 1965 में यह कॉलेज आरएनए स्कूल की इमारत में लगने लगा। उस समय लड़कों के हॉस्टल को साइंस लैब बना दिया था। 8 अक्टूबर, 1965 को यह कॉलेज सरकारी हो गया। तभी मैंने लैब असिस्टेंट के रूप में कॉलेज में अपनी नौकरी शुरू की थी। 1962 से 1965 तक कॉलेज में बहुत कम लड़कियाँ थीं। पाँच–छह लड़कियाँ ही थीं। उस समय लड़कियाँ आठवीं से ज़्यादा नहीं पढ़ती थीं। सरकारी होने के बाद यहाँ आर्ट और साइंस में लड़कियाँ आयीं। 1970 तक यहाँ सिर्फ़ बीए था। फिर बीएससी शुरू हुआ और बाद में कामर्स भी शुरू हुआ। 1962 के पहले कॉलेज पढ़ने वालों को भोपाल, जबलपुर या सागर जाना पड़ता था। होशंगाबाद में कॉलेज पिपरिया के बाद खुला। 1989 में गर्ल्स कॉलेज शुरू हुआ जो सॉंडिया रोड पर गर्ल्स स्कूल के पीछे आदिवासी छात्रावास में लगता था। मैं 1990 तक पीजी कॉलेज में रहा और फिर गर्ल्स कॉलेज में आ गया। तब तक प्रमोशन मिलते–मिलते मैं एकाउंटेंट बन गया था। वहीं से 2003 में रिटायर हुआ। पहले पिपरिया कॉलेज सागर विश्वविद्यालय से सम्बद्ध था। 1992 के बाद यह बरकतउल्ला विश्वविद्यालय, भोपाल से अटैच हो गया। पिपरिया में एक निजी विवेकानन्द कॉलेज भी है। उसे अलीम भाई के बेटे ने खोला है।[197]

---

196. गणपत सिंह राजपूत, 75 वर्ष, पूर्व नगरपालिका अध्यक्ष, इतवारा बाज़ार, पिपरिया, साक्षात्कार : जुलाई, 2017

197. ग्यारसी त्रिवेदी, 74 वर्ष, सेवानिवृत्त कॉलेजकर्मी, अशोक वार्ड, पिपरिया, साक्षात्कार : फ़रवरी, 2018

मुझे कॉलेज के दिनों का 'अंग्रेज़ी हटाओ आन्दोलन' याद है। ये 1970–72 की बात होगी। तब हमने देखा कि पिपरिया में जो अंग्रेज़ी के बोर्ड थे वो पोत दिये गये थे। इसके बाद एक और आन्दोलन की याद है। पहले कॉलेज में बीए, बीएससी ही थी। जब गिरधर पालीवाल छात्र संघ के अध्यक्ष थे तब एमए, एमकॉम खोलने के लिए आन्दोलन हुआ था। उसके बाद एलएलबी के लिए हड़ताल हुई थी जिसमें शेर सिंह राय और रमेश पालीवाल को अनशन पर बिठाया था।[198]

मैंने 1970 से 1973 तक पिपरिया डिग्री कॉलेज से बीएससी किया। उस समय कॉलेज के पास अपना भवन नहीं था। वह आरएनए स्कूल के भवन में चलता था। स्कूल के हॉस्टल को कॉलेज की विज्ञान प्रयोगशाला बना दिया था। भले ही कॉलेज का अपना भवन न हो या उसकी भौतिक स्थिति अच्छी न हो लेकिन वहाँ पढ़ाई अच्छी होती थी। स्टाफ बहुत ही लर्न्ड और बढ़िया पढ़ाने वाला था। कॉलेज के प्रिंसिपल सिंघल साहब भी साइकिल से ही कॉलेज आते थे। हम लोग पैदल जाते थे। गणित के प्रोफ़ेसर जीके गुप्ता भी साइकिल से आते थे। वो नागपुर यूनिवर्सिटी के गोल्ड मैडलिस्ट थे। फिर फ़िजिक्स में मृणाल कान्ति सेन थे। डॉ. बालचन्द साहू थे। केमिस्ट्री के दो प्रोफ़ेसर थे एक सिद्दिक़ी साहब और दूसरे यूसुफ़ी साहब। दोनों भोपाल के थे। अंग्रेज़ी के प्रोफ़ेसर थे आरके चौबे। वे पढ़ाते तो अंग्रेज़ी थे लेकिन बीच–बीच में किसी मुद्दे पर एक दो शेर बोल देते थे ग़ालिब के। उस समय कॉलेज में कुछ ही लड़कियाँ पढ़ती थीं। हमारी 50 विद्यार्थियों की कक्षा में चार–पाँच लड़कियाँ थीं। कॉलेज स्टाफ में कोई महिला नहीं थी। लड़के–लड़कियाँ आपस में बात तक नहीं करते थे। कोई भी लड़की साइकिल से नहीं आती थी।[199]

---

198. श्रीगोपाल गांगुड़ा, 60 वर्ष, व्यवसायी–समाजसेवी, मंगलवारा बाज़ार, पिपरिया, साक्षात्कार : जून, 2017
199. एस के श्रीवास्तव, 65 वर्ष, सेवानिवृत्त बैंक ऑफ़िसर, इंडस पार्क, भोपाल, साक्षात्कार : फ़रवरी, 2018

हमने पिपरिया कॉलेज से बीकॉम किया है। हम लड़कों के स्कूल से आये थे लेकिन कॉलेज में सहशिक्षा थी। कॉलेज में लड़कियाँ आर्ट्स और साइंस में ही थीं। वाणिज्य संकाय में लड़कियाँ नहीं थीं। हमारी क्लास में बैंक मैनेजर की एक लड़की थी। सहशिक्षा के बावजूद कॉलेज में लड़के–लड़कियाँ के बीच संवाद नहीं था। क्लास में वे अलग–अलग बैठते थे और क्लास के बाद मैदान में भी अपने–अपने झुण्ड में बैठते थे।[200]

साहित्य पिपरिया की चेतना का अहम हिस्सा रहा है। शहर का सांस्कृतिक रुझान बनाने में पुस्तकालयों का महत्त्वपूर्ण योगदान है। जग्गू उस्ताद के समय ही पिपरिया में बेहद समृद्ध पुस्तकालय 'जनता वाचनालय' शुरू हुआ था। वहाँ तमाम भारतीय लेखकों से लेकर रूसी साहित्य तक मौजूद था। जयप्रकाश शाला के ऊपर जनता वाचनालय था। हर उम्र के लोग उसके पाठक थे। हमारे बचपन में वेताल, चम्पक और इन्द्रजाल कॉमिक्स के लिए लड़ाई हो जाती थी। हमारी शाम वहीं कटती थी। कभी धर्मयुग पढ़ते, कभी अख़बार पढ़ते। उसके नष्ट होने का कारण उसमें आग लगना था।[201]

यहाँ स्थानीय स्तर पर साहित्य के विकास में संस्था 'शहीद भगतसिंह पुस्तकालय और सांस्कृतिक केन्द्र' का भी योगदान है। बहुत सारी किताबें थीं वहाँ। उससे यहाँ पढ़ने का माहौल बना। ये बहुत बड़ा योगदान था यहाँ साहित्यिक रुचि बनाने और पढ़ने–पढ़ाने का।[202]

हमने क़रीब 15 वर्षों तक यहाँ कादम्बिनी क्लब चलाया। हम स्थानीय साहित्यकारों के माध्यम से नये लोगों को साहित्य के प्रति

---

200. गोपाल राठी, 59 वर्ष, शैक्षिक कार्यकर्ता, साँडिया रोड, पिपरिया, साक्षात्कार : फ़रवरी, 2017
201. श्रीगोपाल गांगुड़ा, 60 वर्ष, व्यवसायी–समाजसेवी, मंगलवारा बाज़ार, पिपरिया, साक्षात्कार : जून, 2017
202. गणपत सिंह राजपूत, 75 वर्ष, पूर्व नगरपालिका अध्यक्ष, इतवारा बाज़ार, पिपरिया, साक्षात्कार : जुलाई, 2017

प्रेरित करने के लिए जबलपुर, भोपाल, इन्दौर, उज्जैन से विद्वानों को यहाँ बुलाते थे।[203]

ललित अग्रवाल ने 'त्रिज्या' निकाली। वह यहाँ की पहली पत्रिका थी। उसके बाद 'आकण्ठ' और 'तनाव' निकलीं। हम कवियों का मज़ाक़ उड़ाते थे। उस समय तीन–चार बड़े कवि थे यहाँ। पहले छन्द वाली कविता चलती थी। जब चन्द्रकान्त देवताले यहाँ कॉलेज में आये तो यहाँ नयी कविता शुरू हुई। वे यहाँ 1965 से 1970 तक रहे। हरिशंकर परसाई भी दो–तीन बार यहाँ आये।

देवताले ने इस बस्ती को बहुत प्रभावित किया। उनकी सोहबत में ललित अग्रवाल, बंशी माहेश्वरी, हरिशंकर अग्रवाल और हरि मौर्य ने नयी कविता लिखने की शुरुआत की। मुक्तिबोध को तब कोई नहीं जानता था। मुक्तिबोध से परिचय उनके कारण ही हुआ। मैंने एमए में मुक्तिबोध उन्हीं के कारण लिया। मुक्तिबोध की कविताओं को लेकर जब वो बोलते थे, 'अँधेरे में...' तो लोग मन्त्रमुग्ध सुनते रह जाते थे। कॉलेज में देवताले जब पढ़ाते थे तो खिड़की के सामने भीड़ लग जाती थी। इतना आकर्षण था उनके पास। जब वह वाचनालय में बोलते थे तो हम लोग भी ऐसे ही सुनते थे।

आधुनिक कविता यहाँ उन्होंने ही लिखना सिखाया। वो बताते थे कैसे लिखना है। वो बताते थे कविता लिखते वक़्त शब्दों को कैसे पकड़ते हैं। जैसे 'जाओ पचमढ़ी रोड की तरफ़ तो आती है दरख़्तों से हवा।' जैसे वे बताते थे वृक्ष कहोगे तो वो मज़ा नहीं आयेगा जो दरख़्त कहने में है। हम तो सब्ज़ी मण्डी वाले थे तो हमको वो कूजड़ कहते थे। हमें लिखा–पढ़ी करनी होती थी इसलिए वे कूजड़ कहते थे।

पहले नारायणदास मौर्य और नन्दलाल कोडवानी में झगड़ा चलता था। मौर्य साहब 'हमारा निशाना' निकालते थे। वो इटारसी से छपता था। बाद में वो प्रेस लाये। वह उन्होंने निरंजन बाबू नरसिंहपुर

---

203. अनन्तराम साहू, 85 वर्ष, समाजसेवी, साँडिया रोड, पिपरिया, साक्षात्कार : जुलाई, 2017

वालों से ली थी। हरि भैया ने उसकी कम्पलेंट कर दी कि पैसा नहीं दिया। हम लोग विद्यावती जी के पास गये। उन्होंने अच्छी बात कही कि प्रेस तो मेरे पति उनको दे गये हैं। वह उनके पास ही रहेगी। फिर उन्होंने 'शान्ति प्रिंटिंग प्रेस' शुरू की और 'समानता' निकाला। उधर नन्दलाल की पहले से ही 'जवाहर प्रेस' थी। वो 'हमारा निशाना' के जवाब में 'डंका' निकालते थे। मौर्य साहब समाजवादी थे। नन्दलाल कांग्रेसी थे। दोनों एक–दूसरे की आलोचना करते थे। जनता को पढ़कर बड़ा मज़ा आता था। साँडिया रोड पर 'शिव प्रिंटिंग प्रेस' थी। वह इनसे भी पुरानी थी।[204]

गंगारामजी काबरा के लड़के थे रंगनाथ काबरा। एक 'उदय' पेपर निकलता था नरसिंहपुर से। रंगनाथ हमारे अच्छे मित्र थे। अब तो वे गुज़र गये हैं। 'उदय' पेपर के सम्पादक सत्यनारायण श्रीवास्तव थे। रंगनाथ दसवीं के छात्र थे। उन्होंने एक आर्टिकल लिख दिया 'उदय' में–'पिपरिया के पाँच पीर'। पाँचों कांग्रेसी थे–नारायण सिंह जयवार, मूलचन्द बामौरिया, प्यारेलालजी पालीवाल, हीरजी भाई शाह। उनकी बुराई कर दी। रामजीलाल काबरा उनके काकाजी हुआ करते थे। वे राजनीतिक रूप से थोड़े जागरूक थे। वे सक्रिय रहते थे। उन्होंने सुना कि ऐसा छपा है तो पेपर मँगाया। रंगनाथजी जैसे ही स्कूल से आये तो उठके एक थप्पड़ मारा। बोले तुम व्यापार करने दोगे या नहीं। ये किसके ख़िलाफ़ लिखा है तुमने। ये सब कांग्रेस के दिग्गज नेता हैं। अपना धन्धा बन्द करवा सकते हैं। रंगनाथ सहम गये थे।[205]

खेलकूद

पिपरिया में व्यायामशाला बहुत पुरानी है। उसे जग्गू उस्ताद ने शुरू करवाया था। उसमें एक बहुत अच्छे शर्माजी मास्साब थे। नाम

---

204. गणपत सिंह राजपूत, 75 वर्ष, पूर्व नगरपालिका अध्यक्ष, इतवारा बाज़ार, पिपरिया, साक्षात्कार : जुलाई, 2017

205. किशन अग्रवाल, 84 वर्ष, व्यवसायी, पुरानी गल्लामण्डी, पिपरिया, साक्षात्कार : जुलाई 2017

याद नहीं आ रहा। वे सबकी हाज़िरी भर योगा वग़ैरह कराते थे। लाठी–बनैठी हर चीज़ सिखाते थे। एक आना या दो आना फ़ीस लेते थे हफ़्ते की। सबके रजिस्टर में नाम लिखे थे।[206]

हनुमान व्यायामशाला की स्थापना में आनन्दीलाल राठी जग्गू उस्ताद के सहयोगी थे। वे उस्ताद के ख़ास दोस्त थे। आजकल कोई फ़ैक्टरी खुल गयी है वहाँ सीमेंट रोड की तरफ़। पहले व्यायाम शाला वहाँ थी। उस्ताद ख़ुद अमरावती में श्रीहनुमान व्यायामशाला में दो साल सीखकर आये थे। ये 1940 के पहले की बात है।[207]

पहले हनुमान व्यायामशाला में जब 12–14 साल के लड़के आते थे तो उस्ताद कहते कि इसमें चोट भी लग सकती है। उनके माँ–बाप कहते भले ही हड्डी टूट जाये लेकिन लड़का पहलवान बनना चाहिए। आज स्कूल का मास्टर भी किसी लड़के को मार दे तो माँ–बाप लड़ने आ जाते हैं।[208]

यहाँ इतवारा बाज़ार में कल्लू उस्ताद का अखाड़ा था। यहाँ कोचवानी मोहल्ले में भी एक अखाड़ा हुआ करता था।[209]

खेलने का शौक़ मुझे बचपन से ही था। मैंने राष्ट्रीय स्तर पर फुटबाल, कबड्डी और वालीबाल खेला। रेसलर भी रहा हूँ। खेल के माध्यम से मैंने कई नौकरियाँ भी कीं। स्टेट बैंक में कैशियर रहा। राज्य परिवहन में टीए रहा। कुछ समय रेलवे में भी रहा। उनकी तरफ़ से भी खेलता था। उस समय पिपरिया या आसपास की जगहों में खेलों के लिए आज जैसी व्यवस्था नहीं होती थी।[210]

---

206. हरिशंकर खटीक, 68 वर्ष, मांस विक्रेता, पुराना बस स्टैंड, पिपरिया, साक्षात्कार : जुलाई, 2017

207. कैलाश मौर्य (कैलाश मास्साब), 82 वर्ष, सेवानिवृत्त शिक्षक, मंगलवारा बाज़ार, पिपरिया, साक्षात्कार : फ़रवरी, 2017

208. माखन आचार्य, 74 वर्षीय, साधक–ब्रह्मकुमारी मिशन, पिपरिया, साक्षात्कार : जुलाई, 2017

209. अशरफ़ ख़ान (सब्बा चाचा), 70 वर्ष, समाजसेवी, इतवारा बाज़ार, पिपरिया, साक्षात्कार : फ़रवरी, 2017

210. अर्जुन पलिया, 70 वर्ष, पूर्व विधायक, बाँसखेड़ा, साक्षात्कार : जुलाई, 2017

खेल में हमारी शुरू से ही रुचि रही। जहाँ भी ग्राउंड मिलता था, खेलने पहुँच जाते थे। वालीबाल, हॉकी, खो खो, कबड्डी, फुटबाल सब खेलता था। सोहागपुर के आबिद भाई के साथ हम बैडमिंटन खेला करते थे। उनके पुत्र जाहिद के साथ भी खेला। पचमढ़ी में एक टूर्नामेंट में वो हमसे हार गये। मुरली भैया एमएलए थे। वे भी सागर से चैम्पियन बनकर आये थे। एक बार सोहागपुर में उनके साथ भी खेला। पहले मैं बैडमिंटन नहीं खेलता था। आरजी जायसवाल साहब ने पढ़ाया था हमको। वो एडआईएस हुआ करते थे। खेल के कारण मेरे प्रति उनकी ज़्यादा रुचि थी। उन्होंने कहा बैडमिंटन खेला करो। मैंने कहा यहाँ कोर्ट ही नहीं है। वे बोले पोस्ट ऑफ़िस में है वहाँ खेलो। मैं गया फिर वहाँ ज्वाइन कर लिया। वहाँ खेलने लगे।[211]

उस समय जो तत्कालीन प्रोफ़ेसर थे, उनका खेल के प्रति बड़ा रुझान था। एक रहमान साहब थे जो बहुत अच्छी फुटबाल खेलते थे। रजक साहब भी अच्छी फुटबाल खेलते थे। इन लोगों ने पिपरिया में खेल की चेतना को बढ़ाया। रोज़ सुबह और शाम कॉलेज के प्रोफ़ेसरों की टीम स्कूल के ग्राउंड पर होती थी। ये लोग जमकर खेलते थे और लोगों को सिखाते भी थे। आरडी मिश्रा बहुत अच्छी फुटबाल और हॉकी खेलते थे। बाद में टेबल टेनिस का खेल भी कॉलेज में शुरू हुआ। यहाँ वालीबाल भी ख़ूब खेला जाता था। कबड्डी भी बहुत थी। एक गुलाब सिंह राजपूत थे वे कॉलेज में नहीं थे लेकिन लड़कों को सिखाते थे। अर्जुन पलिया बहुत अच्छी वालीबाल और कबड्डी खेलते थे। तब पिपरिया में कबड्डी की मज़बूत टीम थी। इन सब लोगों ने पिपरिया में खेलों को बढ़ावा दिया। उस समय आरएनए स्कूल के एक कमरे में सब खेल सामग्री रखी जाती थी।[212]

---

211. किशन अग्रवाल, 84 वर्ष, व्यवसायी, पुरानी गल्ला मण्डी, पिपरिया, साक्षात्कार : जुलाई, 2017
212. श्रीगोपाल गांगुड़ा, 60 वर्ष, व्यवसायी–समाजसेवी, मंगलवारा बाज़ार, पिपरिया, साक्षात्कार : जून, 2017

डब्बा स्कूल, पिपरिया, वर्ष : 1966
स्रोत : रेखा व्योहार

कॉलेज परिसर, वर्ष : 1982
स्रोत : गोविन्द बनर्जी

आरएनए स्कूल में खेल–कूद पुरस्कार वितरण समारोह, वर्ष : 1980
स्रोत : गोविन्द बनर्जी

घुल्ला, बचपन का पारम्परिक खिलौना, वर्ष : 2011
स्रोत : जतन ट्रस्ट

सहकारिता आन्दोलन और देवगाँव सोसाइटी

पहली कोऑपरेटिव सोसाइटी पिपरिया में ही बनी थी। पूरे मध्य प्रदेश के कोऑपरेटिव मूवमेंट की शुरुआत यहीं से हुई। देवगाँव पिपरिया सोसाइटी का रजिस्ट्रेशन 1905 में हुआ। तब इस प्रदेश को सीपी एंड बरार कहा जाता था। उसमें हरिशंकर पुरोहित का परिवार लम्बे समय तक रहा। हरि भैया की मौत के बाद गोविन्द बनर्जी रहे। संस्था की हालत बदतर हो चली थी। इतनी पुरानी संस्था को ऐसे हाल में देखकर दुख होता था। इसके चलते हमने उसे सुधारने के प्रयास शुरू किये।

यहाँ इतवारा बाज़ार में एक प्लाट था जो सिन्धियों को गुरुद्धारा बनाने के लिए दिया गया था। उन्होंने पचमढ़ी रोड पर गुरुद्धारा बना लिया तो यह प्लाट यूँ ही पड़ा रहा। नियमतः तीन साल में गुरुद्धारा बनना चाहिए था। उस समय यहाँ एसडीओ एसएन शर्मा साहब थे। तब पिपरिया तहसील नहीं बनी थी। तब वे ही एसडीएम थे। उन्होंने पटवारी को बुलाया और कहा यह नजूल की ज़मीन है, जिसको दी उसने उपयोग नहीं किया तो इसको अपन रीएलॉट कर देते हैं। जब नपाई हो गयी तो बड़े लोगों ने विरोध शुरू कर दिया। जायसवाल की दारू की दुकान वहीं थी। पुरी साहब के ठेले खड़े होते थे। कोठारी साहब का पत्ता लगता था। उन्होंने कहा नहीं बना सकते, पर हमने कहा हम तो बनायेंगे। फिर हमने तीन तरफ़ दस–दस फ़ीट का रास्ता छोड़ा और बना दिया। लोगों ने हम पर केस लगा दिया। तब मैं मार्केटिंग और देवगाँव पिपरिया के डबल चार्ज में था।

फिर अध्यक्ष हरि भैया बन गये लेकिन उन्होंने कहा कि यह केस तो आप ही देखोगे। फिर हमने अजय मौर्य को वकील किया। बाद में सब ठण्डे पड़ गये। आज देखो डबल स्टोरी बिल्डिंग बन गयी है। करोड़ों की प्रॉपर्टी हो गयी है। आज संस्था भी अच्छी स्थिति में है। नये लड़के काम कर रहे हैं।

देवगाँव पिपरिया सोसाइटी का काम खाद, बीज और लोन बाँटने का था। आज मध्य प्रदेश के कोऑपरेटिव मूवमेंट को सरकार ने ख़त्म कर दिया है। उसका जो मूल उद्देश्य था उससे उसको अलग कर दिया। अब कह दिया गेहूँ ख़रीद, दाल ख़रीद, चावल ख़रीद करो।

पहले मार्केटिंग और कोऑपरेटिव दोनों अलग–अलग थे। उस समय सोसाइटी नहीं ख़रीदती थी। सिर्फ़ विपणन प्रक्रिया का काम था। विपणन के पास इस समय कोई काम नहीं है। अगर केन्द्र की नेफेड जैसी संस्था आ गयी ख़रीदी के लिए तो ठीक है नहीं तो कोई काम नहीं है। इतना भ्रष्टाचार हुआ ख़रीदी में कि कह नहीं सकते। सरकार भले कह रही है कि किसान का भला हुआ है लेकिन संस्थाएँ सब बैठ गयी हैं। कोऑपरेटिव बैंक की भी यही स्थिति है। हम लोग थे तो हमसे हर महीने बैलेंस शीट ली जाती थी। आज ऐसी कोई व्यवस्था नहीं है। कोऑपरेटिव का एक बैंक तो बन्द हो गया, भूमि विकास बैंक। उसके करोड़ों रुपये डूब गये। यही स्थिति अब ज़िला सहकारी बैंकों की होने वाली है।

हमने जब चार्ज लिया था मार्केटिंग का तब तो चाय पीने के लिए पैसे नहीं थे। तनख़्वाह देने के पैसे नहीं थे। मुझे तो सरकार ने नामिनेट किया था। पहली दफे छह महीने के लिए नॉमिनेट हुआ था। बाद में चुनाव लड़ा हूँ। एक धर्माधिकारी साहब थे। उन्होंने मुझसे कहा कि आप इसे चलाओ। मैंने जब छोड़ा तो बहुत अच्छी स्थिति में छोड़ा। तब वहाँ बीस लोग काम करते थे। यानी बीस परिवार पलते थे। आज एक नहीं है। जब मैंने ज्वाइन किया तब डेढ़ सौ रुपये तनख़्वाह थी। जब छोड़कर आया तो ढाई हज़ार रुपये हो गयी

थी। उसके बाद जो पतन शुरू हुआ तो बर्बाद हो गयी संस्था। आज उसका कोई धनी धोरी नहीं रहा।

फिर मैं कोऑपरेटिव मूवमेंट में 28 साल रहा। दस साल देवगाँव पिपरिया में रहा जो मृतप्राय संस्था थी, उसको उठाया और 18 साल मार्केटिंग में रहा। उस समय ओंकार सिंह राजपूत की पत्नी भी हमारे साथ थीं। जो मिलिटरी में थे। वो हमारे यहाँ डायरेक्टर थीं। उस समय हमें दो लेडीज़ केंडीटेड नहीं मिलते थे। एक सुशीला बाई चौकसे थीं। दूसरी ओंकार सिंह राजपूत की पत्नी थीं जबकि वे भाजपा के फॉलोअर हैं। वे हमारे साथ दो बोर्ड में रहीं। कोऑपरेटिव में सब साथ थे। अब पैटर्न ही बदल गया है। सोसाइटी की दाल मिल है। प्रोसेसिंग यूनिट है। ख़ैर आज वो बन्द पड़ा है। हमारे साथ अधिकतर जागरूक लोग रहे। ललन भाई, अशोक पालीवाल, राधावल्लभ तिवारी, डी साहू कामती के, वंशनारायण तिवारी सोहागपुर वाले सब हमारे साथी थे। केरल, गुजरात और महाराष्ट्र में सहकारी आन्दोलन सफल है। एक बार महाराष्ट्र की टीम यहाँ आयी थी। देखकर उन्होंने बड़ा एप्रिशिएट किया था। उस समय पिपरिया मार्केटिंग का भोपाल डिवीज़न में नाम था। अधिकारी स्टडी टूर करने पिपरिया आते थे। पिपरिया मार्केटिंग में दो–दो, चार–चार दिन स्टडी करते थे। हम लोगों के समय पाँच–पाँच सेंटर चलते थे। ख़रीदी का काम मार्केटिंग ही करती थी। सेमरी, सोहागपुर, शोभापुर, पिपरिया, बनखेड़ी सब जगह ख़रीदी हम लोग ही करते थे। हमारे आदमी ही जाते थे।[213]

रायबहादुर मोतीलाल मिश्रा नगर के प्रथम सहकारी बैंक के अध्यक्ष बने जिसका उद्घाटन 5 जनवरी, 1917 को हुआ था।[214]

---

213. पूरी बातचीत, गोविन्द बनर्जी, 76 वर्ष, समाजसेवी, बनर्जी कॉलोनी, पिपरिया, साक्षात्कार : जुलाई, 2017

214. मौर्य, नारायणदास, 'पिपरिया 2000', समानता प्रकाशन, पिपरिया, म.प्र., प्रकाशन वर्ष : 2000

1932–33 में गाँधीजी सोहागपुर आये थे। यहाँ से नर्मदा प्रसाद कटकवार भी उन्हें सुनने गये थे। वहाँ से वापस आकर उन्होंने ट्रंक में रखे कपड़े दान कर दिये और आजीवन खादी का ही उपयोग किया।[215]

गाँधीजी सोहागपुर, बाबई, करेली आये थे। उनकी आम सभा होशंगाबाद में न होकर बाबई में हुई। तब उन्होंने ठेठ बुन्देली में कहा था 'पहनो खादर (खादी), निभो सादा।'[216]

हीरजी भाई शाह, मूलचन्द बमौरिया, हरिप्रसाद चतुर्वेदी और राधाकिशन अग्रवाल ने पिपरिया में स्वतन्त्रता आन्दोलन की शुरुआत की। उन्होंने व्यक्तिगत सत्याग्रह, विदेशी वस्तुओं का बहिष्कार आदि आन्दोलनों में भाग लिया। हीरजी भाई को साढ़े 23 महीने की जेल भी हुई थी। मूलचन्द बमौरिया को व्यक्तिगत सत्याग्रह करने के कारण 1941 में छह महीने की जेल हुई थी। वे तब नोटिफाइड एरिया कमेटी में सेनेटरी इंस्पेक्टर के पद पर नौकरी कर रहे थे। उन्होंने छुट्टी लेकर सत्याग्रह किया था। उस समय शासकीय, अर्धशासकीय कर्मचारी स्वतन्त्रता आन्दोलन में भाग ले सकता था लेकिन पद से इस्तीफ़ा देकर या छुट्टी लेकर। सज़ा काटकर आने के बाद उनकी नौकरी छूट गयी थी।[217]

1942 के आन्दोलन के समय की याद है। मेल के अन्दर पत्थरबाज़ी हुई थी। आज जहाँ अस्पताल है पहले वहाँ हाई स्कूल था। स्कूल के लड़कों ने जिनमें केसी घुरका, जीवन सोनी आदि थे मेल एक्सप्रेस में पत्थरबाज़ी की थी। उस स्कूल के पास एक सराय

---

215. अरुणा कटकवार, 66 वर्ष, समाजसेवी, साँडिया रोड, पिपरिया, साक्षात्कार : फ़रवरी, 2017

216. वीरेन्द्र दुबे, 62 वर्ष, शैक्षिक कार्यकर्ता, पचमढ़ी रोड, पिपरिया, साक्षात्कार : मई, 2017

217. मौर्य, नारायणदास, 'पिपरिया 2000', समानता प्रकाशन, पिपरिया, म.प्र., प्रकाशन वर्ष : 2000

भी थी। उस सराय के अन्दर ही नगरपालिका थी। उस टाइम पर नोटिफाइड एरिया कमेटी वहाँ थी।[218]

पिपरिया में मदनलाल बागड़ी, श्यामनारायण कश्मीरी आदि लोगों ने 'लाल सेना' बनाई थी। वे नीली पैंट और लाल कमीज़ पहनते थे। लाल सेना का आज़ादी के पहले का एक रिकॉर्ड है। 1942 में उन्होंने पूरे 28 घण्टे मध्य प्रदेश की राजधानी नागपुर में राज किया था। फ़ौज के द्वारा गिरफ़्तार होने से पहले थाना पुलिस, रेलगाड़ी समेत हर चीज़ पर राज़ किया था। कैसी क्रान्ति रही होगी समझ नहीं आता। अंग्रेज़ों ने कश्मीरी को फाँसी पर लटकाने का फ़रमान जारी कर दिया था कि उन्हें लाहौर जेल में फाँसी पर लटका दिया जाये लेकिन वे बच गये और आज़ादी के बाद यहाँ चुनाव लड़ने आये। उस समय लाल सेना के कई लोग बच गये थे। कैसे बचे, नहीं पता। हथवाँस से प्रभुनारायण तोमर, कन्हैया प्रजापति और लाल साहब जैसे लोग लाल सेना में शामिल थे।[219]

आजादी आन्दोलन के समय यहाँ एक लाल सेना बनी थी। उसके काग़ज़ पर हमने भी ख़ून से दस्तख़त किये थे। आज़ादी के बाद सरकार ने टैक्स लगाया था। जनता ने इसका ज़बर्दस्त विरोध किया। विरोध करने पर हमको भी सात दिन जेल में रहना पड़ा था। एक बार रेल में गाँधी–नेहरू यहाँ से गुज़रे थे। सब गाँव वालों के साथ हम भी उन्हें देखने स्टेशन गये थे।[220]

पिपरिया में मोहन सेठ की हवेली में ऊपर आरएसएस का मुख्यालय हुआ करता था। उसमें शिवप्रसाद दीक्षित, नारायण सिंह, अन्ना, पटेल मास्टर आदि सात–आठ लोग बैठा करते थे। मूल नेता रामनिवास हुरकट थे। 1948 में गाँधी की हत्या की ख़बर यहाँ शाम

---

218. किशोर शाह, 82 वर्ष, व्यवसायी, हम्माली मोहल्ला, पिपरिया, साक्षात्कार : मई, 2017
219. कैलाश मौर्य (कैलाश मास्साब), 82 वर्ष, सेवानिवृत्त शिक्षक, मंगलवारा बाज़ार, पिपरिया, साक्षात्कार : फ़रवरी, 2017
220. हजारीलाल वर्मा उर्फ़ हज्जी पटेल, 96 वर्ष, किसान, सिलारी, साक्षात्कार : अक्टूबर, 2016

को आयी। यहाँ कच्छी की दुकान में अन्ना की होटल थी, फ़िदा हुसैन के बाजू में। बाद में वहाँ चूने की दुकान खुल गयी थी। तो गाँधी की हत्या की ख़बर होटल के मोटर बैटरी वाले एचएमवी रेडियो से आयी थी। रोना–धोना मच गया था। आरएसएस को तुरन्त बैन कर दिया गया था। नेहरूजी की स्पीच आयी थी जिसमें वे रोते हुए बोल रहे थे और गाँधीजी का नाम ले रहे थे। फिर सरदार पटेल की स्पीच भी आयी। याद नहीं कि उन्होंने क्या कहा। यहाँ आरएसएस के लोग तुरन्त भाग खड़े हुए। उन्होंने दफ़्तर में काग़ज़ वग़ैरह जला दिये थे।[221]

---

221. कैलाश मौर्य (कैलाश मास्साब), 82 वर्ष, सेवानिवृत्त शिक्षक, मंगलवारा बाज़ार, पिपरिया, साक्षात्कार : फ़रवरी, 2017

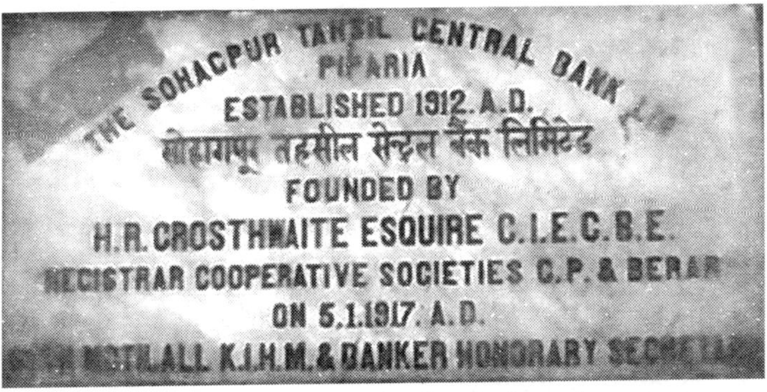

को–ऑपरेटिव सोसाइटी का शिलालेख, पिपरिया, वर्ष : 1917
स्रोत : गोपाल राठी

दिसम्बर 1921 में किरार महासभा का प्रथम अधिवेशन साँडिया में आहूत हुआ, जो कि बेहद सफल रहा। श्री चौधरी जी सामाजिक संगठनों के कार्य में इतने सक्षम एवं कार्य कुशल माने गये कि मध्य प्रान्तीय माहेश्वरी सभा के प्रथम अधिवेशन में आपको विशेष रूप से आमन्त्रित किया गया। निमन्त्रण की छायाप्रति संलग्न है।

किरार महासभा का प्रथम अधिवेशन निमन्त्रण पत्र, पिपरिया, वर्ष : 1921
स्रोत : गोपाल राठी

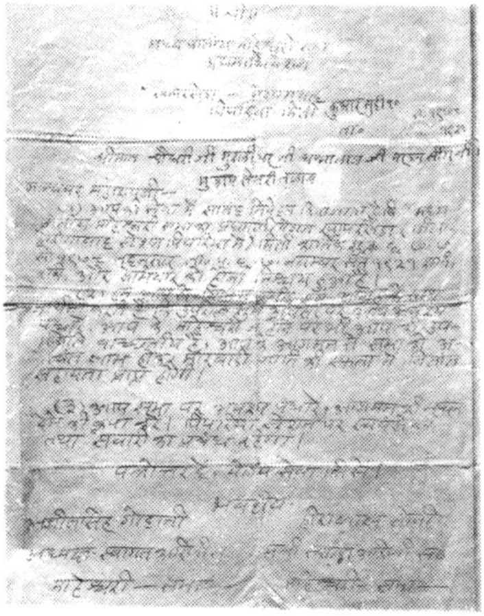

माहेश्वरी महासभा का प्रथम अधिवेशन
निमन्त्रण पत्र, पिपरिया, वर्ष : 1921
स्रोत : गोपाल राठी

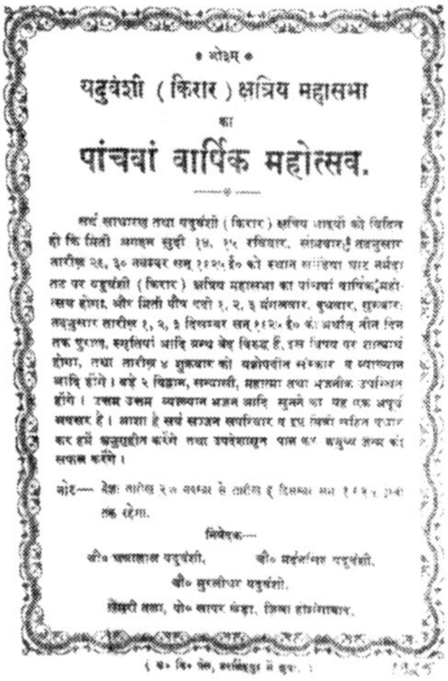

॥ ओ३म् ॥

यदुवंशी (किरार) क्षत्रिय महासभा

का

पांचवां वार्षिक महोत्सव.

सर्व साधारण तथा यदुवंशी (किरार) क्षत्रिय भाइयों को विदित हो कि मिती अगहन सुदी १४, १५ रविवार, सोमवार तदनुसार तारीख २९, ३० नवम्बर सन् १९२५ ई० को स्थान सांडिया घाट नर्मदा तट पर यदुवंशी (किरार) क्षत्रिय महासभा का पांचवां वार्षिक महोत्सव होगा, और मिती पौष वदी १, २, ३ मंगलवार, बुधवार, गुरुवार तदनुसार तारीख १, २, ३ दिसम्बर सन् १९२५ ई० को अर्थात् तीन दिन तक पुराण, स्मृतियां आदि ग्रन्थ वेद विरुद्ध हैं, इस विषय पर शास्त्रार्थ होगा, तथा तारीख ४ शुक्रवार को यज्ञोपवीत संस्कार व व्याख्यान आदि होंगे। बड़े २ विद्वान, सन्यासी, महात्मा तथा भजनीक उपस्थित होंगे। उत्तम उत्तम व्याख्यान भजन आदि सुनने का यह एक अपूर्व अवसर है। आशा है सर्व सज्जन सपरिवार व इष्ट मित्रों सहित पधार कर हमें अनुगृहीत करेंगे तथा उपदेशामृत पान कर मनुष्य जन्म को सफल करेंगे।

नोट— डेरा तारीख २८ नवम्बर से तारीख ६ दिसम्बर सन १९२५ ई० तक रहेगा.

निवेदक—

श्री० [illegible] यदुवंशी, श्री० [illegible] यदुवंशी.

श्री० मुरलीधर यदुवंशी.

[illegible], पो० [illegible], ज़िला होशंगाबाद.

([illegible] प्रेस, [illegible] में छपा.)

किरार क्षत्रिय महासभा का प्रथम अधिवेशन
निमन्त्रण पत्र, पिपरिया, वर्ष : 1925
स्रोत : गोपाल राठी

देवगाँव सोसायटी का चित्र, पिपरिया, वर्ष : 1921
स्रोत : गोविन्द बनर्जी

स्वाधीनता आन्दोलन और उसके बाद

राजनीतिक पृष्ठभूमि

1948 में हीरजी भाई उपचुनाव जीतकर पिपरिया के विधायक बने। यह सीट सुकुमार पगारे के इस्तीफ़ा देने के कारण ख़ाली हुई थी। 1948 में ही जब पिपरिया नोटिफाइड एरिया कमेटी को नगरपालिका का दर्ज़ा मिला तो हीरजी भाई को इसका अध्यक्ष नामजद किया गया। उनके बड़े भाई रायचन्द 1952 और 1957 में लोकसभा सदस्य रहे। 1953 में 52 साल की छोटी उम्र में हीरजी भाई का देहान्त हो गया। उनके बाद उनके भांजे भीमजी भाई शाह दस साल नगरपालिका के अध्यक्ष रहे।[222]

1951 और 1957 में दो बार यहाँ कांग्रेस विधायक रहे नारायण सिंह जयवार भी स्वतन्त्रता सेनानी थे। उन्होंने विदेशी वस्त्रों की होली जलाई। इतवारा बाज़ार की शराब की दुकान पर धरना दिया और व्यक्तिगत सत्याग्रह किया था जिसमें उन्हें एक साल की सज़ा हुई थी। 1942 के आन्दोलन में भी वे क़रीब 18 माह तक जेल में रहे थे। उनका जन्म 1901 में हुआ था। वे गल्ला बाज़ार में फड़ों की नीलामी की बोली लगाते थे। दो बार विधायक रहने के बावजूद उनके पास अपना मकान नहीं था। किराये के मकान में ही उन्होंने पूरी ज़िन्दगी गुजारी।[223]

---

222. किशोर शाह, 82 वर्ष, व्यवसायी, हम्माली मोहल्ला, पिपरिया, साक्षात्कार : मई, 2017
223. मौर्य, नारायणदास, 'पिपरिया 2000', समानता प्रकाशन, पिपरिया, म.प्र., प्रकाशन वर्ष : 2000

पिपरिया तेजतर्रार समाजवादियों की बस्ती थी। समाजवादी पढ़े–लिखे और वैचारिक रूप से मज़बूत थे। मंगलवारा बाज़ार में उनकी आम सभाएँ हुआ करती थीं। होटलों और किराने की दुकानों के बाहर बेंचें होती थीं। वहाँ बैठ के भाषण सुनते थे। बड़ी भीड़ जुटती थी। हमने बचपन में ऐसी कई सभाएँ देखी हैं। समाजवादियों की ऐसी तूती बोलती थी कि कांग्रेसियों का वहाँ जाकर चुनाव प्रचार करने का दम नहीं होता था। बड़े खुर्राट और खुद्दार क़िस्म के समाजवादी नेता थे। मिट्ठू पानवाला, सत्यनारायण शर्मा, नत्थू बनारसी, राय साहब पीतलवाला, पण्डित नाथूराम गंगेले जैसे दमदार लोग थे। जग्गू उस्ताद उनके लीडर थे।[224]

उन दिनों पचमढ़ी में ऑल इंडिया स्तर का समाजवादियों का सम्मेलन हुआ था। उसमें जेपी, राममनोहर लोहिया, अच्युत पटवर्धन, अरुणा आसफ़ अली वग़ैरह आये थे। शायद 1951–52 की बात होगी। नारायण भाई के यहाँ उसकी फ़ोटो लगी है। उसमें जग्गू उस्ताद भी खड़े हैं खाकी हाफ पैंट पहने। उस समय जग्गू उस्ताद के मुक़ाबले कोई नहीं था।[225]

1945–1958 तक पिपरिया की राजनीति में जगन्नाथ प्रसाद मौर्य का बड़ा दबदबा रहा। लोग उन्हें जग्गू उस्ताद कहते थे। वो हमारे चाचा थे। उन्होंने जीन कारख़ाने में काम किया। वहीं से वे मज़दूर नेता बन गये। वहाँ उन्होंने मज़दूरों की हड़ताल भी करवाई थी। ये 1948 के पहले की बात है। जग्गू उस्ताद दो बार नगरपालिका अध्यक्ष बने। हिन्दुस्तान में यही एक ऐसी नगरपालिका थी जिसके सभी सदस्य समाजवादी थे। राजेन्द्र बाबू इसलिए आये थे अस्पताल का उद्घाटन करने। कांग्रेसी नहीं चाहते थे कि वे आयें। राजेन्द्र प्रसाद दमे के कारण रेलगाड़ी से आते थे और पचमढ़ी में

---

224. श्रीगोपाल गांगुड़ा, 60 वर्ष, व्यवसायी–समाजसेवी, मंगलवारा बाज़ार, पिपरिया, साक्षात्कार : जून, 2017

225. किशन अग्रवाल, 84 वर्ष, व्यवसायी, पुरानी गल्लामंडी, पिपरिया, साक्षात्कार : जुलाई, 2017

रहते थे। पहली बार जब वे आये तो गल्ला बाज़ार में आमसभा हुई थी। तब उन्होंने जग्गू उस्ताद को देखा था कि इतना–सा लड़का और सारी नगरपालिका उसकी?[226]

एक गोपाल प्रसाद व्यास थे। वे जग्गू उस्ताद को करिया कहते थे। उस्ताद का रंग काला था। बोले, 'यार करिया तू बुला तो रओ है राष्ट्रपति हे, मगर उनके बाजू में कुर्सी लगाकर मत बैठना। नीचे बैठना।' उस्ताद बोले 'नहीं, वे भी प्रेसिडेंट और मैं भी प्रेसिडेंट। दोनों बैठेंगे। दो कुर्सियाँ ही लगेंगी।' वो समारोह 1952 में हुआ था। हम उसमें मौजूद थे। दो ही कुर्सियाँ लगी थीं। '52 इसलिए याद है कि हमारी शादी हुई थी उस साल। हमारे साले साहब आये हुए थे तो मैंने कहा कि चलो यार वहाँ चलते हैं। गये तो अच्छा प्रोग्राम था। उसमें स्वामीचरण जायसवाल और नारायण भाई ने उस्ताद के ख़िलाफ़ पर्चे भी बँटवाये थे। नारायण भाई तब वाइस प्रेसिडेंट भी थे। उन्हें उस्ताद ने ही बनाया था। फिर वे किन्हीं कारणों से उनके ख़िलाफ़ हो गये। वे ख़ुद अध्यक्ष बनना चाहते थे।

समाजवादियों की पहली नगरपालिका महुआ, गुजरात में बनी थी। फिर पिपरिया में बनी। यहाँ उस्ताद ने बनाई। चुनाव में पहले लाल पेटी, सफ़ेद पेटी रखी जाती थी। उस्ताद का परचा एक बार रिजेक्ट हो गया। एसडीओ ने रिजेक्ट कर दिया था। वे हाईकोर्ट गये और जीत गये। वे काकाजी के पास आये और बोले अब मैं चला पुरानी बस्ती। किसी मज़दूर के यहाँ खाना खाऊँगा। उनके पीछे जुलूस लग गया था। वे थे भी ऐसे ही। जहाँ चलते थे उनके पीछे लोगों का जुलूस जुट जाता था।

दूसरे दिन वे दुकान पर आये कि काबराजी के यहाँ चलना है। वे भी प्रेसिडेंट के चुनाव में खड़े हो गये थे। हीरजी भाई शाह भी हो गये थे। नरहरि प्रसाद वैद्य भी थे। द्वारका प्रसाद कोठारी वग़ैरह कुल

226. कैलाश मौर्य (कैलाश मास्साब), 82 वर्ष, सेवानिवृत्त शिक्षक, मंगलवारा बाज़ार, पिपरिया, साक्षात्कार : फ़रवरी, 2017

10–11 लोग चुनाव में थे। उस्ताद रामजीलाल काबरा को समझा आये कि भैया चुनाव मत लड़ो, चुनाव अलग चीज़ है। उस्ताद ने उनसे कहा भैया आप चुनाव मत लड़ो, बुरा लगेगा आप हार जाओगे। परचा वापस ले लो लेकिन काबराजी बोले, नहीं परचा वापस नहीं लेंगे। उस्ताद बोले, आपके कारख़ाने के मज़दूर आपको वोट नहीं देंगे। वो मुझे वोट करेंगे। आप कैसे जीतोगे? वे नहीं माने लड़े और बुरी तरह हार गये। चार–पाँच सौ वोट मिले। उस्ताद को 18 सौ से ज़्यादा वोट मिले। बनर्जी बाबू स्टेशन मास्टर से रिटायर हुए थे। वो भी खड़े हो गये थे। उन्हें सबसे कम वोट मिले।

उस्ताद दो बार नगरपालिका अध्यक्ष रहे। वे प्रजा सोशलिस्ट पार्टी में थे। नारायण भाई भी इसी में थे। फिर वे अलग पार्टी में चले गये। उनके साथ दो–चार लोग ज़्यादा एक्टिव थे। उनमें मिर्जा वहीद वेग थे। स्वामीचरण जायसवाल, एक कृष्णगोपाल घुरका थे।[227]

उस्ताद यहाँ से अगस्त 1955 में 22 लोगों को गोवा ले गये थे। फ़ारुख़ी साहब विधायक थे सिवनी से। वे प्रजा सोशलिस्ट पार्टी के ज्वाइंट सेक्रेटरी थे। वही गोवा आन्दोलन में लोगों को लेकर गये थे। इसमें उस ज़माने के मध्य प्रदेश से पाँच सौ लोग गये थे। 22 लोग पिपरिया से और होशंगाबाद, हरदा व सोहागपुर से भी कई लोग गये थे। उस समय आरएसएस के कुछ लोग भी गोवा गये थे, लेकिन इनको मोरारजी ने वहाँ से भगा दिया था। उस समय पिपरिया में आरएसएस के गुरुजी राधेश्याम अग्रवाल थे। वे खण्डवा के रहने वाले थे। वहाँ स्टेशन के पीछे उनकी जूट की दुकान थी। वे आरएसएस का दफ़्तर चलाते थे। बाद में 15 अगस्त के बाद उनको बैन कर दिया गया। पिपरिया का एक बैस था जो 14 अगस्त को बार्डर पर नदी पार करके घुस गया था। उन सबको एक झोंपड़ी में बन्द कर दिया था। मोहनलाल शर्मा ये क़िस्सा सुनाते थे। उनमें

227. किशन अग्रवाल, 84 वर्ष, व्यवसायी, पुरानी गल्लामंडी, पिपरिया, साक्षात्कार : जुलाई, 2017

हिम्माली मोहल्ले के ठाकुर दौलतराम का दामाद मदन भी शामिल था। छोटी–सी जगह में सारा ग्रुप बन्द था।

गोवा आन्दोलन से जब उस्ताद लौटे थे तो स्टेशन पर जनसैलाब उमड़ा था। स्टेशन के दोनों तरफ़ लोगों की भीड़ थी। वैसा सैलाब हमने फिर कभी नहीं देखा। इतने लोग उन्हें रिसीव करने पहुँचे थे।

फारुख़ी सिवनी के विधायक थे और द्वारका प्रसाद मिश्र के ख़िलाफ़ भाषण देने पिपरिया आये थे। कामत साहब के चुनाव में गल्ले बाज़ार में मीटिंग के दौरान झगड़ा हो गया था। पिपरिया के लोग डीपी मिश्र और रविशंकर शुक्ला वग़ैरह को मारने दौड़े थे। कामत साहब शायद सैयद मूसा के ख़िलाफ़ पिटीशन जीते थे। सैयद मूसा अपने यहाँ से सांसद था और कांग्रेस का ज्वाइंट सेक्रेटरी रहा एसीसी का। तो उपचुनाव की मीटिंग हो रही थी। हम लोग गणेशराम कोठारी दादा की दुकान पर बैठे थे। डीपी मिश्र अपने भाषण में गाली गलौज करता था। बड़ा तेज़तर्रार था। उन्हों़ने अपने भाषण में सुचेता कृपलानी के बारे में कुछ बोल दिया था। लोगों को ख़राब लगा तो लोग दौड़े उन्हें मारने। गाडरवारा का एक इंस्पेक्टर था ख़ान, उसने उस्ताद का हाथ पकड़ लिया तो उन्होंने हाथ झटक दिया। इतने में वे सब गाड़ी में बैठकर भाग गये।

1955 की बात है। उस्ताद उस समय गर्मी के कारण धोती और बनियान पहने बैठे थे। जब मीटिंग ख़त्म हुई तो चाचा ने पहले नीम के पेड़ पर अपना चोंगा (लाउडस्पीकर) लगा लिया था और विरोध शुरू कर दिया था कि जवाब देने के लिए कल हम चौरस्ते पर मीटिंग करेंगे। फिर इसका जवाब देने के लिए फारुख़ी को बुलाया जो उस समय नागपुर में था। दूसरे दिन मीटिंग में फारुख़ी ने डीपी और शुक्ला के ख़िलाफ़ शाम सात बजे से रात 12 बजे तक लगातार भाषण दिया था। वे बहुत दमदार भाषण देते थे। तब मध्य प्रदेश के मुख्यमन्त्री रविशंकर शुक्ला थे।

एक मर्तबा कांग्रेस ने नमक के भाव बढ़ा दिये थे। तब जग्गू उस्ताद ने यहाँ जिस नीम के पेड़ के नीचे नत्थूजी दहीबड़ा बेचते थे,

उसी जगह नमक बेचा था। थानेदार खन्ना साहब आये और उस्ताद को पकड़कर ले गये। उस्ताद खन्ना साहब को पीटकर थाने से बाहर निकले थे। उन्हें ज़रा भी डर नहीं लगता था। जहाँ अब मन्दिर है उसके सामने के नीम के नीचे फट्टा लगाकर उन्होंने नमक बेचा था। उस्ताद की मौत दिल्ली में हुई थी। वहाँ वो पिटीशन में गये थे। हाईकोर्ट में उस समय चीफ़ जस्टिस हिदायतुल्ला था। उसने इनके ख़िलाफ़ फ़ैसला दिया था। लोग कहते हैं कि उन्हें ज़हर देकर मारा गया था। शराब पीने की उन्हें आदत थी। उनकी मृत्यु 1957 या 1958 में हुई।[228]

पिपरिया की राजनीति में रतन कुमारी देवी का बड़ा नाम था। वे चार बार यहाँ से कांग्रेस विधायक रहीं। वे फतेहपुर के राजा की बेटी थीं। पूरे क्षेत्र में वे मंजा बाई के नाम से मशहूर थीं।

मंजा बाई बहुत बढ़िया लेडी थीं। वे बहुत सिंपल थीं। लोग अक्सर उनका फ़ायदा उठाते थे, लेकिन उन्हें इसकी चिन्ता नहीं थी। वह सबका काम कर देती थीं। उन्हें एमएलए बनने का कोई गुमान नहीं था। तब तो वह चार दफ़े जीतकर आयीं। पहले दिलों में मुहब्बत थी। कोई किसी का काम रोकता नहीं था। उस समय हमारे समाज की लड़कियाँ भी पढ़ती थीं। हमारे साथ में भी लड़कियाँ पढ़ती थीं। जिया नवाजे पढ़ाता था। बड़ा अच्छा आदमी था।[229]

मंजा बाई बहुत सहज लेडी थीं। सन् 1966 में मैंने हायर सेकेंडरी की थी। इंजीनियरिंग के लिए मेरा नाम मेरिट में नहीं आया था। मंजा बाई और मेरे पिताजी राजनीतिक विरोधी थे। पिताजी ने उनसे मेरी सिफ़ारिश करने से मना किया तो मैं ख़ुद ही उनके पास पहुँच गया। मैंने कहा कि बुआजी आप अगर कुछ प्रयास कर सकें तो कृपा होगी। वो बोलीं, 'भैया प्रयास तो तुम्हें करने पड़हे। मैं तो

228. कैलाश मौर्य (कैलाश मास्साब), 82 वर्ष, सेवानिवृत्त शिक्षक, मंगलवारा बाज़ार, पिपरिया, साक्षात्कार : फ़रवरी, 2017

229. मोहम्मद अली बोहरा, 82 वर्ष, व्यवसायी, पिपरिया, साक्षात्कार : अप्रैल, 2017

बस तुमरे संग चलहूँ।' वो मुझे भोपाल ले गयीं और एक प्राइवेट कॉलेज के लिए प्रयास किया। मेरे पिताजी की चिरविरोधी होने के बावजूद उन्होंने मेरे लिए दरयाफ़्त की, यह बड़ी बात थी। वे बेहद सरल इन्सान थीं। उनमें एमएलए जैसी कोई छटा ही नहीं थी।[230]

मंजा बाई बहुत अच्छी औरत थीं। एक बार हमारा ठेला पुलिस वाले ले गये। हम मंजा बाई के पास पहुँचे। वे खाना खा रही थीं। उन्होंने खाना सरका दिया और बोलीं, 'चल देखत है कौन ने पकड़ो।' वे थाने पहुँचीं और पुलिस वालों से बोलीं, 'काय रे तुम्हे जेई ग़रीब मिलत है। सुबह से लगे रहते हैं बेचारे बिना खाए पिए और तुम ठेला उठा लाये।' पुलिस वाले काँप गये और जी जी करन लगे। उनने तुरतई सबरे ठेला छोड़ दये। ऐसी थीं मंजा बाई। कोई कभू भी उनके इते जा सकत थो। उन्हें कहूँ भी बुला लो वे आ जात थी। शादी में बुलाए तो टेम पूछ लेत थी और टेम पे पहुँच जात थी। कोई बरतन भाड़े और आशीर्वाद देकर आ जाती थीं। ऐसी विधायक मिलना अब बहुत मुश्किल है।[231]

मंजा बाई से ज़्यादा सम्बन्ध तो नहीं रहा लेकिन वह ईमानदार महिला थी। उसने पूरी जायदाद बेच दी राजनीति में। उसको लोगों ने ठगा ही है। उसने कुछ कमाया नहीं।[232]

पिपरिया में जग्गू उस्ताद के बाद की समाजवादी धारा में नारायणदास मौर्य का नाम महत्त्वपूर्ण है। वे 1969–72 में नगरपालिका अध्यक्ष बने थे और लम्बे समय तक इलाक़े की राजनीति में रहे। उन्होंने पिपरिया में साप्ताहिक अख़बार 'समानता' शुरू किया जो लम्बे समय तक निकलता रहा।

---

230. सुरेश कुमार गोदानी, 68 वर्ष, दाल मिल मालिक, मोहता प्लाट, पिपरिया, साक्षात्कार : मई, 2017
231. अब्दुल सलाम, 75 वर्ष, फल व्यापारी, सरदार वार्ड, पिपरिया, साक्षात्कार : जुलाई, 2017
232. किशन अग्रवाल, 84 वर्ष, व्यवसायी, पुरानी गल्लामण्डी, पिपरिया, साक्षात्कार : जुलाई, 2017

पहले मंगलवारा मण्डी में सिन्धियों को जो दुकानें मिली थीं, वे केशव प्रसाद पंजवानी के नाम पर थीं। कई साल बाद भी दुकानें उन्हीं के नाम पर थी। बाद में नारायणदास मौर्य ने कहा कि यह ग़लत है। दुकान उसके नाम होनी चाहिए जो वहाँ दुकान कर रहा है। उन्होंने मुझे बुलाया और कहा कि ये होना चाहिए। मैं असमंजस में था तो उन्होंने कहा, जब ये प्रस्ताव आये तुम कहना मैं तटस्थ हूँ। यह तटस्थ शब्द मैंने नारायण भाई से ही सीखा। मैंने मीटिंग में ऐसा कहा तो सब सन्न रह गये। हरिशंकर पुरोहित भी भौचक्के रह गये। प्रस्ताव पास हो गया। फिर जो जहाँ है, वह दुकान उसके नाम हो गयी। पहले सारी दुकानें केशव पंजवानी के नाम थीं। ये विद्यार्थी भण्डार के आसपास वाली दुकानें हैं। मौर्य साहब के प्रस्ताव से यह काम हो गया। मौर्य साहब के पास पूरा रिकार्ड था।

हम पहले समाजवादी थे। बाद में कांग्रेसी हुए। उस समय टिकट नारायण भाई को मिलना था लेकिन उन्होंने टिकट सीएल माहेश्वरी को दे दी। इसलिए हमने पार्टी छोड़ दी। हमने कामथ साहब से भी विरोध जताया। यह इमरजेंसी से बहुत पहले की बात है। मंगलवारा बाज़ार की सब्ज़ी मण्डी को दो–तीन बार हम और नारायण भाई इतवारा बाज़ार लाये लेकिन कीर फिर वहीं चले जायें। फिर मौर्य साहब ने कहा भाड़ में जान दे यार। वे वहीं रहना चाहते हैं तो रहें। बाद में फिर मौर्य साहब ने अलीम भाई की ज़मीन अधिगृहीत करके वहाँ तख्ती लगवाई। फिर आज जहाँ बस स्टैंड है वह ज़मीन रतनलाल झँवर की थी। उन्होंने मुझे बुलाया और कहा कि झँवर मुसीबत में है। उनकी मदद करना चाहते हैं तो यह ज़मीन बस स्टैंड के लिए ले लेते हैं। 80–90 हज़ार की ज़मीन थी। नगरपालिका ने वह ज़मीन ख़रीद ली। सब्ज़ी मण्डी मौर्य साहब का प्रस्ताव था, जो बाद में मेरे कार्यकाल में पूरा हुआ।[233]

---

233. गणपत सिंह राजपूत, 75 वर्ष, पूर्व नगरपालिका अध्यक्ष, इतवारा बाज़ार, पिपरिया, साक्षात्कार : जुलाई, 2017

नारायण भाई अध्यक्ष बनना चाहते थे पर मेम्बरी का चुनाव नहीं लड़ना चाहते थे। हम उनके मित्र थे। हमने कहा, 'यार बिना भीतर घुसे आप अध्यक्ष नहीं बन पाओगे। बृजमोहन जायसवाल बब्बू भैया ही बनेंगे।' वे बोले, 'यार हार गये तो?' मेरी ज़िद से गंगा प्रसाद गाँधी, माँगीलाल गोदानी और सीएल माहेश्वरी ने पहली बार चुनाव लड़ा था। माँगीलाल गोदानी को छोड़कर सब जीत गये थे। ऐसे उनकी नगरपालिका बनी। एक बार वे हार गये थे। इसके पहले भीमजी भाई का कार्यकाल दस साल चला। भीमजी भाई ने कोई चुनाव नहीं लड़ा था। उस समय लोग मेम्बर चुनने लगे थे। डायरेक्ट इलेक्शन नहीं होता था।[234]

1980 से '90 का दशक

पिपरिया में 1985 तक सब पढ़े–लिखे विधायक रहे। रतन कुमारी देवी मंजा बाई ज़्यादा पढ़ी नहीं थीं लेकिन उनमें प्रशासनिक क्षमता थी। अधिकारी उनसे डरता था। मंजा बाई ने कभी किसी से पाँच पैसा नहीं लिया। उनने विधायक बनने के बाद मैट्रिक पास किया है। बीस साल विधायक रहीं। दीदी (सविता बनर्जी) ने नौकरी इसलिए छोड़ी कि वे नौकरी में रहते कांग्रेस का काम कर रही थीं। जग्गू उस्ताद ने शिकायत कर दी थी। आदिवासी सीट थी। नारायण सिंह जयवार जनरल सीट से लड़े थे। मंजा बाई आदिवासी सीट से लड़ी थीं। उनके ख़िलाफ़ कामरान लड़े थे हथवाँस वाले। वो हार गये थे। उस समय मंजा बाई से आदमी डरता था। फिर रामचन्द भैया आये। वे वकील थे। फिर 1980 से 1985 तक दीदी सविता बनर्जी विधायक रहीं।[235]

---

234. किशन अग्रवाल, 84 वर्ष, व्यवसायी, पुरानी गल्लामण्डी, पिपरिया, साक्षात्कार : जुलाई, 2017
235. गोविन्द बनर्जी, 76 वर्ष, समाजसेवी, बनर्जी कॉलोनी, पिपरिया, साक्षात्कार : जुलाई, 2017

1985 में विधायक बनीं सविता बनर्जी साडा अध्यक्ष भी रहीं। तब भोपाल में युवा विधायकों का क्लब बना था। वो उस क्लब की अध्यक्ष थीं। इस कारण सारे विधायकों और मन्त्रियों से पहचान थी। कमलनाथ जी मुझे नाम से जानते थे। कमलनाथ जी ने जो पहला चुनाव छिन्दवाड़ा से लड़ा था उसमें हमने भी महत्त्वपूर्ण भूमिका निभाई थी। मैं उस समय नीतिराज चौधरी का पत्र लेकर उनके पास गया था। वो गुप्त पत्र था। पत्र मैंने उनको दिया और उनका पत्र नीतिराज चौधरी को दिया।

तब नीखराजी यहाँ से पहली बार खड़े हुए थे और छिन्दवाड़ा से कमलनाथ जी खड़े हुए थे। मैंने दोनों जगह काम किया था। छिन्दवाड़ा में मेरे अलावा नीतिराज चौधरी, ललन भैया और सविता बनर्जी भी गयी थीं। उस समय सविता जी विधायक नहीं बनी थीं। तामिया रेस्ट हाउस में हम रहे थे 15 दिन। उधर नीखराजी नाराज़ हो गये कि हमारे लोग वहाँ काम रहे हैं तो हम पिपरिया लौटे और नीखराजी के लिए काम किया। उस समय मेरी दाढ़ी बढ़ी थी। लोग देखते तो नीखराजी ही समझते थे। हमारा ग्रुप गाँव में जाता था तो वहाँ नीखराजी को किसी ने देखा नहीं था। ग्रुप वाले मुझे नीखराज़ी बना देते थे। कई जगह मैंने नीखराजी बनकर लोगों से वोट मांगे हैं। नीखराजी बहुत वोटों से जीते थे।[236]

पिपरिया का एक बड़ा इतिहास जनआन्दोलनों का भी रहा है। जनआन्दोलनों से सीखकर ही हमारे जैसे लोगों की राजनीतिक समझ बनी है। 1980 में यहाँ समता युवजन सभा का गठन हुआ। फिर समता संगठन भी बना। मुझे याद है जब इमरजेंसी ख़त्म होने के बाद पहला जुलूस पिपरिया में निकला तो शुरुआत में उसमें सुभाष गंगेले, सम्पत मूँदड़ा, भगीरथ चौरसिया, गोपाल राठी जैसे आठ--दस लोग ही थे लेकिन जब जुलूस ख़त्म हुआ तो उसमें कई हज़ार लोग थे।[237]

---

236. माखन आचार्य, 74 वर्ष, साधक ब्रह्मकुमारी मिशन, पिपरिया, साक्षात्कार : जुलाई, 2017

237. श्रीगोपाल गांगुड़ा, 60 वर्ष, व्यवसायी–समाजसेवी, मंगलवारा बाज़ार, पिपरिया, साक्षात्कार : जून, 2017

पिपरिया में समता समूह को कभी विरोधियों ने 'समता वारे सरफिरे' नाम दिया था। 1980 से शहर के कुछ युवा समाजवादियों ने 'समता युवजन सभा' के नाम से सामाजिक–राजनीतिक काम करना शुरू किया था। समाजवादी विचारक किशन पटनायक उनके नेता और पथ प्रदर्शक थे। उन दिनों ये युवा समता अध्ययन केन्द्र चलाते थे। वहाँ अध्ययन और विमर्श पर ज़ोर दिया जाता था ताकि देश के सामाजिक–राजनीतिक–आर्थिक हालातों को समझा जा सके। इस टीम में बालेन्द्र परसाई, नरेन्द्र कुमार मौर्य, गोपाल राठी, श्रीगोपाल गांगुड़ा, वीरेन्द्र दुबे, लक्ष्मी सोनी, आनन्द सोनी, किशन बल्दुआ, रोहित माहेश्वरी, लखन राजपूत, हरगोविन्द राय, शिवमोहन दुबे, मुकेश भार्गव, मदन भार्गव, चन्दू परसाई, चन्दू उमरे, रेखा व्यौहार, आदि थे। काम की शुरुआत सभा, गोष्ठियों और चौराहे पर पोस्टर लगाकर मुद्दे उठाने से हुई। 1982 में जब असम गण परिषद ने घुसपैठियों के ख़िलाफ़ आन्दोलन शुरू किया तो हमने पोस्टर प्रदर्शनी तैयार की और जब समता ने दिल्ली से गोहाटी तक साइकिल मार्च निकाला तो पिपरिया से आनन्द सोनी को उसमें शिरकत करने भेजा गया। 1982 में ही असम के राज्यसभा सांसद अजीत कुमार शर्मा की एक सभा पिपरिया चौराहे पर की गयी थी।

इस इलाक़े के गाँवों में संगठन के काम की शुरुआत हुई पलिया पिपरिया से। वहाँ हरगोविन्द राय के नेतृत्व में किसान मज़दूर संगठन बनाया गया। उसने मज़दूर–किसानों की कई लड़ाइयाँ लड़ीं। इसी तरह 1985 में इटारसी के पास केसला में किसान आदिवासी संगठन बना। वहाँ सुनील और राजनारायण संगठन का नेतृत्व कर रहे थे। उनका साथ पिपरिया और पलिया पिपरिया के संगठनों को भी मिला। उन्होंने यहाँ कई जन सभाओं को सम्बोधित किया है।

दो बड़े आन्दोलन भी इस बीच हुए। 1988 में निकट के गाँव बुदनी में पुलिस अत्याचार के ख़िलाफ़ लम्बा आन्दोलन चला। उसमें नरेन्द्र वीरेन्द्र और कृष्णमूर्ति ने बुदनी की आल्हा बनाई जो बहुत लोकप्रिय हुई। विरोध में लम्बा जुलूस निकाला और जनसभा आयोजित की।

उसमें भुक्तभोगियों ने उनके साथ की गयी ज़्यादतियों के बारे में बताया। यह पिपरिया में समता का सबसे बड़ा जुलूस था। इसके बाद 1989 में जब हरगोविन्द राय को पुलिस ने गिरफ़्तार किया तो पिपरिया में जनसभा और प्रदर्शन किया। इसमें मेरा एक गीत 'मार न डण्डा रे, पुलिसिया मार न डण्डा रे' बहुत लोकप्रिय हुआ था। यह घटना जुन्हैटा काण्ड के नाम से जानी जाती है, क्योंकि गिरफ़्तारी जुन्हैटा गाँव से हुई थी। इसे लेकर जो जनसभा हुई थी उसे सुनील और छत्तीसगढ़ के जननेता शंकरगुहा नियोगी ने भी सम्बोधित किया था।

कुछ निजी मित्रों से शुरू हुआ यह संगठन जल्दी ही पिपरिया के प्रगतिशील युवाओं के बीच चर्चित हो गया। टीम का विस्तार हुआ। कई नये नाम जुड़े। इलाक़े में इन युवजनों की ऐसी पहचान बन गयी थी कि आसपास के किसी गाँव में आदिवासी की बैलगाड़ी पकड़ी जाती या किसी आदिवासी औरत के साथ ज़्यादती होती तो वे तुरन्त ख़बर देते थे और पिपरिया के युवजन साइकिलों पर उनके गाँव पहुँच जाते थे। कुर्सीखापा गाँव में एक बार ऐसा ही हुआ था। लकड़ी चोरी के नाम पर गाँव वालों को उत्पीड़ित किया गया था। तब पिपरिया के युवाओं ने गाँव वालों के साथ मिलकर आवाज़ उठाई थी।

1980 से 1990 तक समता युवजन सभा, समता संगठन के नाम से काम होता रहा। 1990 के बाद संगठन में बिखराव हो गया। आज यह समूह समाजवादी जन परिषद के नाम से काम करता है लेकिन अब उस ज़माने के लोग उतने सक्रिय नहीं हैं और नये लोग संगठन से जुड़े नहीं। इसके बावजूद उन दिनों के ये क़िस्से आज भी उम्मीद जगाते हैं।[238]

जब मैं ग्यारहवीं पास हुई तो मेरी पहली नौकरी भगत सिंह पुस्तकालय में सौ रुपये महीना की लगी। महिलाओं के लिए पुस्तकालय दोपहर दो से चार बजे तक खुलता था। महिलाओं के लिए पुस्तकालय

238. नरेन्द्र मौर्य, 61 वर्ष, पत्रकार, पिपरिया, साक्षात्कार : फ़रवरी, 2017

खोलने की ज़िम्मेदारी मुझे मिली। इस समय में पुरुष नहीं आ सकते थे। मेरी पक्की सहेली करुणा दुबे पहले यह काम करती थी। फिर उसकी सरकारी नौकरी लग गयी तो उसने मेरे नाम का प्रस्ताव कर दिया और नौकरी मुझे मिल गयी। इसी दौरान हमारी एक महिला टीम बन गयी। इसमें प्रीति राय, ममता श्रीवास्तव, प्रेमलता, कल्पना, सरोज बैस, कौशिक बहनजी और किशोर भारती की साधना और मीरा आदि थे। हम महिलाओं के साथ कार्यक्रम भी करते थे। दहेज प्रताड़ना के ख़िलाफ़ भी आवाज़ उठाई। अक्सर पीड़ित महिलाएँ पुस्तकालय आकर अपना अनुभव सुनाने लगी थीं। हम बातचीत और सलाह से उनकी सहायता करते थे। हमारी एक सहेली कीर्ति उदेनिया को उसके ससुराल वालों ने जलाकर मार दिया था। विरोध में हम सभी महिलाओं ने जुलूस निकालकर गल्ला मण्डी में आम सभा की थी।[239]

239 रेखा व्यौहार, 48 वर्ष, आँगनबाड़ी शिक्षिका, पुरानी बस्ती, पिपरिया, साक्षात्कार : अप्रैल, 2017

बुदनी काण्ड के विरोध में समता युवजन सभा का प्रदर्शन, वर्ष : 1988
स्रोत : सुरोजीत सरकार

पूर्व विधायक सविता बनर्जी कॉलेज परिसर में एक समारोह में शिरकत करते हुए, वर्ष : 1985
स्रोत : गोविन्द बनर्जी

भगत सिंह पुस्तकालय की महिला कार्यकर्ता, वर्ष : 1987
स्रोत : नरेन्द्र मौर्य

स्वतन्त्रता दिवस, गल्ला बाज़ार, वर्ष : 1958
स्रोत : नरेन्द्र मौर्य

मंगलवारा बाज़ार में चुनावी रैलियाँ, पिपरिया, वर्ष : 1952–60
स्रोत : कवीन्द्र जयवार

पूर्व राष्ट्रपति राजेन्द्र प्रसाद, पचमढ़ी दौरे के दौरान, पिपरिया रेलवे स्टेशन, वर्ष : 1955
स्रोत : गोविन्द बनर्जी

गोवा स्वतन्त्रता संग्राम से वापसी पर जग्गू उस्ताद और उनके साथियों का डगडगा पर स्वागत करते पिपरिया वासी, वर्ष : 1955

स्रोत : कैलाश मौर्य

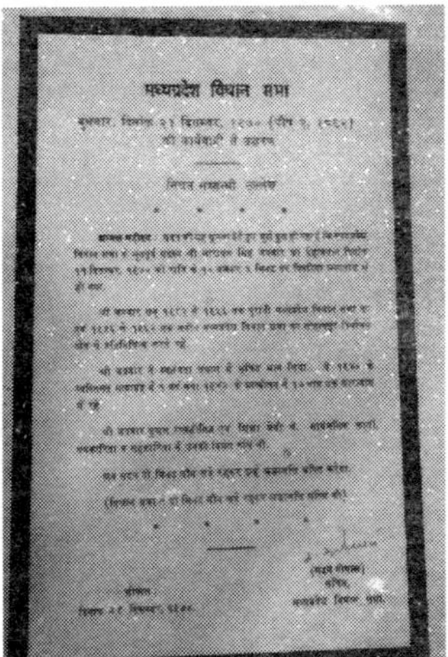
मध्यप्रदेश विधान सभा

पूर्व विधायक जयवार के निधन पर मध्य प्रदेश विधान सभा का उल्लेख पत्र, वर्ष : 1970

स्रोत : कवीन्द्र जयवार

नाटक मण्डलियाँ और फ़िल्मी पर्दे

जब दूरदराज़ के गाँव खेड़ों से लोग रोज़ी रोटी कमाने निकलते हैं तो उनके साथ होते हैं कुछ गीत और कुछ क़िस्से। वे कभी पैदल चलते तो कभी किसी बैलगाड़ी में उन्हें लिफ्ट मिल जाती। ये गीत और क़िस्से हर जगह उनके काम आते। एक इलाक़े के लोगों के जत्थे एक–दूसरे को सुनते–सुनाते ही रास्ता काटते थे। आख़िर सबका मक़सद रोज़ी रोटी कमाना ही था। यह तय है कि जंगल की कटाई के समय यहाँ लकड़हारों के गीत गूँजते होंगे। मज़दूर यहाँ लकड़हारों का काम ही कर रहे थे। कुल्हाड़ियों और आरियों की खटर–पटर से परिन्दे परेशान हुए होंगे। तभी किसी ने टेक लगाई होगी 'कोयलिया बोली रे...'

जब रेल आयी होगी तो निश्चित ही उसे लोगों ने अपने गीतों और क़िस्सों में शामिल किया होगा। उस ज़माने के कुछ क़िस्से यहाँ आपको पढ़ने को मिलेंगे लेकिन कई गीतों और क़िस्सों को हमें मिल कर ढूँढ़ना होगा। एक गीत सुनने को मिला था जो ज़्यादा पुराना तो नहीं है, लेकिन 40–50 साल पुराना हो सकता है। गीत बीना–इटारसी के बीच चलने वाली एक ट्रेन के बारे में था–'छूट गयी रे बीना गाड़ी, पिपरिया से छूट गयी रे बीना गाड़ी।'

यहाँ ख़ूब ख़याल गम्मत होती है। नारदी भजन गाये जाते हैं। सबसे बड़ी बात यहाँ ढाक भी गायी जाती है। ढाक नवरात्र या पूर्णिमा पर ही गायी जाती है। गाते–गाते गायकों को देवी आ जाती हैं। ढाक मण्डल सिलारी के मुखिया हैं भागचन्द वर्मा, खिरिया वाले।[240]

इसी मोहल्ले में डोल ग्यारस होती थी। यहीं ताजिये आते थे। हमरा बाप इलाहाबाद, आगरा से रंडियाँ बुलाता था। रामलीला होती थी। नाटक होते थे। यहाँ पूरा मैदान था। रात को नाटक होते थे। हम दिन डूबे अपनो बोरा बिछा देते थे। कभू कोई बाई हमरे बोरा पे बैठ जाये और कहवे के बाद भी नई उठे तो हम बाहे पिन चुभो देत थे। बा बिदक जाये और गरियान लगे कि 'जाके धड़के जाको, जा छिनाल बैठन नई देय। हम लड़ पड़त थे और उन्हें उठा केइ मानत थे।' हमने चौराहे पर बहुत नाटक देखे हैं।[241]

1965–66 के क़रीब हमने रामायण करना शुरू किया। गीता प्रेस गोरखपुर से किताबों का सेट मँगाया। धीरे–धीरे लिखित सामग्री एकत्र करके रामलीला मण्डली शुरू की। हरिश्चन्द्र, मोरजध्वज जैसे कई नाटक किये। पहले सन्तोष रामायण मण्डल नाम था। बाद में सन्तोष रामलीला मण्डल नाम हुआ। हर शनिवार–इतवार हम रिहर्सल करते थे। हमारी टीम में आठ–दस लोग थे। उनमें साँडिया रोड वाले रेवाराम राजोरिया, टीकाराम राय, कल्लू दद्दा, रामरतन शर्मा, कंछेदीलाल चौरसिया, नन्हेलाल सराठे और पेटी मास्टर आसाराम थे। वे हारमोनियम बजाते थे। हम अक्सर गोशाला में रिहर्सल करते थे। ज़्यादातर कंछेदी चौरसिया ही निर्देशन करते थे। हमारे नाटकों में लल्लू, बनखेड़ी का गोपी और उत्तम का नृत्य होता था। वे लहँगा पहनकर नाचते थे। नाटकों में भी सभी स्त्री पात्र पुरुष निभाते थे। लल्लू का नाच मशहूर था तो गोपी और उत्तम इतर किरदार भी निभाते थे, जैसे कैकेयी का किरदार। लल्लू मूर्तिकार को हम रोज़ाना पाँच–दस रुपये देते थे और जनता भी उन्हें इनाम देती थी। वे दूसरे नाटक मण्डलों में भी नाचते थे। चन्दा करके मण्डली का सारा सामान जैसे, परदे, झाँझर, पेटी, ढोलक आदि जुटाते थे। गल्ला मण्डी, पुराना बस स्टैंड और शोभापुर रोड पर नाटक करते थे।

---

241. हजारीलाल वर्मा उर्फ़ हज्जी पटेल, 96 वर्ष, किसान, सिलारी, साक्षात्कार : अक्टूबर, 2016

241. मंगो बाई, 79 वर्ष, सब्ज़ी विक्रेता, बरौआ मोहल्ला, पिपरिया, साक्षात्कार : मार्च, 2017

सिनेमा इतना नहीं था तो ज़्यादा भीड़ जुटती थी। धीरे–धीरे सिनेमा और फिर टीवी के चलते नाटक बन्द हो गये। 1975–80 तक एक गणेशराम साहू का नाटक मण्डल था। एक हमारा था और एक टोला वालों का महावीर नाटक मण्डल था। एक इतवारा बाज़ार का भी था। नाटक के लिए पोशाक वग़ैरह हम जबलपुर से लाते थे। गोशाला और धर्मशाला में एक महीने रिहर्सल करते थे। उसका ख़र्च भी हम ही उठाते थे। खुद ही स्टेज बनाते थे। सहयोगी साथी बाहर से आसपास के गाँव–क़स्बों से ही आते थे। सभी नर्तक अपनी पोशाक ख़ुद ही लाते थे। अमर सिंह राठौर नाटक गणेश नाटक मण्डल वाले करते थे। हम भरतरी नाटक और रामायण खेलते थे।[242]

पिपरिया में 1948 तक टाकीज़ नहीं थी। सिनेमा देखने लोग जबलपुर–भोपाल जाते थे। यहाँ इटारसी से न्यू मनोहर टूरिंग टाकीज़ आती थी जो अलका टाकीज़ वाले क्षेत्र में लगती थी। यहाँ की पहली टाकीज़ थी स्टार टाकीज़ जिसे अलीम भाई के पिता अब्दुल्ला भाई ने शुरू किया था। वह कुछ साल तक चली। फिर बन्द हो गयी। उसके बाद 18 मई, 1948 को इतवारा बाज़ार में श्याम सवाक चित्रशाला खुली जो लम्बे समय तक चली। इसके दो साल बाद 1950 में सीमेंट रोड पर प्रदीप टाकीज़ शुरू हुई जो ज़्यादा समय नहीं चली। कई साल बन्द रहने के बाद बीच में वह कुछ महीनों के लिए खुली और फिर बन्द हो गयी। उसके बाद अलका टाकीज़ खुली। फिर पद्मश्री खुली और कुछ साल बाद बन्द हो गयी। आज पूरे शहर में बस एक अलका टाकीज़ ही है।[243]

मेरा जन्म 1944 का है। पहले पैसे ताँबे, पीतल, चाँदी और सोने के थे। दुकड़ी पीतल की बनती है और एक आना–दो आना पीतल का था। चार आना–आठ आना चाँदी का और एक रुपये भी चाँदी का होता था। बीस रुपया सोने का होता था। वो गिन्नी कहलाती थी।

242. हरगोविन्द राय, 79 वर्ष, सेवानिवृत्त सरकारी कर्मचारी, अशोक वार्ड, पिपरिया, साक्षात्कार : जून, 2017

243. मौर्य, नारायणदास, 'पिपरिया 2000', समानता प्रकाशन, पिपरिया, म.प्र., प्रकाशन वर्ष : 2000

मेरे दादाजी को वेतन के रूप में महीने में बीस रुपये की एक गिन्नी मिलती थी। वो एक तौला सोना होता था। एक गिन्नी मतलब एक तौला सोना था। ये मेरी स्मृति में है। पीतल के दो पैसे से मैंने श्याम टाकीज़ में फ़िल्म देखी है। पीछे बालकनी में एक आना, दो आना में बैठ सकते थे। दो पैसे में नीचे ज़मीन में बैठकर फ़िल्म देखा करते थे।[244]

1945 में जब इटारसी में 'रतन' फ़िल्म लगी तो उसने तहलका मचा दिया। उसके गाने सुपरहिट थे। फ़िल्म देखने को पिपरिया ही नहीं आसपास के कई गाँवों के लोगो की भीड़ उमड़ती थी। भँवरलाल व्यास उर्फ़ भतिया व्यास ने भी कई बार रतन फ़िल्म देखी और पागल हो गये। उनका कहना था कि सिनेमाहाल में किसी ने उन्हें कुछ कर दिया था। फिर वे प्रेम की नगरी मथुरा चले गये। वहाँ से तीन माह बाद पंडे उन्हें पिपरिया लाये। बाद में उन्हें नागपुर के पागलखाने भेज दिया।[245]

अब्दुल्ला भाई और अहमद भाई ने पार्टनरशिप में टाकीज़ बनाई थी। स्टार टाकीज़ नाम था उसका। लेकिन मैंने अपनी लाइफ़ में कभी सिनेमा नहीं देखा। स्टार टाकीज़ पार्टनरशिप में थी। वे अलग हो गये तो टाकीज़ बन्द कर दी। बाद में तेंदूपत्ता वालों को दे दी थी।[246]

सोचिए क्या ज़माना रहा होगा! अगर हथवाँस वालों को श्याम टाकीज़ में फ़िल्म देखनी हो तो वहाँ से पूरे 20–25 लोगों का जत्था इकट्ठे पिपरिया आया करता था।[247]

---

244. माखन आचार्य, 74 वर्षीय, साधक–ब्रह्मकुमारी मिशन, पिपरिया, साक्षात्कार : जुलाई, 2017
245. मौर्य, नारायणदास, 'पिपरिया 2000', समानता प्रकाशन, पिपरिया, म.प्र., प्रकाशन वर्ष : 2000
246. मोहम्मद अली बोहरा, 82 वर्ष, व्यवसायी, पिपरिया, साक्षात्कार : अप्रैल, 2017
247. श्रीकृष्ण सुरजन, 68 वर्ष, व्यवसायी, मंगलवारा बाज़ार, पिपरिया, साक्षात्कार : फ़रवरी, 2017

जब 'क़िस्मत' फ़िल्म की शूटिंग यहाँ हुई थी तो हम छठवीं में पढ़ते थे। बस्ता लेके स्टेशन भग गये। सुना बबिता और विश्वजीत आ रहे हैं। स्टेशन पर बहुत भीड़ थी उन्हें देखने वालों की। भीड़ ज़्यादा बढ़ गयी तो पुलिस ने लाठीचार्ज कर दिया था। हम छोटे थे तो नीचे छिप गये थे।[248]

हमने सेंट्रल टाकीज़ में सिनेमा देखा है (प्रदीप टाकीज़ को लोग सेंट्रल टाकीज़ भी कहते थे)। पहले टाकीज़ में चोंगे चलते थे। श्याम टाकीज़ में एक फ़िल्म आयी थी 'अमरसिंह राठौर'। वह बहुत चली। सेंट्रल टाकीज़ वाले ने कई फ़िल्में बदलीं लेकिन उसके यहाँ दर्शक पहुँचे ही नहीं। गुस्से में उसने टाकीज़ बन्द कर दी। पहले बिना आवाज़ की फ़िल्में आती थीं। पहली टाकीज़ स्टार टाकीज़ थी। पहले उसमें गूँगी फ़िल्में आती थीं। हाल में सौ पचास आदमी तो रहते थे। लोग चुपचाप देखते रहते थे। पहली बोलती फ़िल्म बनी थी 'आलमआरा की बेटी।' वह खण्डवा में देखी थी। वह फ़िल्म ख़ूब चली थी। एक फ़िल्म आयी थी 'सती अनसुइया।' उसमें लोगों को रोते देखा था। सीताजी जब ज़मीन में समाती हैं तो औरतें ख़ूब रोयीं। उनकी रोने की आवाज़ से टाकीज़ गूँज गयी थी।

सिनेमा देखते थे एक आना टिकट में। अब्दुल्ला की टाकीज़ थी। बाद में पता चला उसका नाम स्टार टाकीज़ था। फिर आयी श्याम टाकीज़। पुराने बस स्टैंड के सामने पानी भरा रहता था। वहाँ अलीम भाई की स्टार टाकीज़ थी। वो अपने आप शुरू हो जाती थी और अपने आप बन्द हो जाती थी। आटोमैटिक शुरू हो जाती थी। हाल बन्द है और फ़िल्म शुरू हो जाती थी। कहते हैं वहाँ कोई बड़ी हस्ती थी।[249]

---

248. हरिशंकर खटीक, 68 वर्ष, मांस विक्रेता, पुराना बस स्टैंड, पिपरिया, साक्षात्कार : जुलाई, 2017
249. अब्दुल सलाम, 75 वर्ष, फल व्यापारी, सरदार वार्ड, पिपरिया, साक्षात्कार : जुलाई, 2017

अलीम भाई के बाड़े में कुआँ वाले बाबा साहेब का भूत था। उन दिनों यहाँ टाकीज़ थी। भूत सिनेमा बन्द कर देता था। लोग दुआएँ करते थे तब अपने आप सिनेमा चालू हो जाता था। कहते हैं यहाँ बाबा साहेब की मज़ार थी। इसी चक्कर में टाकीज़ बन्द हो गयी। यह टाकीज़ पुराने बस स्टैंड पर दुकानों के पीछे बनी थी। एक बार मैं डलिया लेके बाज़ार में भटा ढूँढ़ रई थी। मोहे कहूँ भटा नई मिल रये थे। तबई खम्बा से लुंगी लपेटे एक बड़ी सी दाढ़ी वारों खड़ो दिखाई दयो। बाने मोसे कई बाई तोहे का चइए? मैंने कई मोहे भटा नई मिल रये। सबई जगह ढूँढ़ आयी हूँ। वे बोले जो तोहे भटा मिल जैहे और सच्ची मोहे एक बोइया भटा मिल गये। ऐसे मैंने बाबा साहेब के दर्शन करे थे।[250]

250. मंगो बाई, 79 वर्ष, सब्ज़ी विक्रेता, बरौआ मोहल्ला, पिपरिया, साक्षात्कार : मार्च, 2017

कॉलेज में नाटक 'जनता पागल हो गयी' के दृश्य में किशन व्यास और नरेन्द्र मौर्य, वर्ष : 1977
स्रोत : नरेन्द्र मौर्य

तीज-त्यौहार और लोकपर्व

देवगाँव की शुरुआत के समय यह पूरा इलाक़ा मण्डला के गोंड राजा के अधीन था। तब गोंडों के रीति–रिवाज और मान्यताएँ ही चलन में थे। उदाहरण के लिए गाँव बाँधने की प्रथा। इसे मनाने के पीछे ऐसी मान्यता है कि ऐसा करने से ढोर बछेरू नहीं मरते और कोई विपदा नहीं आती।

आज भी गाँव बाँधने की यह रस्म जारी है। इसे हरियाली अमावस्या पर किया जाता है। इसमें सूअर को पकड़कर पूरी बस्ती में घुमाते हैं। घुमाते समय उस पर दारू डालते जाते हैं। फिर बलि देते हैं और बाद में ज़मीन में गाड़ देते हैं। यह सब रात में करते हैं। सुबह बकरे की बलि देते हैं। देवी–देवताओं को धूप छोड़ते हैं। गोंड राजा हरियाली अमावस्या पर 15 नारियल भेजता था।[251]

आदिवासियों का मढ़ई मेला दिवाली के दूसरे दिन भरता है। उसमें ढोरों को ख़ूब सजाते हैं। फिर लम्बे बाँस में मोर पंख बाँधकर ढाल बनाते हैं और फिर उसे लेकर अपनी–अपनी वेशभूषा में आदिवासी नाचते हैं। मिट्टी की मूर्ति तैयार करके उसको तिलक लगाते हैं। उसे गो देवी कहते हैं। उसकी स्थापना करते हैं और

251. चम्पू लाल गोंड, 98 वर्ष, श्रमिक, गोंडीपुरा पुरानी बस्ती, पिपरिया, साक्षात्कार : अक्टूबर, 2016

डण्डा उचकाते हैं। फिर सबको भोजन कराते हैं और रात में मूर्ति को सिरा देते हैं। मटकुली में ये सबसे बड़ा मेला लगता है।[252]

बाद में जब अलग–अलग समुदाय और मज़हब के लोग यहाँ बसने लगे तो वे अपनी मान्यताओं के हिसाब से पूजापाठ करने लगे। पुरानी बस्ती में जब गोंडों के अलावा हिन्दुओं की आबादी बढ़ गयी तब खेड़ापति मन्दिर जैसे धार्मिक स्थलों का निर्माण होने लगा। मन्दिर नदी पार बना था। इस मन्दिर की बड़ी मान्यता है। हर हिन्दू शादी के समय इस मन्दिर में पूजा–अर्चना की जाती है। ऐसी मान्यता है कि खेड़ापति गाँव की रक्षा करने वाली माता है। शोभापुर रोड पर बना हनुमान मन्दिर और मंगलवारा चौराहे के पास बना बड़िया वाला मन्दिर भी बरसों पुराना है। बड़िया वाला मन्दिर में पीपल के पेड़ में हनुमान की मूर्ति थी। इस मन्दिर में सावन पर सजने वाली झाँकियों की बड़ी धूम रहती थी।[253]

अनाज व्यापारी पहले हर तीन साल में यज्ञ करवाते थे। उन दिनों पूरा इलाक़ा धर्ममय हो जाता था। पुरानी गल्ला मण्डी के मैदान में पूजा, परकम्मा, प्रसाद और प्रवचन का भव्य इन्तज़ाम होता था। कई आध्यात्मिक धर्मगुरुओं ने पिपरिया की धर्मप्राण जनता को सम्बोधित किया है। उन्हें सुनने दूर–दूर से ग्रामीण बैलगाड़ियों से आते थे। पुरानी गल्ला मण्डी में ही दीवाली के महीने में तीन–चार हफ़्तों के लिए बनारस से रामलीला मण्डली आती थी। वे पच्चीस पैसे की टिकट में रामलीला दिखाते थे। इस मैदान में कई आयोजन हुए हैं। सावन में झूले लगते थे। भुजरियों का त्यौहार पहले पुरानी बस्ती से ही शुरू होता था। 1980 के आसपास पुरानी गल्ला मण्डी में भुजरियों का मेला लगने लगा। पुरानी गल्ला मण्डी का मैदान

---

252. रेवा बाई, 66 वर्ष, कोरकू राजघराने की पूर्व रानी, डापका, साक्षात्कार : अक्टूबर, 2008
253. मौर्य, नारायणदास, 'पिपरिया 2000', समानता प्रकाशन, पिपरिया, म.प्र., प्रकाशन वर्ष : 2000

राजनीतिक सभाओं के लिए भी ख़ूब काम आया है। देश के कई बड़े नेताओं ने यहाँ से पिपरिया की जनता को सम्बोधित किया है।[254]

हमारे ज़माने में न रावण जलता था और न दुर्गा जी रखी जाती थी। न खेल था न कुछ तमाशा। सितम्बर में मथुरा–वृन्दावन से रामलीला की पार्टी आती थी। वे लोग चौराहे पर दो–चार दिन रामलीला करते थे और चले जाते थे। काली माई तो जग्गू उस्ताद बना गये हैं। रेलवे फाटक के पास काली मन्दिर उन्हीं के समय का है। ये हमारे सामने की बात है। गणपति का शोर होता था इटारसी में। सावन के महीना में बड़िया वाले मन्दिर में थाने के पास झाँकी बनती थी बस। उसे सब लोग देखने जाते थे। इसके अलावा कुछ नहीं था पिपरिया में। आज़ादी के पहले नवरात्र पर देवी की मूर्ति नहीं रखी जाती थी। उस समय गेहूँ की बारी रखते थे। तब पत्थर की देवी पूजी जाती थी। मिट्टी की मूर्ति पूजने का रिवाज नहीं था। उस समय गणेशजी भी नहीं रखे जाते थे। छोटी बस्ती थी इसलिए दशहरा उत्सव भी नहीं होता था। शोभापुर में राजा थे उमराव साव। उनके यहाँ दशहरे में कचहरी में रंडियों का नाच होता था। सारे गाँव के मालगुजार और दूसरे लोग वहीं जाते थे। ख़ास दशहरा करेली में होता था। डोल ग्यारस सोहागपुर में अच्छी होती थी।[255]

हमारे बचपन में दुर्गा उत्सव इतने बड़े पैमाने पर नहीं मनाया जाता था। पहले होली ज़्यादा उल्लास से मनायी जाती थी। रंगपंचमी जिसे मूलतः मालवा क्षेत्र में मनाया जाता था, पहले यहाँ इतनी लोकप्रिय नहीं थी। यहाँ गणपति उत्सव बड़े स्तर पर मनाया जाता था, लेकिन वह अब फीका हो गया है। गणपति के समय हमारे यहाँ डोल ग्यारस नाम का उत्सव होता था। वह इतने विराट स्तर पर होता था कि आसपास के गाँव के लोग उसे देखने पिपरिया आते थे।

---

254. नरेन्द्र मौर्य, 61 वर्ष, पत्रकार, पिपरिया, साक्षात्कार : फ़रवरी, 2017

255. नन्हेलाल पटेल, 85 वर्ष, पशु पालक–किसान, गूजरपुरा पुरानी बस्ती, पिपरिया, साक्षात्कार : मई 2017

लोक संस्कृति की पूरी छठा देखने को मिलती थी। भगवान को डोल में बिठा के भ्रमण कराते थे। ये गणपति उत्सव के बीच में आता था। हमारे देखते–देखते ये उत्सव पिपरिया में ख़त्म हो गया है। अब उसकी बस औपचारिकता पूरी की जाती है। पहले कोई इसे आयोजित नहीं करता था। लोग ख़ुद ही इकट्ठे होकर गाना शुरू कर देते थे। उस समय भजन फ़िल्मी पैरोडी के बजाय लोक धुनों पर आधारित होते थे। अब गाँव से लोग सिर्फ़ नवरात्रि के दौरान आते हैं और वह भी केवल एक दर्शनार्थी की भूमिका में। पहले वो भाग लेता था। कहीं गाने गाता था, नाटक खेलता था, रामलीला में हिस्सा लेता था।[256]

सावन में 15 दिन पहले से ही तैयारी शुरू हो जाती थी। आल्हा गाते थे। गेड़ी की लड़ाई होती थी। फिर पोरा आता था। बच्चे घुल्लों से खेलते थे। घुल्ले यानी लकड़ी के पहियेदार खिलौने, जिन्हें बैल, घोड़ा, ऊँट आदि जानवरों का रूप दिया जाता था। डोल ग्यारस भी मज़ेदार होती थी। जग्गू उस्ताद के समय डोल ग्यारस का अलग जलवा था। चौराहे पर उनका भव्य खेल–तमाशा होता था। क़रीब 30–35 किलो की शिला अपनी छाती पर रखकर वो घन चलवाते थे। दो मज़बूत आदमी पचासों बार घन चलाते थे, लेकिन न उस्ताद को कुछ होता था, न शिला टूटती थी। अखाड़े में उनके कार्यक्रम चलते थे। वे एक त्रिशूलनुमा राड को आँख से लगाकर नबा देते थे।[257]

बंसकारों में सजनई भी गाते हैं। बधाय, गारी गीत होते हैं। सजनई में दिन निकल आता है। अब और ज़्यादा सजनई होने लगी है। फिर गारी गीत होते हैं। सजनई विशेष तो अहिरवारों में होती है। बंसकारों में कम गायी जाती है। बंसकार बैंड बजाते हैं। धार्मिक और फ़िल्मी गाने बजाते हैं। पहले गणेश वन्दना और सरस्वती वन्दना से चालू करते हैं।

---

256. गोपाल राठी, 59 वर्षीय, शैक्षिक कार्यकर्ता, साँडिया रोड, पिपरिया, साक्षात्कार : फ़रवरी, 2017

257. जसवन्त सिंह अहिरवार, 74 वर्ष, श्रमिक, लोहिया वार्ड, पिपरिया, साक्षात्कार : फ़रवरी, 2017

जब ज्वारे रखे जाते हैं तो जस होते हैं। जैसे भीलट देव या अपने देव के भजन चलते हैं। बरसात के दिनों में यहाँ आल्हा गाने का रिवाज है। आल्हा बुन्देली में वीर रस का महाकाव्य है।[258]

इतवारा बाज़ार में पहले रावण नहीं जलता था। स्वामीचरण जायसवाल की समिति थी। उन लोगों ने रावण दहन शुरू करवाया। इतवारा बाज़ार के मगरा चाचा ने 1952 में रावण का पुतला बनाना शुरू किया था। नवदुर्गा की परम्परा के बारे में बुजुर्गों से सुना है कि एक बार एक कुम्हार ने मिट्टी की मूर्ति बना ली थी। उसने बताया तो उस मूर्ति को इतवारा बाज़ार में धर्मशाला में रखवा दिया गया। इसके बाद धीरे–धीरे गल्ला मण्डी और दूसरी जगह मूर्ति रखने लगे। पिपरिया की मंगलवारा बाज़ार वाली मस्जिद बहुत पुरानी है। इस तरफ़ कोई मस्जिद नहीं थी। हमारे पिता भी चाहते थे कि यहाँ मस्जिद बने, तो यह मदीरा मस्जिद हम लोगों ने बनवाई है। एक साल में पूरी मस्जिद खड़ी कर दी। पहले यहाँ चादर का जुलूस नहीं निकलता था। 1969 में चादर का जुलूस हमने शुरू करवाया। बस्ती के सब लोगों से बात करके यहीं इतवारा बाज़ार से पहला जुलूस निकला था।[259]

पिपरिया में रक्षाबन्धन के दूसरे दिन भुजरिया मनाने की परम्परा रही है। इसमें एक–दूसरे को गेहूँ के ज्वारे यानी बालियाँ देते हैं। बड़ों के पैर पड़ते हैं और बराबरी वालों के गले मिलते हैं। भुजरिया सब जगह एक ही दिन मनायी जाती थी पर पिपरिया में इसे दो दिन मनाया जाता था। रक्षाबन्धन के दूसरे दिन पुरानी बस्ती में भुजरिया होती थी और तीसरे दिन गल्ला बाज़ार की भुजरिया होती थी जिसे 'बनियों की भुजरिया' भी कहा जाता था। वहाँ झूले और चखरी वग़ैरह डलते थे। मेला जैसा लगता था। पुरानी बस्ती की बसावट पहले की

---

258. सेवरती बाई बंसकार, 80 वर्ष, पुश्तैनी धन्धा, लोहिया वार्ड, पिपरिया, साक्षात्कार : अप्रैल–मई, 2017
259. अशरफ़ ख़ान (सब्बा चाचा), 70 वर्ष, समाजसेवी, इतवारा बाज़ार, पिपरिया, साक्षात्कार : फ़रवरी, 2017

थी तो उनके रिवाज उस समय के थे। जब नये लोग बाहर से आये तो वो नये तौर तरीक़े अपने साथ लाये। जवानी के दिनों में जब हम पढ़ते थे तब हमें लगता था की यार पिपरिया में भी ये एक ही दिन होनी चाहिए, दो दिन क्यों होती है? अब लगभग दस एक साल से ये एक ही दिन होती है।[260]

भुजरियों का पर्व पहले पुराने गल्ला बाज़ार में ही होता था। झूला वूला लगता था। सारे लोग वहाँ इकट्ठे होते थे। वहाँ वे कला का प्रदर्शन करते थे। जग्गू उस्ताद ने वहाँ लोगों को इकट्ठा करना शुरू किया था। भुजरियों में सातों जात के लोग इकट्ठे होते थे। चमार की बेटी के भी पैर पड़े जाते थे।[261]

गोहाटी, असम में युवक कांग्रेस का अधिवेशन हो रहा था। उसमें इन्दिराजी और संजय गाँधी भी पहुँचे थे। वहाँ हम पिपरिया के 11 लोग गये थे। वहाँ हमने अहीर डांस पेश किया था। दिवाली के दूसरे दिन मँड़ई में जो ढाल लेकर आते हैं। वह डांस हमने पिपरिया में ही तैयार किया था लेकिन इसे मध्य प्रदेश की तरफ़ से गोहाटी में प्रस्तुत किया गया। लोगों ने उसे काफ़ी सराहा। वहाँ लोग पूछते थे कि ये मध्य प्रदेश में कैसा झाड़ लगता है जिसमें मोरपंख होते हैं। ढाल मोरपंख से बनती है। हम वो ढाल लेकर गये थे। उसको पेट पर रखकर जैसे यहाँ डांस होता था वैसे ही हमने वहाँ किया था। यहाँ हमने जागृति संगीत समिति तैयार की और कई जगह प्रोग्राम भी दिये।[262]

पुरानी बस्ती का माता मन्दिर, मंगलवारा स्थित बड़िया वाला मन्दिर, रिपटा मन्दिर और हनुमान मन्दिर क़रीब सौ साल पुराने हैं।

---

260. गोपाल राठी, 59 वर्षीय, शैक्षिक कार्यकर्ता, साँडिया रोड, पिपरिया, साक्षात्कार : फ़रवरी, 2017
261. सुमन बाई गूजर, 80 वर्ष, किसान, गूजरपुरा पुरानी बस्ती, पिपरिया, साक्षात्कार : अप्रैल, 2017
262. माखन आचार्य, 74 वर्षीय, साधक–ब्रह्मकुमारी मिशन, पिपरिया, साक्षात्कार : जुलाई, 2017

जब यहाँ आबादी बढ़ी और नये मोहल्ले बने तो कई जगह एक मढ़िया भी बनाई गयी। छोटे मन्दिर को इस इलाक़े में मढ़िया कहा जाता है। चौराहे का दुर्गा मन्दिर पहले किराने बाज़ार में एक देवी की मढ़िया ही थी। उस समय दुकानदार और कुछ मेहनतकश लोग ही वहाँ पूजा करने आते थे। 1970 के बाद श्रद्धालुओं ने उस मढ़िया को मन्दिर में बदल दिया। आपात्काल में उसे अतिक्रमण मान कर गिरा दिया गया। फिर 1977 में उसे भव्य मन्दिर में बदल दिया गया।[263]

263. नरेन्द्र मौर्य, 61 वर्ष, पत्रकार, पिपरिया, साक्षात्कार : फ़रवरी, 2017

दुर्गा पूजा पण्डाल, अयोध्या बस्ती, पिपरिया, वर्ष : 1972
स्रोत : नाथूराम अहिरवार

नवरात्रि की तैयारी, सॉंडिया रोड, पिपरिया, वर्ष : 1999
स्रोत : सुरोजीत सरकार

इमरजेंसी में तोड़ा गया दुर्गा मन्दिर, वर्ष : 1975
स्रोत : नरेन्द्र मौर्य

मढ़ई, एक आदिवासी त्यौहार जो आज भी यहाँ प्रसिद्ध है, वर्ष : 2016
स्रोत : जतन ट्रस्ट

कोरकू आदिवासियों का लकड़ी से बना मृत्यु स्मारक चिह्न, वर्ष : 2008
स्रोत : जतन ट्रस्ट

बच्चों की नज़र से पिपरिया

सुभाष वार्ड में पोरे का त्यौहार बड़े ही धूमधाम से मनाया गया। बहुत से बच्चों ने घुल्ला चलाये। पोरा के दिन हमारे घरों में खुरमा बतिये बनाये जाते हैं। बच्चों के हाथों में खुरमा बतियों से भरी गोंदें दी गयीं। सारे बच्चे एक स्थान पर इकट्ठे हुए और फिर घुल्लों की दौड़ हुई। इसके बाद बैलों की लड़ाई हुई परन्तु इसमें दो बच्चों ने ही भाग लिया। फिर हमने अपने घुल्लों को एक स्थान पर इकट्ठा किया। उन्हें घास खिलाई, माला पहनाई और अपने पास की गोंदों में जो था, उसे सभी को दिया। फिर सभी अपने सजे–धजे हाथी, बैल, बत्तख, घोड़ों आदि को लेकर अपने–अपने घर आ गये।[264]

आजकल पिपरिया में किसी भी उत्सव पर चन्दा लेने के लिए एक भीड़ सी निकलती है। इसमें छोटे–छोटे बच्चे भी होते हैं। एक रसीद बुक छपा ली जाती है और चन्दा वसूला जाता है। बच्चे अपनी पढाई–लिखाई छोड़ कर फालतू फिरते रहते हैं। चन्दा कम देने पर या न देने पर अपशब्द कहते हैं एवं चन्दे का दुरुपयोग करते हैं। होली में साँडिया रोड पर ऐसे घरों पे कीचड़ फेंकते हैं जो कम चन्दा देते हैं। इसे रोका जाना चाहिए।[265]

अगस्त की 6 तारीख़ को ईद आयी। बच्चे ईदगाह जाने के लिए नये–नये कपड़े, जूते, टोपी पहनकर तैयार हो रहे हैं। सब तैयार होकर

---

264. अर्चना शर्मा, कक्षा : छठी, पिपरिया, सितम्बर, 1986

265. रितेश जैन, कक्षा : सातवीं, पिपरिया, अक्टूबर, 1986

मस्जिद के सामने आ खड़े हुए और वहाँ से इकट्ठे ईदगाह की तरफ़ चले। पानी गिर रहा था तो नमाज़ पढ़ने के बाद हम सब एक झाड़ के नीचे खड़े हो गये। पानी बन्द होते ही सब बच्चे मिठाइयाँ, चने और फुग्गे लेने लगे। फिर सब गले मिले और घर आ गये। मैं और मेरा दोस्त शोभापुर रोड से घर लौट रहे थे तो सड़क पर एक ट्रक और जीप वाले की लड़ाई हो रही थी। लोगों ने उन्हें अलग किया और कहा आज ईद का दिन है लड़ो मत। घर आकर हमने एक बकरे की कुर्बानी दी और सब पहचान वालों के यहाँ थोड़ा–थोड़ा गोश्त भिजवाया।[266]

हमारी पिपरिया में जन्माष्टमी का उत्सव बड़े धूमधाम से मनाया जाता है। इस बार भी रात को मटकी फोड़ प्रतियोगिता आयोजित की गयी। पहले बनखेड़ी टीम का स्वागत हुआ और फिर वे घेरा बनाने लगे। चार घेरे बनाने के बाद वे पाँचवें घेरे में ऊपर से फ़िसल गये और गिर पड़े। कई टीमों ने प्रयास किया लेकिन रात के 12 बजे जा कर ही मटकी फूट पायी और वह भी तब जब उसे 2 फ़ीट नीचे किया गया।[267]

पिपरिया में 15 अगस्त, 1983 से 31 मार्च, 1990 तक भगतसिंह पुस्तकालय एवं सांस्कृतिक केन्द्र चला। इसे किशोर भारती नामक एक स्वयंसेवी संस्था चलाती थी। उस समय हम लोग राजनीतिक–सामाजिक काम करते थे। इस केन्द्र के माध्यम से पढ़ने–पढ़ाने का माहौल बनाया जाता था। हमारी नज़र युवाओं पर थी, लेकिन बच्चे भी कहाँ पीछे रहते हैं। पुस्तकालय में बाल साहित्य भी था। सो बच्चों का आना भी जारी रहा। क़रीब तीन साल बाद एक दिन लगा कि इतने बच्चे इकट्ठे होते हैं। इनके बीच कुछ करना चाहिए। तभी दीवार अख़बार और बाल सभा करने की सूझी। शुरू से हमारा ज़ोर था बच्चे मन से लिखें। लेकिन यह आसान नहीं था।

---

266. कादिर अली, कक्षा : सातवीं, पिपरिया, अगस्त, 1987

267. शैलेष कुमार व्यास, कक्षा : सातवीं, पिपरिया, अगस्त, 1987

बच्चों को यह समझाने में थोड़ा समय लगा कि ख़बर क्या है और ख़बर के अलावा वे क्या–क्या लिख सकते थे। धीरे–धीरे बच्चे सचमुच अपने मन से लिखने लगे। उस समय पिपरिया के गली–मोहल्लों में भी बुन्देली बोली जाती थी। बच्चे उसी बोली में लिखते थे। बाल चिरैया के कई विशेषांक भी निकले। इसमें कई अंकों तक एक कॉलम चला जिसमें स्कूली बच्चे कामगार बच्चों का साक्षात्कार लेते थे। एक था 'हमारा स्कूल'। इसमें बच्चों ने खुलकर अपने स्कूल और गुरुजी के बारे में लिखा। पिपरिया के पास बुदनी गाँव में जब पुलिस ने आतंक फैलाया तो हमने उस पर एक अंक निकाला जिसे गाँव के अनपढ़ बच्चों ने बोल बोल कर लिखवाया था। उन्होंने जो चित्र बनाये थे वे भी आतंक को बयान करते थे। इसी तरह 'टीवी पर रामायण विशेषांक', हमारी बाल टीम के एक सदस्य रिंकू भार्गव की दुर्घटना में मौत हो गयी तो हमने 'रिंकू की याद में' विशेषांक निकाला था।[268]

पुरानी बस्ती में एक नदी जैसा कुण्डा भरा हुआ था। उसमें बहुत सारी मछलियाँ आ गयी थीं। जैसे–जैसे कुण्डा सूखता गया, मछलियाँ मरती गयीं। इससे सूअरों को नहाने में हानि हुई और आसपास के आदमियों को लाभ हुए क्योंकि पानी में होने वाले मच्छर उन्हें चीथ खाते थे। अब तो कुण्डा सूखने के कारण सारे मच्छर मर गये हैं और वहाँ लड़कों के लिए पतंग उड़ाने का मैदान हो गया है।[269]

जयप्रकाश शाला में जो लड़के क्रिकेट खेलने जाते हैं वह अब न जावें क्योंकि वे हमारी शाला के खपड़े फोड़ते हैं जिनसे बरसात में पानी गिरता है। आप खेलें तो कृपया आर.एन.ए. में जाकर खेलें।[270]

हमारी जयप्रकाश शाला में क्रिकेट खेल कर खपड़े न फोड़ा करें। बरसात के दिनों में हमारी शाला में खपड़े फूटने से हर जगह

---

268. नरेन्द्र मौर्य, 61 वर्ष, पत्रकार, पिपरिया, साक्षात्कार : फ़रवरी, 2017
269. चन्द्रशेखर चौधरी, कक्षा : सातवीं, पिपरिया, सितम्बर, 1986
270. नीरज कुमार सोनी, कक्षा : चौथी, पिपरिया, नवम्बर, 1986

पानी भर जाता है जिससे कक्षाएँ नहीं लग पाती हैं। दिनांक 9.1.1987 को वर्षा से कक्षाओं में पानी भर जाने के कारण हमारी छुट्टी कर दी गयी। आप आगे से कहीं और जाकर खेला करें।[271]

हमरे स्कूल का नाम सिन्धी शाला है। हमरे स्कूल के बगल में गाँधी शाला लगत है। हमरे स्कूल में मोड़ा मोड़ी साथ पढ़त हैं। हमें खैरी वाले गुरुजी पढ़ात हैं। कुछ बनत नहीं है तो गुरुजी ख़ूब मा़र के स्कूल से भगा देते हैं। आधी छुट्टी में हम कंकड़ से चपेटा खेलत हैं।[272]

हमारी सिन्धी शाला में एक कमरा और दो परछट्टी हैं। एक परछट्टी में पहली व दूसरी और कमरे में तीसरी व चौथी और दूसरी परछट्टी में पाँचवीं बैठती हैं। हमारे स्कूल में पीने को पानी नहीं है तो हम इतवारे बाज़ार की होटलों में पानी पीने जाते हैं। हमारे यहाँ लड़कियों को ड्रेस दी जाती है पर लड़कों को नहीं। दूसरे स्कूलों के लड़के हमें चिढ़ाते हैं कि :

सिन्धी शाला गरम मसाला
शाम को डाला सुबह निकाला।[273]

मेरी पाठशाला का नाम लक्ष्मीबाई प्राथमिक कन्या शाला है। हमारी बड़ी बहनजी लीलाबाई मौर्य हैं। पहले हमारा स्कूल 11 से 5 बजे तक लगता था पर अब बाल मन्दिर में लगने के कारण 2 से 5 बजे तक लगता है। इस कारण मेरी बहुत–सी सहेलियाँ नाम कटवा कर कस्तूरबा कन्या शाला में चली गयी हैं। वहाँ पढ़ाई अच्छी होती है। हमारे स्कूल में बैठने की जगह नहीं है। हमें घर से फट्टी ले जानी पड़ती है। हमारे स्कूल को जगह दें। अगर वो अच्छी जगह लगने लगेगा तो हमें भी अच्छा लगेगा।[274]

---

271. नीलिमा जांवधिया, कक्षा : सातवीं, पिपरिया, फ़रवरी, 1987
272. लीला बाई, कक्षा : तीसरी, पिपरिया, दिसम्बर 1988
273. कमल सिंह अहिरवार, कक्षा : पाँचवीं, पिपरिया, जून, 1988
274. कु. पीयूष व्यास, कक्षा : चौथी, पिपरिया, जुलाई, 1988

हम अपने स्कूल लक्ष्मीबाई प्राथमिक कन्या शाला में पुरानी से नयी जगह (बाल मन्दिर) आ गये हैं। यह बहुत छोटी जगह है। यहाँ फट्टी तक नहीं हैं और हमें बैठने में कष्ट होता है। पढ़ाई और अन्य चीज़ें भी ठीक से नहीं हो पातीं। मेरा निवेदन है कि हमारे स्कूल के लिए किसी दूसरे स्थान का प्रबन्धन किया जाये ताकि हम अपनी पढाई अच्छी तरह पूरी कर सकें।[275]

हमारी अशोक शाला मंगलवारा बाज़ार में जयप्रकाश शाला में लगती है। हमारी शाला 7:30 से 11:30 तक और जयप्रकाश शाला 12 से 5 तक लगती है। हमारे स्कूल के लिए सरकार ने जो ज़मीन दी है उसमें सेठों ने अपना मकान बनाना शुरू कर दिया है। हमारे बड़े गुरुजी ने सरकार को चिट्ठी भेजकर उनका काम रुकवाया।[276]

हमारे घरों के सामने और अन्दर भी बहुत गन्दगी होती है। हमारी पिपरिया में नालियाँ तो बहुत हैं लेकिन उनको सिल पत्थर से ढँका नहीं गया है। इससे अक्सर मच्छर उत्पन्न होते हैं और बीमारियाँ फैलती हैं। नालियों का लोग दुरुपयोग भी करते हैं। घर का सारा कचरा घूरे पर न डालकर नालियों में ही डाल देते हैं जिससे नालियों का पानी रुक जाता है। नगरपालिका के मेहतरों को इस साफ़ सफ़ाई के लिए आना पड़ता है। हमें खुद ही सफ़ाई करनी चाहिए। लोग समझते हैं ऐसा काम करने से आदमी छोटा हो जाता है लेकिन ऐसा नहीं है। हमें खुद अपने आसपास की सफ़ाई करनी चाहिए जिससे बीमारियाँ न फैलें।[277]

हमारे यहाँ पुरानी बस्ती में नालियों पर फ़र्शी न होने से और साथ ही वहाँ बिजली न होने से दुर्घटनाएँ होती रहती हैं। कल रात को ही एक बैलगाड़ी आ रही थी जिसके चालक को अँधेरे में दिखाई नहीं पड़ा और बैल का पैर नाली में फँस गया। नगरपालिका वालों

---

275. कमलजीत कौर, कक्षा : चौथी, पिपरिया, जुलाई, 1988
276. पुरुषोत्तम, कक्षा : पाँचवीं, पिपरिया, अक्टूबर, 1988
277. महेन्द्र कुमार ठाकुर, कक्षा : आठवीं, पिपरिया, नवम्बर, 1986

को हमारे यहाँ फ़र्शी डलवानी चाहिए व मध्य प्रदेश विद्युत् मण्डल वालों को बिजली का प्रबन्ध करना चाहिए।[278]

एक दिन हम बाज़ार से आ रहे थे। रास्ते में एक बैलगाड़ी कीचड़ में फँस गयी थी। वहाँ से एक और बैलगाड़ी आ रही थी। उस गाड़ीवान ने कहा–भाई तुम्हारी बैलगाड़ी के द्वारा मेरी बैलगाड़ी निकलवा दो। दूसरे गाड़ीवान ने कहा–ठीक है। तो गाड़ी निकलवाने में उसकी अपनी गाड़ी भी फँस गयी। उन दोनों में लाठियाँ उठ गयीं। लोगों ने उन्हें समझाया–बुझाया और फिर उनकी गाड़ियाँ निकलवाईं।[279]

एक दिन मैं बाज़ार जा रहा था तो मैंने देखा कि मंगलवारा बाज़ार की होटलों के टीन उखाड़े जा रहे थे और पान के टप उठ रहे थे। सब्ज़ी मण्डी की दुकानों को न्यू सब्ज़ी मण्डी में भेजा जा रहा था। दुकानों की फ़र्शियाँ बुलडोजर द्वारा उखाड़ी जा चुकी थीं। ये सब देख कर मैं घर लौट आया।[280]

8 मार्च को बड़ी सब्ज़ी मण्डी में एक छुट्टी गैया ने एक सब्ज़ी वाली बहू की कुछ सब्ज़ी खा ली। इससे ग़ुस्से में आकर सब्ज़ी वाली बहू ने दो किलो का बाट गैया को उठा के मार दिया। गाय को बच्चा होने वाला था। वह तुरन्त वहीं पर गिर पड़ी और मर गयी। इससे रंगपंचमी के दिन पूरी मण्डी में हो–हल्ला मच गया। हमें ग़ुस्से में ऐसा नहीं करना चाहिए।[281]

हम इतवारे बाज़ार के ग्राउंड में खेल रहे थे तभी एक युवक रिक्शे में ऐलान करता आया कि कल रात 8 बजे से रामलीला होगी। ये सुनकर हम सभी बहुत प्रसन्न हुए। अगले दिन दोपहर में मैंने सभी दोस्तों को कहा कि आज रामलीला का प्रोग्राम है। शाम को हम सभी इतवारे बाज़ार में प्रोग्राम देखने गये और अपनी जगह पर जाकर बैठ गये।

---

278. अनिल कुमार सोनी, कक्षा : आठवीं, पिपरिया, फ़रवरी, 1987
279. शालिनी पालीवाल, कक्षा : आठवीं, पिपरिया, सितम्बर, 1987
280. राजेन्द्र साहू, कक्षा : पाँचवीं, पिपरिया, अक्टूबर, 1987
281. अजय कुमार, कक्षा : चौथी, पिपरिया, जनवरी, 1988

रामलीला के कलाकार जबलपुर से आये थे। पूरे कार्यक्रम में हम सभी को बड़ा मज़ा आया।[282]

आजकल पिपरिया में बहुत–से लोगों के घर टीवी आ गया है। कुछ लोग इसे पास से देखते हैं और कुछ दूर से। जो पास से देखते हैं उनसे मेरा अनुरोध है कि ऐसा न करें। पास से टीवी देखने से आँखों का कैंसर हो सकता है![283]

हमारे घर नया–नया टीवी आया है तो हम टीवी बहुत देखते हैं। घर में डिक्स होने के कारण हम पढ़ नहीं पाते। रोज़ अच्छी फ़िल्में आने लगती हैं। घर में सभी इस वजह से हमें डाँटते हैं। टीवी से अलग होकर बताओ हम कैसे पढ़ें?[284]

पिपरिया में टीवी सीरियल रामायण पूरे एक साल तक चला। रंगीन टीवी के मारे हमारे घर में बहुत भीड़ लग जाया करती थी। सीरियल चालू होने के पहले ही घर में खाना बन जाता था और सारे काम निबटा लिए जाते थे। मुझे हनुमान के अलावा सबसे अच्छा रोल रावण का लगा।[285]

रविवार को 9 बजकर 45 मिनट पर जब रामायण शुरू होती थी तब मेरे घर पर बहुत भीड़ लग जाती थी। जब हम सबको भीतर नहीं आने देते थे तो वो ग़ुस्से में हमारे खपड़े फोड़ देते थे। हम उन्हें इसीलिए नहीं आने देते थे क्योंकि वह बहुत शोर करते थे और कई बार चोरी भी हो जाती थी। एक दिन मेरी बाटा की चप्पल चोरी में चली गयी। वास्तव में रामायण बड़ा ही अच्छा सीरियल था।[286]

टीवी सीरियल रामायण से कई तरह का नुक़सान भी हुआ है। कई बच्चों ने इसकी नक़ल में धनुष बाण चलाना सीख लिया और लोगों की आँखें फोड़ दीं। कई बच्चे हनुमान जी की नक़ल में

282. पूरन लाल प्रजापति, कक्षा : आठवीं, पिपरिया, अक्टूबर, 1986
283. अजय कुमार शर्मा, कक्षा : तीसरी, पिपरिया, जनवरी, 1987
284. भारती भार्गव, कक्षा : आठवीं, पिपरिया, जनवरी, 1987
285. विशाखा माहेश्वरी, कक्षा : पाँचवीं, पिपरिया, सितम्बर, 1988
286. कमलेश कुमार विश्वकर्मा, कक्षा : आठवीं, पिपरिया, सितम्बर, 1988

जय श्रीराम कह कर बिल्डिंग से कूद पड़े और हाथ–पैर तुड़वा बैठे। तो रामायण से बच्चों ने ये सब तो सीखा परन्तु भाई–भाई का प्रेम नहीं सीखा।[287]

एक दिन हम रिपटा पर घूमने गये। जब हम उस पार जाने की सोच रहे थे तब पुल पर पानी का बहाव बहुत तेज़ था। आख़िर हमने सोच लिया कि उस पार जाकर करौंदे खायेंगे और साहस कर के चल पड़े। चलते–चलते जब बीच में पहुँचे तो रेवती का पैर फ़िसल गया। वो मेरा हाथ पकड़े थी तो मैं भी गिर गया। हम दोनों बहने लगे। जब हम नहीं दिखे तो हमारे दोस्तों ने सोचा कि हम उस पार निकल गये होंगे। जब तक वे इस पार आये तब तक हम भी किनारे पहुँच गये थे। इस तरह हम पूर में पार लगे।[288]

---

287. सचिन जैन, कक्षा : छठी, पिपरिया, सितम्बर, 1988

288. शैलेष कुमार व्यास, कक्षा : छठी, पिपरिया, सितम्बर, 1986

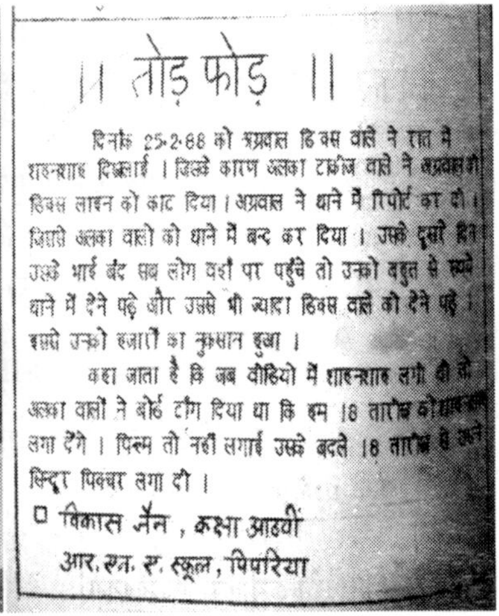

।। तोड़ फोड़ ।।

दिनांक 25-2-88 को अग्रवाल हिवस वाले ने रात में शहनशाह दिखलाई । जिसके कारण अलका टाकीज वाले ने अग्रवाल की हिवस लाइन को काट दिया । अग्रवाल ने थाने में रिपोर्ट कर दी । जिससे अलका वालो को थाने में बन्द कर दिया । उसके दूसरे दिन उसके भाई वंद सब लोग वहीं पर पहुँचे तो उनको बहुत से रुपये थाने में देने पड़े और उससे भी ज्यादा हिवस वाले को देने पड़े । इससे उनको हजारों का नुकसान हुआ ।

कहा जाता है कि जब वीडियो में शहनशाह लगी थी तो अलका वालों ने बोर्ड टाँग दिया था कि हम 18 तारीख को शहनशाह लगा देंगे । फिल्म तो नहीं लगाई उसके बदले 18 तारीख से अंधे सिन्दूर पिक्चर लगा दी ।

□ विकास जैन, कक्षा आठवीं

आर.एन.ए. स्कूल, पिपरिया

पत्रिका 'बाल चिरैया' के क़िस्सों के चित्रण,
वर्ष : 1985–1989
स्रोत : नरेन्द्र मौर्य

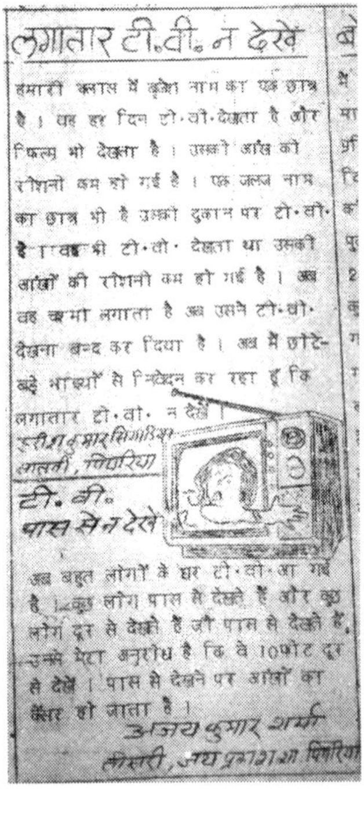

लगातार टी.वी. न देखें

हमारी क्लास में कुलेश नाम का एक छात्र है । वह हर दिन टी.वी. देखता है और फिल्म भी देखता है । उसकी आँख की रोशनी कम हो गई है । एक जलज नाम का छात्र भी है उसकी दुकान पर टी.वी. है । वह भी टी.वी. देखता था उसकी आँखों की रोशनी कम हो गई है । अब वह चश्मा लगाता है अब उसने टी.वी. देखना बन्द कर दिया है । अब मैं छोटे-बड़े भाइयों से निवेदन कर रहा हूँ कि लगातार टी.वी. न देखें ।

हरीश कुमार सिमोलिया
सातवीं, पिपरिया

टी.वी. पास से न देखें

अब बहुत लोगों के घर टी.वी. आ गये है । कुछ लोग पास से देखते हैं और कुछ लोग दूर से देखते है जो पास से देखते हैं, उनसे मेरा अनुरोध है कि वे 10 फीट दूर से देखें । पास से देखने पर आँखों का कैंसर हो जाता है ।

अजय कुमार शर्मा
तीसरी, जय प्रकाश शा. पिपरिया

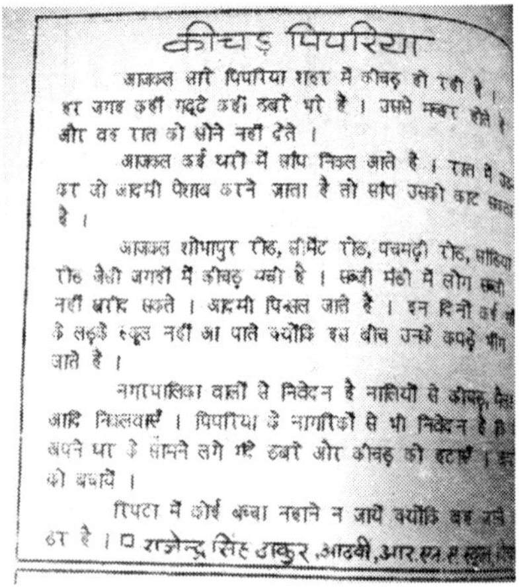

कीचड़ पिपरिया

आजकल सारे पिपरिया शहर में कीचड़ हो रही है । हर जगह कहीं गड्ढे कहीं डबरे भरे है । उससे मच्छर होते है और वह रात को सोने नहीं देते ।

आजकल कई घरों में साँप निकल आते है । रात में उठकर जो आदमी पेशाब करने जाता है तो साँप उसको काट लेता है ।

आजकल शोभापुर रोड, सीमेंट रोड, पचमढ़ी रोड, जैसी जगहों में कीचड़ मची है । सब्जी मंडी में लोग सब्जी नहीं खरीद सकते । आदमी फिसल जाते है । इन दिनों कई गाँव के लड़के स्कूल नहीं आ पाते क्योंकि इस बीच उनके कपड़े भीग जाते है ।

नगरपालिका वालों से निवेदन है नालियों से कीचड़ आदि निकलवायें । पिपरिया के नागरिकों से भी निवेदन है कि अपने घर के सामने लगे गंदे डबरे और कीचड़ को हटायें । को बचायें ।

रिपटा में कोई बच्चा नहाने न जाये क्योंकि वह रहा डर है । □ राजेन्द्र सिंह ठाकुर, आठवीं, आर.एन.ए. स्कूल

पत्रिका 'बाल चिरैया' के क़िस्सों के चित्रण,
वर्ष : 1985–1989
स्रोत : नरेन्द्र मौर्य

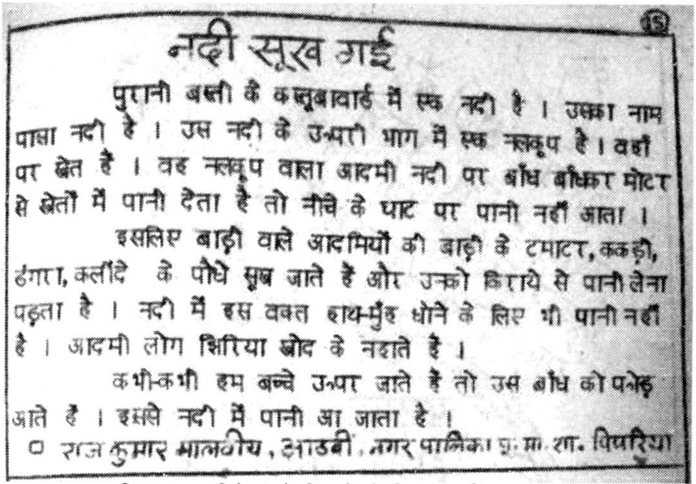

15

नदी सूख गई

पुरानी बस्ती के कल्लूबावार्ड में एक नदी है। उसका नाम पाला नदी है। उस नदी के ऊपरी भाग में एक नलकूप है। वहीं पर खेत है। वह नलकूप वाला आदमी नदी पर बाँध बाँधकर मोटर से खेतों में पानी देता है तो नीचे के घाट पर पानी नहीं आता।

इसलिए बाड़ी वाले आदमियों की बाड़ी के टमाटर, ककड़ी, ढंगारा, कलींदे के पौधे सूख जाते हैं और उनको किराये से पानी लेना पड़ता है। नदी में इस वक्त हाथ-मुँह धोने के लिए भी पानी नहीं है। आदमी लोग झिरिया खोद के नहाते हैं।

कभी-कभी हम बच्चे ऊपर जाते हैं तो उस बाँध को फोड़ जाते हैं। इससे नदी में पानी आ जाता है।

□ राजकुमार मालवीय, आठवीं, नगर पालिका पू.मा.शा. पिपरिया

पत्रिका 'बाल चिरैया' के क़िस्सों के चित्रण, वर्ष : 1985–1989
स्रोत : नरेन्द्र मौर्य

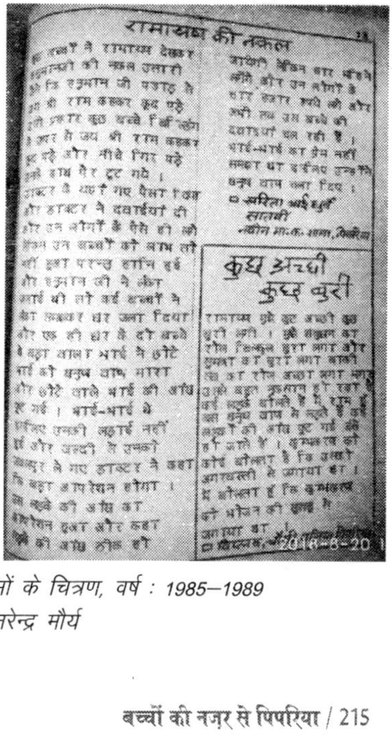

रामायण की नकल

कुछ अच्छी कुछ बुरी

पत्रिका 'बाल चिरैया' के क़िस्सों के चित्रण, वर्ष : 1985–1989
स्रोत : नरेन्द्र मौर्य

'बाल सभा', खरसली गाँव, बनखेड़ी, वर्ष : 1986
स्रोत : सुरोजीत सरकार

पहिया खिलौने के साथ बच्चा, वर्ष : 2015
स्रोत : जतन ट्रस्ट

बीमारी-आपदा-इलाज

1960 के आसपास यहाँ दो बड़ी बीमारियाँ फैलीं। एक फ्लू और दूसरी बड़ी माता। बड़ी माता के दाग छूट जाते थे। बड़ा लड़का छह माह का था जब पिपरिया में बड़ी माता फैली थी। उसे भी निकल आयी थी। उसकी चपेट में आकर कई बच्चे मर गये थे। हम बच्चे को नीम के पत्ते लगाते थे। किसी को घर आने से मना करते थे और उसके शान्त होने का इन्तज़ार करते थे। जल चढ़ाते थे। दोनों टाइम की अगरबत्ती भी करते थे। आरती करते थे। बच्चे को मूँग की दाल का पानी पिलाते थे। चन्दन का तेल लगाते थे। फिर नहा–धोकर प्रसाद चढ़ाते थे। तेल एक–दो महीने तक लगाने से चेहरे पर गड्ढे नहीं होते थे। हथवाँस में एक औरत के सब बच्चे ख़त्म हो गये थे। बड़ी माता होती थी तो घर के बाहर नीम के पत्ते लगा देते थे। इससे सबको पता चल जाता था और लोग घर नहीं आते थे। फिर सरकार की तरफ़ से टीका लगने लगे।[289]

मेरी पहली शादी हथवाँस के पीपल मोहल्ले में हुई। शादी के डेढ़ साल के भीतर ही मेरी बीवी प्लेग की चपेट में आकर मर गयी। यह 1920 के आसपास की बात है। मैंने दो–तीन बार प्लेग का कहर देखा है। हैजा का भी।[290]

---

289. कमला बाई राजपूत, 80 वर्ष, किसान, अशोक वार्ड, पिपरिया, साक्षात्कार : फ़रवरी, 2017

290. श्याम राय, 105 वर्ष, व्यवसायी, बस स्टैंड, पिपरिया, साक्षात्कार : जनवरी, 2017

वा टैम पे बुखार चढ़ आये, जिली चढ़ आये तो ढाई पत्ता गटेरन के, अढ़ाई निंबुआ को और कारो सोंधो नोन की तीन गोली बनाई, तीन टेम की और खुआ दई। बई से अच्छे हो जाते थे।[291]

बुखार ताप पहले चलत थो तो ढाई पत्ता निंबुआ को ढाई पत्ता बिही को और गटेरन को दे देत थे छनका बना के और अच्छे हो जात थे। पहले दवाई नई जानत थे। बाहे एक डुबलिया में बघार देय और पी लेय। बच्चे और बड़े सबको फ़ायदा होता था।[292]

1930–35 के आसपास यहाँ एक बार प्लेग पड़ा था। तब चूहा मर–मर कर गिरते थे। शरीर में गिल्टी उठती थी। सात–सात गिल्टी काँख में उठ जाती थीं। तब दूध, गुड़ और हल्दी की चाय पीते थे। उसी से बचते थे। इलाज के लिए हथवाँस से वैद्य आता था।[293]

---

291. सुमन बाई गूजर, 80 वर्ष, किसान, गूजरपुरा पुरानी बस्ती, पिपरिया, साक्षात्कार : अप्रैल, 2017
292. सेवरती बाई बंसकार, 80 वर्ष, पुश्तैनी बाँस श्रमिक, लोहिया रोड, पिपरिया, साक्षात्कार : अप्रैल, 2017
293. हजारीलाल वर्मा उर्फ़ हज्जी पटेल, 96 वर्ष, किसान, सिलारी, साक्षात्कार : अक्टूबर, 2016

यात्रा की कुछ झलकियाँ

पिपरिया की पुरानी बस्ती के 98 वर्षीय चम्पू दादा ने हमें बताया कि यह इलाक़ा शोभापुर के गोंड राजा उमराव साव के अधीन था। उन्होंने पहले गोंडों को ही बसाया लेकिन बाद में दूसरे समाजों के लोग भी यहाँ आकर बस गये। इसी तरह पिपरिया से सटे गाँव सिलारी के 96 वर्षीय हज्जी पटेल ने गाँव के बसने की कहानी सुनाई। दोनों ने ही बताया कि किस तरह घने जंगल को साफ़ कर गाँव बसाये गये थे। किशोर वय तक आते–आते हम अपने आसपास के इन जंगलों को खोजने कभी अनहोनी, डोकरीखेड़ा, झिरपा होते हुए सतपुड़ा के पहाड़ तक पहुँच जाया करते थे। लेकिन जंगल की पगडंडियाँ कभी ख़त्म नहीं होती थीं। वे ख़त्म हो भी नहीं सकती थीं। कितने ही गाँवों ने जंगलों के बीच में अपने लिए जगह बना ली थी।

जब हमने पहली बार भारतेन्दु हरिश्चन्द्र के लेख में पढ़ा कि 1873 में इटारसी रेलवे स्टेशन से बाहर निकलने के लिए खच्चर की ज़रूरत होती थी, तो यह बात साफ़ हुई कि जबलपुर से इटारसी के बीच केवल सात स्टेशन हुआ करते थे जिनमें देवगाँव या पिपरिया का नाम नहीं था। हो सकता है रेल शुरू होने के कई साल बाद यहाँ पोसार पिपरिया नाम से स्टेशन बना हो।

यहाँ सभी का स्वागत था इसलिए जो भी यहाँ आया, यहीं का होकर रह गया। देवगाँव को पिपरिया बनाने में यही बात महत्त्वपूर्ण साबित हुई। लोग आते गये और अपने अनुभव और हुनर के हिसाब से उन्हें काम मिलता रहा। जंगल की कटाई से लेकर

रेल पटरी बिछाने तक तो मज़दूरों का अहम योगदान रहा ही है। उसके बाद उन्होंने खेती और व्यापार में भी हिस्सेदारी की। मज़दूरों में आदिवासी--ग़ैरआदिवासी दोनों शामिल थे। व्यापारी मुनाफ़ा देखता है और मज़दूर पैर टिकाने की जगह। दोनों जो चाहते थे, उन्हें मिला इसलिए उनके बीच रिश्ते भी बने।

पिपरिया जब से बसी है, लोगों का आनी जारी है। शुरुआत गुजरात, उत्तर प्रदेश और राजस्थान से हुई। फिर पंजाब, महाराष्ट्र से लोग आये। दक्षिण में केरल, आन्ध्र प्रदेश और तमिलनाडु से भी कुछ परिवार आये। धर्म के हिसाब से देखें तो आदिवासी, हिन्दू, मुसलमान, ईसाई, सिख यहाँ बसे। कच्छी, सिन्धी, पंजाबी, जैन, ईरानी और अफ़ग़ानिस्तान से ख़ान भी आये। यहाँ जो भी आया, उसे अपनी रोज़ी रोटी कमाने के मौक़े मिले। उनके बीच ग़ज़ब का भाईचारा भी रहा। यहाँ तक कि बँटवारे के समय 1947 में जब सारे देश में हिन्दू–मुस्लिम दंगे हो रहे थे तब पिपरिया उससे अछूता रहा। कुछ मुसलमानों ने इलाक़ा छोड़ने का मन बनाया लेकिन उनके पड़ोसियों ने उन्हें नहीं जाने दिया। पिपरिया आने और बसने का यह सिलसिला आज भी जारी है। पिपरिया में सामुदायिक या जातीय आधार पर झगड़े के उदाहरण नहीं है। कुछ छिटपुट घटनाएँ हुई हैं जो बाद में सुलझा ली गयीं। जैसे एक बार गोंड और गूजरों के बीच संघर्ष हुआ था लेकिन उसे आगे नहीं बढ़ने दिया गया।

पिपरिया के आसपास के कई गाँवों की बोलचाल की भाषा बुन्देली है। उस समय जो भी यहाँ आया वो आसपास के इन्हीं गाँवों में से किसी में बस गया। उसने वहाँ की बोली भाषा अपना ली। जब देवगाँव (पिपरिया) बसा और यहाँ अलग–अलग इलाक़ों के लोग इकट्ठे हो गये तो उन्होंने भी यही किया। सब यहाँ की लोक संस्कृति में ही रच बस गये। यही बात पिपरिया को ख़ास बनाती है।

पुरानी बस्ती के बाद जो मोहल्ला आबाद हुआ वो था रेलवे फाटक के पार पोसार मोहल्ला। वहाँ एक पहाड़ी थी। उसके नाम पर यहाँ भी बस्ती बस गयी। शुरुआत में यहाँ सिर्फ़ दलित ही बसे होंगे।

बाद में सवर्ण हिन्दू और दूसरी जातियाँ भी यहाँ बसती गयीं। शायद यहीं से देवगाँव पिपरिया, पोसार पिपरिया हो गयी, क्योंकि यहाँ देवगाँव से बड़ी आबादी बस गयी थी। 1940 के आसपास जब तरौन का इतवारा बाज़ार यहाँ लगने लगा तो इसे इतवारा बाज़ार कहा जाने लगा, लेकिन तब भी पिपरिया को पोसार पिपरिया ही कहते थे। बाद में जब पुरानी गल्ला मण्डी और मंगलवारा बाज़ार के आसपास घनी आबादी हो गयी और पोसार पहाड़ी का अस्तित्व भी नहीं रहा तब यह पिपरिया ही रह गयी। अब अगर कोई पूछे कौन–सी पिपरिया? तो लोग कहेंगे पचमढ़ी वाली पिपरिया। आज़ादी के बाद पचमढ़ी के प्रमुख पर्यटन स्थल के रूप में उभरने का लाभ पिपरिया को मिला।

पोसार पहाड़ी भले न रही हो लेकिन उसने जिस आबादी के लिए ख़ुद को कुर्बान किया, वह आबादी आज भी वहाँ बसती है। मेहतर मोहल्ला, कंजर कोट और नदी के पार अयोध्या बस्ती। ये दलितों के मोहल्ले हैं। रेलवे फाटक के इस तरफ़ दलित मोहल्ला अम्बेडकर वार्ड है। उन दिनों ये बस्ती के आख़िरी सिरे थे इसलिए दलितों ने यहीं अपना ठिकाना बनाया। यहाँ हर पीढ़ी संघर्ष की नयी इबारत लिखती है। इस क़स्बे की गन्दगी साफ़ करने वाले मेहतर–मेहतरानियों के संघर्ष पर कम ही लोग ध्यान दे पाते हैं। सर पर मैला ढोने से मुक्त होने में इस क़स्बे को सौ साल से ज़्यादा लग गये। इस दौरान यह काम करते हुए स्त्री–पुरुष बीमार होते रहे और तबाह होते रहे। यहाँ इनकी तीन पीढ़ियों ने इस संघर्ष को भोगा है।

गोंड आदिवासियों के गाँवों में महुए की शराब आम बात है। उस ज़माने में भी सीजन में महुआ बीनकर रखना और साल भर घर में शराब बनाना और पीना होता था। कुछ बेचते भी थे। जब गाँव का विकास हुआ और पीने वाले बढ़े तो महुआ के साथ देशी शराब भी आ गयी। ठेकेदार भी आ गये। कालान्तर में जब व्यापार बढ़ा तो विदेशी शराब के ठेके भी खुल गये। देशी–विदेशी शराब के ठेके खुलने से मध्यम और उच्च वर्ग को राहत हो गयी लेकिन ग़रीब

मेहनतकश तबका रोज़ महँगी शराब नहीं पी सकता। उनका ख़याल रखा गोंडों ने। वे अवैध कच्ची शराब पहले भी बेचते थे और आज भी बेचते हैं। इसी कड़ी में कंजर भी जुड़ गये। यह एक घुमन्तू जाति थी। जब उन्होंने यहाँ स्थायी निवास बनाया तो वे कई तरह के काम करते थे। मज़दूरी करते थे। सिल–बट्टा और चक्की टाँकने के लिए गलियों में फेरे लगाते थे। जानवर बाँधने के लिए गिरमे बनाते थे। फिर वे भी कच्ची दारू बनाकर बेचने लगे। कहते हैं आज भी शाम के समय कोई शरीफ़ आदमी कंजर कोट नहीं जा सकता। इस सबके बीच कुछ बदलाव भी हो रहे हैं। इसी कुचबधिया समाज में शिक्षा को लेकर चेतना जाग रही है। इस समाज की हम पहली उन दो लड़कियों से मिले जिन्होंने बीए किया है।

गोंड–कोरकुओं में भी तम्बाकू और गाँजे की चिलम चलती थी। अंग्रेज़ों के समय इस पर कोई ख़ास रोकटोक नहीं थी लेकिन आज़ादी के बाद जब ठेके दिये जाने लगे तो ठेकेदार के आदमी अवैध भाँग, गाँजा और शराब पकड़ने लगे। 1988 में राजीव गाँधी के कार्यकाल में गाँजा को मादक द्रव्य में शामिल करके उसके बेचने–पीने पर रोक लगा दी गयी। गाँजा के ठेके बन्द हो गये। ख़ुद मध्य प्रदेश सरकार मन्दसौर में गाँजा–अफ़ीम की खेती करती थी। जो उसने बन्द कर दी। अब औषधि के लिए सीमित मात्रा में इनकी खेती होती है। ठेके बन्द हुए थे लेकिन पीने वाले नहीं, इसलिए गाँजा अवैध रूप से बिकने लगा। एक विकसित होते क़स्बे में जल्दी पैसा कमाने की होड़ ने कई काले अध्याय भी लिखे हैं। उन्हीं में से एक है पावडर। आम जनता उसे पावडर ही कहती है। वह स्मैक है। पिछले 15 साल में इस नशे ने पिपरिया के नौजवानों को अपनी गिरफ़्त में ले लिया। इन स्मैकियों में से ही कई ने चेन झपटने का नया धन्धा पिपरिया में शुरू किया।

काले कपड़े पहनकर चेहरे पर थोड़ा मेकअप कर काली माई का वेश धारण करके पैसा माँगने वाले मोहल्लों में घूमते थे। उस समय बच्चे कहते थे 'काली माई दियासलाई, भागो रे बच्चो डाकन आई'।

और फिर बहरुपियों का तो कहना ही क्या। एक बहरुपिये को हमने भी देखा है जो वेश बदल कर बाज़ार में दुकानदारों से पैसा माँगता था। कभी वह अर्धनारीश्वर बन जाता। आधा पुरुष और आधा स्त्री। कभी इंस्पेक्टर बन जाता। कभी नारद बन जाता। उसका मेकअप बहुत शानदार होता था और संवाद अदायगी के तो कहने ही क्या। वह अपने किरदार के हिसाब से ऐसे संवाद बोलता था कि दुकानदार निहाल हो जाता था। वह पैसे देता था और उसके एक–दो ग्राहक भी उसे पैसे दे देते थे। दीवाली के बाद वासुदेव आते थे जो धोती और बंडी पहनते थे और इकतारा बजाकर ख़ास धुन में गाते थे जिसकी टेक होती थी कि 'अरे मोरे राम'।

पिपरिया का नाम पिपरिया क्यों है? बुज़ुर्ग पिपरिया का सम्बन्ध पीपल से जोड़ते हैं। कहते हैं कि एक जमाने में इस पूरे इलाके़ में पीपल बहुतायत में था। उसके बाद नीम का नम्बर आता था। पीपल से प्रेरित होकर ही कई गाँवों का नाम पिपरिया रखा गया। फिर उनकी अलग पहचान के लिए एक शब्द और जोड़ा गया, जैसे रानी पिपरिया, झील पिपरिया, पड़हार पिपरिया, पलिया पिपरिया आदि। इसी तरह इस पिपरिया को पौसार पिपरिया कहा गया। हालाँकि आजकल इसे पिपरिया ही कहते हैं। किसी जमाने में क़स्बे के समाजवादी नेता और 'समानता' साप्ताहिक के सम्पादक नारायणदास मौर्य ने जब सिटीजन फोरम बनाया था तो इसका लोगो उन्होंने पीपल के पत्ते को बनाया था, क्योंकि बरसों तक पीपल पिपरिया की पहचान रहा है।

पुराने यात्री बताते हैं कि क़रीब डेढ़ सौ साल पहले यह इतने घने जंगल का इलाक़ा था कि धूप भी ज़मीन तक नहीं पहुँच पाती थी। 1908 में इसकी आबादी 1900 थी और आज 2018 में सवा लाख के क़रीब है। स्मृतियों को कुरेद कर उन्हें दर्ज करने की प्रक्रिया को हमने इस पुस्तक में ढालने का प्रयास किया है।

❑❑

नरेन्द्र, कैलाश मास्साब और श्रीगोपाल (बायें से दायें)

सुरोजीत, गोपाल, रेखा, नरेन्द्र और कमला (बायें से दायें)